MANUEL DE FRANÇAIS
MODERNE

MANUEL DE FRANÇAIS MODERNE

FRENCH PRACTICE FOR THE EXAMINATION FORM

BY

J. E. TRAVIS M.A.

FORMERLY SENIOR FRENCH MASTER
GRAMMAR SCHOOL FOR BOYS GRAVESEND

AND

D. M. AULD M.A.

LATE HEAD OF THE MODERN LANGUAGE DEPARTMENT
GRAMMAR SCHOOL FOR BOYS LEWES

*Special Gramophone Records for this book have
been prepared by the Linguaphone Institute*

GEORGE G. HARRAP & CO. LTD
LONDON TORONTO WELLINGTON SYDNEY

First published in Great Britain 1947
by GEORGE G. HARRAP & CO. LTD
182 *High Holborn, London, W.C.*1

Reprinted: 1948; 1950; 1951; 1953;
1954; 1955; 1957; 1959; 1961; 1963;
1966; 1968

SBN   245   56761   5

MADE IN GREAT BRITAIN. PRINTED AT THE PITMAN PRESS, BATH

PREFACE

THIS book is intended to round off the normal school course in French by providing texts and tests of every sort that seem useful at this stage. All the elements of grammar have been covered by the time this year begins, much reading will have been done, and a good deal of vocabulary learned. Now is the time to consolidate all this knowledge.

The scheme of the book is based on the usual kinds of tests set in examinations at this stage; no examination of course uses all the tests we provide here, and the teacher will use his discretion about what parts to neglect. There is in any case more material than a form can use in a year, and we suggest that a good form should omit the first six chapters.

We have divided our work into twenty-six 'chapters,' each composed and lettered as follows :

A. *French prose*—passages which we hope will be found interesting. These may be used for translation into English, or for comprehension.

B. *Comprehension test* on the prose passage A. In alternate chapters the questions are in French and in English. We have tried to frame questions which cannot be answered by copying directly from the text. Ten questions are provided; some may prefer to choose three or four of these.

C. *Dictation*, with breath-groups indicated. If an unseen dictation is required, the teacher will obviously have to go elsewhere; but we feel that a dictation to prepare is a valuable exercise.

D. *Poem* or *Dialogue*. The poem may be translated or, alternatively, comprehension of it may be assessed by means of the test we give in each case. Dialogue introduces much colloquial and idiomatic language, and this is of such

importance, that we feel justified in including many speci-
mens. Translation of dialogue is a different matter from
prose and verse.

E. *English-French prose.* Every piece has been specially
written or adapted to go easily into French, or it is a piece
taken from School Certificate examination papers. A few
notes are added where it seemed at all unreasonable to
expect the pupil to manage unaided.

F. *Grammar practice.* It is hoped that nobody will
attempt all the sentences provided. The reason for giving
so many is a practical one : a few sentences on one point
are just enough to discover whether or not a pupil knows
it ; if he doesn't, the need is felt for some more, given after
instruction on the point in question. We have accordingly
given in each case two similar exercises, labelled (*a*) and (*b*)
respectively, so that if (*a*) reveals weakness (*b*) can be used
to prove progress. If (*a*) is done satisfactorily, there is no
need to use (*b*) at all.

A good grammar book should be at the pupils' disposal.
The references given in these pages are to the *Précis of
French Grammar*, by J. E. Travis, published by Messrs
Harrap, but we would emphasize that any good grammar
with an adequate index will serve equally well.

G. *Oral.* Any examination in a foreign language should
include an oral test. Many teachers feel that it would be
valuable to demand of pupils an ability to converse about
any of a definite set of topics. Here, an attempt is made
to select such a set, and to ask leading questions on them.
Obviously the questions provided do not exhaust the
subjects, but they will tide over the awkward gap which
sometimes comes in an oral lesson, when one is momentarily
at a loss for the next question. Moreover, these questions,
printed in the pupil's book, give him something to prepare :
he can be required to turn up "next time" with answers
ready. It will make him "think in oral." We should
deprecate any suggestion that the pupil should bring in

written answers to these questions, and he should certainly not be allowed to answer them by reading written replies.

H and I. *Vocabulary.* We have been to some pains to select our vocabulary to be learned, and have tried, in consultation with word lists, to include no word that is not really worth knowing actively (as opposed to passively) at this stage. We do not assume any vocabulary knowledge because, although of course every pupil, even the worst, knows some hundreds of words, there are only too often some astonishing gaps in his knowledge. Consequently, although forty words per chapter, together with a few cognates, may seem a fairly large number to learn, the actual number will in practice be found fewer, as everyone will find in each list some words he already knows. The words in I, chosen from our prose passage A, are placed apart from A to enable the prose passage to be used as an unseen if desired.

J. *Expressions from A.* Under this head we include all the commonest idioms, some occurring several times under different guises.

K. *Sentences based on I and J.* These provide practice on the idioms, and introduce some of the words in I for active use. The words under H were practised in oral work.

L. *Essays.* Subjects for essays have been made as varied as possible, with two or three for each chapter. We have provided, among other ideas, outlines for expansion, stories to be continued, stories in pictures, letters, dialogues, and stories for reproduction. These stories for reproduction need a word of explanation. In order to make it possible for the pupil to have the outline of the story open beside him, and difficult for him to consult the full story, we have printed the story on a different page (shown in the Table of Contents) upside down.

A selection from actual papers set by the various examining bodies is included.

We would also draw attention to the Supplementary Word List—words of primary importance which do not occur in the different chapters of our book. We feel that this section merits the pupil's careful attention.

We have allowed ourselves a few pages on the fascinating subject of advice to examinees, the fruits of a fairly lengthy experience as teachers and as examiners.

A verb list and full vocabularies are appended.

Gramophone Records of some of the texts in this volume have been prepared. Particulars will be found in the Table of Contents, page 14, and references are inserted in appropriate places in the book.

The speakers are Professor J. Desseignet, of the University of Reading; Monsieur J.-J. Oberlin, B. ès L., Officier d'Académie, French Broadcaster to the B.B.C.; and Madame G. Fayet, also of the B.B.C.

We have experimented with two new kinds of records. The dictation on each of sides 5 and 6 is read twice, once without pauses and once with; the pauses will need to be lengthened by manipulation, the operator stopping the turn-table for the requisite time and then swinging it on again. Sides 7 to 10 are an attempt to show the kind of answers expected by oral examiners to typical questions.

More details and hints on using the records are given in the booklet that accompanies them. The set of five double-sided 10-inch records may be obtained from the Linguaphone Institute, 207–209 Regent Street, London, W.1.

Our thanks are due and are gladly given to the Oxford and Cambridge Joint Matriculation Board, to the Delegates of the Oxford Local Examinations, to the Cambridge Local Examinations Syndicate, to the Senate of the University of London, and to the Central Welsh Board, for permission to reproduce questions which have been set in examinations conducted by them.

We also tender our thanks to Messrs Cassell and Co., Ltd., for permission to reproduce a passage from a broadcast speech by Mr Winston Churchill; to Monsieur Félix Boillot, of Bristol University, and to the editor of *The Listener* for permission to use extracts from a reported broadcast; to Messrs Hachette for permission to use passages from a publication of theirs called *Cent Dictées*, prepared for use in French schools; to the *Mission d'Information* of the *Comité Français de la Libération Nationale*, who have allowed us to select photographs from their magnificent collection; and to the Editorial Secretary of the monthly review *La France Libre*, for permission to reproduce pictures which have appeared in that periodical.

Finally, the authors would wish to record their indebtedness to Mrs Geneviève M. Auld, B. ès L., who has placed her knowledge of her native tongue unstintingly at their disposal, and has carefully revised all the French sections of the book. They would also like to express their appreciation to Mr H. A. Alnwick for the colourful endpaper maps of France.

J. E. T.
D. M. A.

CONTENTS

CONTENTS 11

CONTENTS

STORIES FOR REPRODUCTION. In order that the complete stories may not be too easy to consult, they are printed upside down and scattered through the volume thus:

CONTENTS OF GRAMOPHONE RECORDS

SOME PRACTICAL ADVICE

These notes are compiled with the aim of showing the inexperienced how to tackle the various forms of exercise which are used in testing a knowledge of French.

1. *Translation from French*

(a) *Prose*

What is a good translation? It is one which makes on the mind of the English reader the same impressions as the French text makes on the mind of a French reader. The French is correct and natural, and your English must read like English; there must not be a French flavour about it, it must not read like a translation. You must not add to nor subtract from the text: as a translator you are an interpreter, not an author.

Your method, then, must be to read carefully the French text until you can see the mental pictures for which the words are signs. Think in pictures and not in words. Then turn your pictures into English. Choose your English words as carefully as if you were doing an English examination. Mind the punctuation.

Probably there will be words which you do not know. Then you will have to guess. Intelligent guessing is an essential part of a linguistic training, but it is not so important as learning vocabularies.

(b) *Dialogue*

There are usually familiar expressions, colloquialisms, in an extract from a play, and these must be rendered as nearly as possible by the corresponding English colloquialisms. You must try to equate style as well as meaning.

15

(c) Verse

In contrast with dialogue, verse is usually written in an elevated style, and your translation must try to catch the beauty of the original. It is a most exacting exercise to translate verse well. Do not attempt to render verse by verse. It would be a *tour de force*. Translate verse, if it must be translated, into dignified prose.

2. *Comprehension*

This test may be set on a prose or verse passage, with questions in French or English. But in any case, you must first read your passage through thoroughly, all of it. Don't, *don't* read a question first and seek similar words in the text to copy out. The compilers of the questions make them such that they cannot be answered in that way. Wouldn't you? Read your question carefully, and give the information asked for, fully and clearly, and nothing else. Whether in French or in English, use in your answer the tense of the question.

If the question begins with *Pourquoi*, the answer does not necessarily need *Parce que*. It may be *pour* + the Infinitive; or *à cause de* (= because of). If the question is *Comment?*, the answer may be *en —ant* (= by —ing), or *par* + a noun (*par le train*), or an adverb (*lentement, violemment*). The answer to a question asking what somebody did (*Que fit le jardinier?*) will not usually contain the verb *faire* (*not* "Le jardinier fit..."), but will use some other verb in the same tense, telling what he did: *Le jardinier* (or *il*) *ouvrit la porte*.

No credit is given for unasked-for explanations. For example, Question 2 in Chapter I, B.: *Lequel est le plus important, un évêque ou un curé?* Answer: *Un évêque est plus important qu'un curé*. That answer gets full marks. Don't proceed to explain the ecclesiastical hierarchy.

Don't make mistakes in copying words from the question or the text, and keep your answer simple. Nothing is gained by introducing difficult constructions. This is not the place to show off.

3. *Dictation*

A passage for dictation is usually read three times: once at a normal speed, once in small phrases giving time to write, and lastly again at a normal speed. Many candidates waste the first reading—it is valuable and should be followed with great attention. Look closely at the lips of the reader, and try to get the meaning of the passage. During the second reading, get all the help you can through your eyes as well as your ears by lip-reading while listening. You can *see* some differences which you may not be able easily to *hear*; *e.g.*, [ɑ̃] and [ɔ̃] look different, and so do [m] and [n]. Listen for endings such as "petit*e*," "mis*e*." If there is anything that escapes you during the second reading, put a dot in the margin opposite it; then, during the third reading, save your best attention for the parts that need it. Watch your agreements carefully.

4. *Translation from English into French*

This is above all an exercise in being careful. There is so much to think about all the time—pronouns, tenses, agreements of verbs, agreements of adjectives and past participles, and the rest. There is only one way—be careful all the time, and don't write a single word without being as sure as you can that it is right and in its right place. As examiners, we know how our hearts bleed for the candidate who nearly gets his sentence right, who sees all the difficulties and surmounts them valiantly, and who then flings his marks away with ridiculous mistakes that he need never have made. Don't be like that. Write a *thème* slowly, carefully weighing every word; and when you have finished it, revise it all. More marks are lost in this test through carelessness than through ignorance.

5. *Free Composition*

This is where you become the author instead of being the interpreter. You have considerable liberty to say what you like. Now your effort in French will not resemble the essay you could do in English on the same topic, because obviously you do not know so much French. Don't, then —this is most urgent—don't think out your essay in English and translate it into French. The present writer once marked some School Certificate French essays with which several candidates had sent in the original English in case the French was not intelligible! The marks were appallingly low. You *must not* translate your essay from English. "But," you may say, "I can't think in French; so what am I to do?" The answer is that you can, you must, think in French. If you haven't started yet, start at once.

Think of all the French words and expressions you know that might be useful in your essay, words and expressions that you have heard before, that you know are right. Jot them down in rough, and use them as the occasion arises. Don't take risks. There is nothing you are compelled to say in a free composition, so if you have a bright idea and you can't put it into French, leave it out, however reluctantly. You don't know enough French to say clever things (or, if you do, you ought not to be using this book). Be simple, straightforward, unpretentious. Don't guess, here; use your knowledge; don't hesitate to use phrases you have seen in books, as long as they are apt.

This leads to our next point. You may have learned a list of idioms and want to show how much you know. So you say that on a day when it was raining cats and dogs the man in the green coat ran into the room with his hat in his hand. . .! Such dragging in of idioms 'by the scruff of the neck' is certainly effective, but the effect is entirely bad and makes an essay ludicrous. Don't do it. Be simple and correct.

Another similar point. You may have learned a passage of prose by heart, and wish to use the knowledge. Do, by all means, but be sensible about it. If you are writing about a shipwreck, don't make the sailors go through a forest on their way to the port where they got on board the ship that was wrecked, just because you have learned a beautiful piece about birds singing in the trees on a balmy day in June.

You must stick to the subject set. If it is a story you are telling, don't spend 120 words of your 150 before you reach the crux of the matter and so have to crowd what should have been the main part of the essay into a couple of little sentences at the end. Make a plan, however simple, and see that the parts balance reasonably well.

Usually an essay is required to be of a certain length, say 150 or 200 words. You ought to know how much space this occupies in your own handwriting without having to count. Your writing may average seven or eight words to the line. Find out now by counting an old exercise, and make a note of it. Then don't exceed the length prescribed. If you are writing an essay for an examination, remember that the examiner will not appreciate generous overweight. Indeed he probably has instructions to read up to 50 words beyond the maximum length set, and no more.

Obey instructions. If you are told to *finish a story*, do that and don't digress. Use in your continuation the tense scheme that was used in the earlier part of the story.

If you are *expanding an outline*, don't omit any of the items (unless you are told you may). *A story in pictures* is an excellent exercise because it allows you to concentrate on your French and dispenses with the need to invent incidents.

Reproducing a story read to you is another excellent

exercise. You must listen carefully as it is read, and do your best.

Sometimes you may be asked to compose a *dialogue*. This is not so easy, and in most cases our advice would be to choose another subject. But if you are arguing something out, make each speaker consistent with what he has said before.

6. *Letter-writing*

Letter-writing is an obviously important thing to be able to do, not only as an exercise, but also and mainly to make real contacts with human beings whose mother-tongue is French. Most British boys and girls begin their French correspondence by writing to a French boy or girl more or less of their own age, going to school like themselves and having similar interests.

(a) *Two Grammatical Points*

Letters are not difficult as long as you remember two things: (1) Never use the Past Historic (= Past Definite or Preterite or Passé Simple), but use the Perfect (= Past Indefinite or Passé Composé) instead. *J'ai reçu votre lettre.* Any other tense, of course, can be used as need arises. (2) Decide whether it is going to be *tu* or *vous*, and stick to it: *tu* involves *ton, ta, tes, le tien*; while *vous* calls for *votre, vos, le vôtre*. You don't say *Venez ici* to someone you are calling *tu*.

(b) *The Heading*

Put your address and the date as in English.

(c) *How to Begin*

(i) To a *friend*, e.g., your correspondent:

Mon cher ami,
Mon cher Henri,   or   Cher ami,
Ma chère Louise,   Cher Henri,
                       Chère Louise.

(ii) To a *stranger*:

Monsieur,			Cher Monsieur,
Madame,	and *not*		Chère Madame,
Mademoiselle,			Chère Mademoiselle.

(d) *The Letter Proper*

One of the following opening phrases might be used to start off your letter on a French note:

1. Mon professeur de français m'a donné votre nom comme correspondant et je viens vous envoyer ma première lettre.
2. J'ai été très content d'avoir de vos nouvelles.
3. Votre aimable lettre m'a fait grand plaisir.
4. Je m'excuse d'avoir mis si longtemps à vous répondre.
5. Je profite du premier moment pour vous écrire.
6. Je vous remercie beaucoup de vos bons vœux (souhaits).

After that, choose for yourself what you will say. Remember to *think in the French you know*.

(e) *The Ending*

Here are a few suggestions which may help you to end your letter in a French way:

1. Dans l'espoir que nous pourrons faire connaissance autrement que par lettre.
2. J'espère recevoir bientôt de vos nouvelles.
3. Ne tardez pas trop à répondre à ma lettre.
4. Tous mes meilleurs vœux de bonne santé (de bonheur, de succès, de bonne année, etc.).
5. Mes parents me demandent de vous transmettre l'expression de leurs meilleurs sentiments.
6. Ma sœur se joint à moi pour vous envoyer ses meilleurs vœux.
7. En vous remerciant d'avance du service que je vous demande.

8. Rappelez-moi, je vous prie, au bon souvenir de vos parents.

(f) *Signing Off*

Signing off is a delicate art in French, and the manner of winding up a letter depends on the relationships existing between the correspondents. In English, "Yours faithfully" or "Yours sincerely" are used in season and out of season.

If you are a boy writing to your correspondent, you could finish in one of the following ways:

1. Bien amicalement à vous,
2. Votre ami dévoué,
3. Je vous serre cordialement la main,
4. Votre camarade britannique,

Girls, when writing to their girl pen-friends, might finish their letter thus:

1. Votre affectueuse amie,
2. Bien affectueusement à vous,
3. Je vous embrasse tendrement,
4. Croyez à toute mon amitié,

If you are called upon to write to a French lady or gentleman, your superior in age and position, and a stranger to you, a whole host of consecrated formulas exists. The choice of the correct one is a matter of long experience and tact, and is moreover an expression of a typically French idea—social politeness. Here are a few out of many from which you may choose:

Very ceremonious

1. Je vous prie de croire, Monsieur, à l'expression de mes sentiments respectueux.
2. Veuillez, Monsieur (Madame), recevoir l'expression de mes meilleurs sentiments.

Social

3. Veuillez agréer, Monsieur, mes sincères salutations.

4. Veuillez agréer, Madame, mes hommages respectueux.

(g) The Envelope

1. On the envelope, write *Monsieur, Madame, Mademoiselle*, in full, and not the abbreviated forms: M., Mme., Mlle.

2. The French equivalent for 'street,' *rue*, is written with a small *r*. Otherwise use a capital; *e.g.*, *Boulevard, Avenue*.

3. If you are sending your letter to an address in Paris, do not forget to put the number of the *arrondissement* (district).

4. If you are writing to an address in the provinces, put the name of the *département* in brackets after the name of the place; *e.g.*, Rouen (Seine-Maritime).

5. On the back of your envelope, write *Exp.* (= *Expéditeur, i.e.*, sender), and then your name and address. In case of non-delivery, your letter can be returned to you unopened.

6. If your correspondent is staying with someone else, write *Chez Monsieur A*, or *Aux bons soins de Monsieur A* (= c/o).

7. If your correspondent is temporarily absent from his usual address, write at the top left-hand corner of your envelope: *Prière de faire suivre* (= Please forward). If you think your correspondent is not at his usual address, write: *En cas d'absence prière de faire suivre*.

You will find some examples of correct French usage on pages 26 and 27.

(h) Handwriting

There are a few small points which an English person ought to know if he wishes to write French correctly and not run the risk of possible misunderstandings.

The capital T is written in English $\mathcal{J}$ or $\mathcal{T}$. In French it is written $\mathcal{C}$. If you wish to be sure that your writing shall be understood in France and in Great Britain, write T. If you write $\mathcal{J}$, a French person will take it for an I for that is the correct way of writing a capital I in French. The J resembles the I: $\mathcal{J}$. Small r is written r or κ; and F is written $\mathcal{F}$, or sometimes $\mathcal{F}$. Write F to be safe.

Figures are not very different from ours. Notice, however, that the 1 often has an initial stroke, thus: 1; that the 7 is often crossed: 7; and that 5 is sometimes written like this: ſ.

One more little difference with regard to figures. To separate the thousands we use commas, thus: 10,753,962; in France full stops are used: 10.753.962. To separate decimals from whole numbers we put a point: 5·62; in France a comma is used: 5,62.

(i) *Model Letters*

A first letter from an English schoolboy to his correspondent:

35 MERTON ROAD,
SILCHESTER

le 5 *octobre* 1946

MON CHER HENRI,

Mon professeur de français à la High School for Boys de Silchester m'a donné votre nom comme correspondant français. Je viens donc vous écrire ma première lettre.

J'ai 15 ans et j'habite à Silchester, petite ville dans le nord du Dorsetshire, avec mon père, ma mère, ma sœur, et mon frère. Je suis élève à la High School for Boys de Silchester depuis bientôt cinq ans. Je suis en classe de Va (je vous expliquerai plus tard, dans une autre lettre, exactement ce que cela veut dire), et je me présenterai à l'examen du "School Certificate" (je ne sais pas ce qu'on l'appelle en français) au mois de juillet prochain. J'espère que je serai reçu, mais j'ai peur des mathématiques, matière dans laquelle je suis très faible. Il faut que je sois reçu parce que je voudrais être architecte plus tard.

Je suis dans la première équipe de football. Je m'intéresse beaucoup à la photographie et aux timbres étrangers. Si vous vous y intéressez aussi, je pourrai vous en envoyer, anglais et étrangers, et nous pourrons faire un échange intéressant.

Ne tardez pas à répondre à ma lettre, je vous en prie. Parlez-moi de vous-même, de votre famille, de votre école, de vos jeux et de vos principaux intérêts, et envoyez-moi une photo de vous-même si vous le pouvez. J'espère que nous deviendrons de bons amis, et peut-être, plus tard, autrement que par lettre.

En attendant le plaisir de recevoir votre réponse, je vous serre cordialement la main,

Votre correspondant britannique,
JACK SMITH

Reply from a French schoolboy:

3 RUE CORNEILLE
ROUEN
(Seine-Inférieure)

le 10 octobre 1946

MON CHER JACK,

C'est avec grand plaisir que j'ai lu votre lettre reçue ce matin au moment où j'allais partir au Lycée. Moi aussi, j'espère que nous deviendrons vite de bons amis. J'ai 16 ans, et j'ai une sœur qui a 12 ans. Comme vous le savez déjà nous habitons Rouen, vieille ville pittoresque qui a beaucoup souffert de la guerre.

PATÉ, LEDÉSERT & BARAGUAY

S. A. R. L. CAPITAL 125 000 Fr.

7 Rue de l'Égout, LAIGLE (Orne)

Télephone Laigle 3.80

Messieurs Paté & Ledésert

6 Place des Boucheries

C A E N.

(Calvados)

Exp. K. R. Wilson, 8 Elm Grove,
Brighton. Angleterre

Madame P. F. Meyer

47 Bd. Gouvion - St. Cyr

Paris XVII

Monsieur Ledésert

Négociant

28, rue Georges Goupy

Caen

Au Lycée je suis en l^{ère}, classe du Baccalauréat. Comme vous, j'espère passer mon examen du premier coup en juin prochain, sinon mon père me fera suivre des cours de vacances à Paris au lieu d'aller passer mes vacances en Bretagne. Je travaille ferme, car j'adore la mer, la pêche, la natation et le canotage, et je ne tiens pas à aller à Paris.

Mon père est dentiste; il a beaucoup de travail et nous le voyons peu dans la journée; ma sœur Madeleine et moi nous nous entendons fort bien, ce qui n'arrive pas toujours entre frère et sœur.

Et maintenant je termine. Ci-inclus une petite photo de la famille.

A très bientôt le plaisir de vous lire.

Votre ami
Henri Duroc

P.S. Entendu pour les timbres; moi aussi je suis un grand collectionneur. Je vous en envoie quelques-uns.

H. D.

7. *Oral*

The trouble with oral work in school is that it is so artificial. The teacher does not really want to know at what time you went to bed, how many brothers and sisters you have, and so on, but he must talk about something. That is why we try to conduct our routine business with you in French—that is real, not artificial conversation.

An oral examiner, of course, is not interested in you personally at all. All he wants to know is whether you can understand what he says in French, speak back to him intelligibly, and pronounce reasonably well. So when he asks you a question, it is not to elicit information, it is to give you a chance to say something in French. Do not, then, answer in monosyllables: "Oui, monsieur." That makes him find another question. Take the opportunity that is offered, and get talking. If you can tell him something that will interest him, all the better.

If you are told to describe a picture, begin by telling what the point of the picture is. Descend from the general to the particular. Your description should be such that an artist listening to you would know what to draw. Begin by saying "Cette image représente un accident dans la rue," before you tell that "Le chauffeur du taxi porte des lunettes." Get hold of the main things first.

8. *Vocabulary*

Obviously a knowledge of words is a *sine qua non*. But you should adopt the principle of the conservation of energy in this matter of vocabulary, and not waste time on words that you are not going to want to use. It may be interesting to know that *un goulot* is a bottle neck, but it is much more useful to know *la bouteille*. In this book, as in the others in this Course, you have not been given to learn any words that are a waste of time to learn. Moreover, the words set for learning in this book are all connected with some topic or selected from a context, in order that you may have something to hitch them to.

Groups of words, too, are given : while you are learning *le bruit* you might as well learn *bruyant*. It is essential to take vocabulary learning seriously ; to do this, you should learn words regularly. Learn thoroughly the words set in this book as you work through the chapters, continually revise them, think of their context as you do, and you should then be fairly safe. On pages 319–321 you will find a supplementary list of common words that happen not to have come in our lists. They should be learned as well.

9. *Grammar*

Grammar is a means to an end, not an end in itself. Its rules are really sign-posts helping you to find your way.

If you find you can get, for instance, pronouns in their correct order and place without learning the rule, that is fine, and you need not bother with the rule. But if you can't, then the rule will help. So don't be a slave to grammar rules, but don't, either, despise the help they can give.

CHAPTER I

A. C'EST LE GARÇON!

L'évêque passait une nuit chez un curé de campagne. Le curé, n'ayant pas de domestique, pria un des garçons du village d'être son domestique pour l'occasion. Il lui dit que son seul devoir serait de porter de l'eau chaude à la chambre de l'évêque, d'attendre que l'évêque eût répondu, et de dire : "C'est le garçon, monseigneur."

Le lendemain matin le garçon monta à huit heures et frappa à la porte. Il n'y eut pas de réponse. Il attendit quelques instants et puis frappa encore une fois, plus fort. Tout à coup il entendit une voix de tonnerre qui disait : "Qu'est-ce qu'il y a?" Le garçon, timide, se troubla, et répondit : "C'est le Seigneur, mon garçon!"

B. QUESTIONNAIRE

1. Quels sont les personnages de cette histoire?
2. Lequel est le plus important, un évêque ou un curé?
3. Pourquoi le curé dut-il demander à un des garçons du village d'être son domestique?
4. Pourquoi l'évêque avait-il besoin d'eau chaude?
5. Quand dit-on "Monseigneur"?
6. Pourquoi l'évêque ne répondit-il pas la première fois?
7. Pourquoi le garçon frappa-t-il plus fort la deuxième fois?
8. Comment l'évêque répondit-il?
9. Pourquoi le garçon se troubla-t-il?
10. Quelle erreur le garçon fit-il?

C. DICTÉE À PRÉPARER

Mon oncle Jules, / le frère de mon père, / était le seul espoir / de la famille, / après en avoir été / la terreur. / J'avais entendu parler de lui / depuis mon enfance, / et il

me semblait / que je l'aurais reconnu / du premier coup, /
tant sa pensée / m'était devenue familière. / Je savais tous
les détails / de son existence / jusqu'au jour / où on l'avait
embarqué / pour l'Amérique, / comme on faisait alors, / sur
un navire marchand / allant du Havre à New-York.

D. DIALOGUE. (*Record: Side* 3, *first part*)

   L'homme lui adressa la parole d'une voix grave :
   — Mon enfant, c'est bien lourd pour toi ce que tu portes là.
   — Oui, monsieur.
   L'homme saisit l'anse du seau.
   — Donne. C'est très lourd, en effet. Petite, quel âge
as-tu ?
   — Huit ans, monsieur.
   — Et viens-tu de loin comme cela ?
   — De la source qui est dans le bois.
   — Tu n'as donc pas de mère ?
   — Je ne sais pas, *répondit l'enfant*. . . . Je ne crois pas.
Les autres en ont. Moi, je n'en ai pas. *Et après un silence
elle reprit :* Je crois que je n'en ai jamais eu.
   — Comment t'appelles-tu ? *demanda l'homme.*
   — Cosette.
   — Où demeures-tu ?
   — A Montfermeil, si vous connaissez.
   — Qui est-ce qui t'a envoyée à cette heure chercher de
l'eau dans le bois ?
   — C'est Madame Thénardier.

                    VICTOR HUGO (1802–85), *Les Misérables*

E. THÈME. *Traduisez en français :*

   A foreigner arrived one day at an hotel in our town.
After washing and changing his clothes he went out for a
walk. As he did not know the town, he copied the name
of the street on a sheet of paper, for fear of getting lost.
He walked around the town, admired all the curiosities,
and then wanted to return to his hotel. He showed his

paper to an old man, hoping the latter would show him the way. But the man only laughed.[1] Our foreigner showed the paper to a woman ; she also burst out laughing. Then he addressed a young man, who did the same. At last he showed the piece of paper to me[2] ; I of course speak French and was able to explain the matter to him. The name he had written on his paper was "Stick no bills."

F. RÉVISION DE GRAMMAIRE

(i) *Possessive adjectives* (Précis page 10)

(*a*) 1. my hand. 2. his wife. 3. her hand. 4. my absence. 5. her hotel. 6. their reason. 7. their feet. 8. our house. 9. our houses. 10. your teeth.

(*b*) 1. my friend. 2. my ink. 3. their garden. 4. their house. 5. his axe. 6. our grandmother. 7. our parents. 8. his answer. 9. her answer. 10. its windows.

(ii) *Plural and feminine of adjectives and nouns, and position of adjectives* (Précis pages 10–12)

(*a*) 1. two fine carpets. 2. my old friend (*masc.*). 3. my old friend (*fem.*). 4. a thick skin. 5. two enormous cabbages. 6. a light breeze. 7. their young sons. 8. a discreet answer. 9. a dumb girl. 10. two active boys. 11. two active women. 12. the rivals are impatient. 13. a graceful lady. 14. the last page. 15. next year. 16. a white hen. 17. two polite gentlemen. 18. this dumb animal. 19. three equal heaps. 20. a pretty picture.

(*b*) 1. the merry widow. 2. a charming princess. 3. an anxious mother. 4. secret instructions. 5. two fat oxen. 6. a long street. 7. two lovely black eyes. 8. twenty rapid steps. 9. a new pupil (*masc.*). 10. a new pupil (*fem.*). 11. a lazy girl. 12. several very bad habits. 13. an old cow. 14. his young sisters. 15. a proud duchess. 16. a Christian custom. 17. two complete stories. 18. our new

---

[1] *ne fit que rire.*   [2] Stress this pronoun.

B

friend (*masc.*). 19. our new friends (*fem.*). 20. her beautiful jewels.

G. CONVERSATION. *La Famille*

   1. Combien de frères et de sœurs avez-vous?
   2. Quel âge ont-ils?
   3. Vont-ils à l'école? Sinon, où travaillent-ils?
   4. Avez-vous des oncles, des tantes?
   5. Les voyez-vous souvent?
   6. Combien de grands-parents avez-vous?
   7. Où demeurent-ils?
   8. Quel travail fait votre père?
   9. A quelle heure quitte-t-il la maison le matin?
  10. Qui se lève le premier chez vous?

H. MOTS À APPRENDRE, *basés sur la conversation*

   1. le frère aîné—elder brother
   2. le frère cadet—younger brother
      la sœur cadette—younger sister
   3. le grand-père—grandfather
   4. la grand'mère—grandmother
   5. les grands-parents—grandparents
   6. marié—married
   7. la veuve—widow
      le veuf—widower
   8. le petit-fils—grandson
      la petite-fille—grand-daughter
   9. l'orphelin (l'orpheline *f.*)—orphan
  10. les jumeaux (les jumelles *f.*)—twins
  11. le mari—husband
  12. la femme—wife
  13. le neveu (les neveux)—nephew
  14. la nièce—niece
  15. le cousin (la cousine)—cousin
  16. épouser—to marry (somebody)
      se marier—to get married

17. le mariage—marriage
18. l'oncle—uncle
19. la tante—aunt
20. ressembler à—to resemble, to be like

I. MOTS À APPRENDRE, *choisis dans le texte A*

1. le garçon—(i) boy; (ii) waiter
2. la nuit—night
3. la campagne—country (opposite of town)
4. le (la) domestique—servant
5. seul—alone, only (*adjective*)
6. le devoir—duty
7. l'eau (*f.*)—water
8. chaud—warm, hot
9. la chambre—room, bedroom
10. attendre—(i) to wait; (ii) to wait for
11. répondre (à)—to reply, to answer
12. prier—(i) to pray; (ii) to beg, to request
13. le lendemain—the next day
14. le matin—morning
15. monter (*conj.* être)—to go up, come up
16. frapper—to knock
17. la réponse—reply, answer
18. tout à coup—suddenly, all at once
19. entendre—to hear
20. la voix—voice

J. LOCUTIONS IMPORTANTES *choisies dans le texte A*

1. passer une nuit—to spend a night
2. chez un homme—at a man's house
3. prier quelqu'un de faire quelque chose—to request someone to do something
4. c'est le garçon—it's the waiter
5. le lendemain matin—the next morning
6. frapper à la porte—to knock at the door
7. pas de réponse (ne *before the verb*)—no reply

8. attendre quelques instants—to wait a few moments
9. encore une fois—again, once more
10. frapper fort—to knock loudly

K. PHRASES BASÉES SUR LES LOCUTIONS, *à traduire en*
français

1. I am spending the night at a friend's house.
2. I requested him to come the next morning.
3. "What's the matter?" I asked. No reply.
4. Knock at the door once again.
5. Knock louder, and wait a few moments.
6. It's the waiter, sir. Here's some hot water.
7. I shall wait a few days if I receive no reply.
8. He requested the waiter to carry his bag.
9. They spent a week at my house.
10. He tried once again the next morning.

L. RÉDACTION. *Écrivez entre 125 et 175 mots sur l'un des*
sujets suivants:

1. Une semaine de vie familiale chez vous.
2. Votre père *ou* votre mère.
3. Racontez l'histoire sans paroles à la page 35.

CHAPTER II

A. THE ABSENT-MINDED PROFESSOR

Un soir la femme d'un savant professeur sortit, laissant son mari en train d'étudier et les enfants en train de jouer. Le professeur était d'une distraction extraordinaire, et avait peu l'habitude de garder les enfants. Au bout de quelque temps la femme rentra et trouva la maison remarquablement tranquille.

"Où sont les enfants? demanda-t-elle.

— Ils faisaient trop de bruit pendant que tu étais sortie et j'ai été contraint de les mettre au lit.

— Et ils se sont couchés sans protester?

— Eh oui, tous sauf un garçon.

— Lequel?

— Celui qui est dans le lit dans la chambre de derrière. Il ne voulait pas se laisser déshabiller ni coucher."

La femme monta pour voir quel était le garçon qui n'avait pas voulu se laisser coucher.

"Mais, mon cher, s'écria-t-elle en redescendant, c'est le petit du voisin!"

B. QUESTIONNAIRE

1. Whom did the lady leave in the house?
2. How did the children behave during her absence?
3. Does the story tell how long she was out?
4. Why did she ask where the children were?
5. Why was she surprised that they should go to bed without protest?
6. What did the professor do with the boy who protested?
7. Where did his wife go when she was upstairs?
8. What mistake had the professor made?
9. What kind of man was the professor?

C. DICTÉE À PRÉPARER

Une Fillette négligente

Un matin, / Suzette resta au lit / à flâner. / Sa maman dut l'appeler / plusieurs fois. / "Suzette, / il est grand jour!" / "Oui, / maman, / je viens." /

Elle se mit à sa toilette, / mais il n'y a pas d'eau / dans le broc! / Et le savon. / Où est le savon? / Ah! le voilà enfin / derrière un des pieds / de la table de toilette. / La veille au soir, / Suzette avait oublié de ranger. / Et le matin, / la brosse, / les vêtements, / les souliers, / tout semblait jouer à cache-cache. /

La petite Suzette eut beau / ne se débarbouiller, / ne se coiffer / qu'à moitié, / ne pas agrafer son tablier / ni ranger sa chambre, / elle fut en retard.

D. POÈME

Quand je serai grand

Quand je serai grand, j'aurai des moustaches,
Un chapeau de soie, un bel habit noir;
J'aurai des chevaux, des moutons, des vaches,
J'aurai de l'argent tout plein mon tiroir.

Je pourrai manger ce que je préfère,
Par du chocolat remplacer mon lait,
Me coucher très tard, enfin toujours faire,
Sans être grondé, tout ce qui me plaît.

— Quand tu seras grand, mon gentil prophète,
Quand tu seras grand, mon doux premier-né,
Tu verras le monde ainsi qu'une fête,
Tout joyeux d'abord et tout étonné.

Mais bientôt, hélas! alors que la vie
Se fait plus sévère et s'appesantit,
Tu diras tout bas, soupirant d'envie:
"Ah! le temps heureux quand j'étais petit!"

THÉODORE MONOD

Questions

1. What is the boy looking forward to?
2. Where will the boy keep his money?
3. What drink does he dislike? What would he like instead?
4. Is he allowed to do whatever he likes? What happens if he misbehaves?
5. Why does the parent call him a prophet?
6. Has the boy any elder brothers or sisters?
7. Does the parent tell him in the third stanza that he will be disappointed with life when he grows up?
8. What change does the parent foretell?
9. Do you agree with the sentiment expressed in the last line of the poem?

E. THÈME. *Traduisez en français:*

The Absent-minded Man

One evening Mrs Lefèvre had put the children to bed early, because she wanted to go out. Her husband was very absent-minded, and always[1] left his hat and coat lying about[2] in the dining-room. When she went out, she said to her husband:

"Don't forget, hang your hat in the lobby, and put some coal on the fire while I am out. It's cold this evening. I shall be back about ten o'clock."

"Very well," he promised.

An hour or two later Mrs Lefèvre returned.

"What do I smell?" she asked.

"Well," replied her husband, "I made a mistake. I put my hat on the fire."

F. RÉVISION DE GRAMMAIRE. *Formation and position of adverbs* (Précis page 14). *Comparison of adjectives and adverbs* (Précis pages 16–18)

---

[1] Position of adverb?   [2] *traîner.*

(i) (*a*) 1. slow, slowly. 2. intelligent, intelligently. 3. constant, constantly. 4. deep, deeply. 5. enormous, enormously. 6. precise, precisely. 7. cordial, cordially. 8. noisy, noisily. 9. pious, piously. 10. jealous, jealously.

(*b*) 1. continual, continually. 2. violent, violently. 3. mad, madly. 4. confused, confusedly. 5. personal, personally. 6. fresh, freshly. 7. active, actively. 8. abundant, abundantly. 9. friend, friendly (*care!*). 10. true, truly.

(ii) (*a*) 1. He is my best friend. 2. He writes better than I. 3. He has a better pen. 4. The weather is better to-day. 5. His plays are good, but his novels are still better.

(*b*) 1. A good pencil, a better pencil. 2. He sings well, she sings better. 3. A good reason, the best reason. 4. A well written letter, the best written letter. 5. A good idea, a better idea, the best idea.

(iii) (*a*) 1. He purposely misled me. 2. He speaks and acts intelligently. 3. He quietly left the room. 4. The noise started again mysteriously. 5. He was slightly wounded. 6. The more I see him, the better I like him. 7. They refuse to give him any more. 8. He is as big as his father. 9. He is not so big as his mother. 10. The train is faster than the bus. 11. The bus goes faster than I walk. 12. He showed me a most interesting letter. 13. I lent him the most interesting books. 14. They are richer than you think. 15. Ice is colder than water. 16. The heaviest boy in the school. 17. The most beautiful birds do not always sing well. 18. There are more than eight million people in London. 19. A man can carry more than a boy. 20. A man can carry more than one boy.

(*b*) 1. I usually get up early. 2. Suddenly she stood up and cried bitterly. 3. You'll soon see. 4. He had unfortunately lost his umbrella. 5. She went away as silently as she had come. 6. Nights are longer in winter than in summer. 7. He has more than a dozen books on his shelves. 8. The largest street in the town. 9. I haven't the least

idea. 10. You are even lazier than your brother. 11. I
cannot stay any longer. 12. She got up this morning later
than usual. 13. This ink is bad, but this pen is still worse.
14. A more intelligent man would make less mistakes.
15. My mother is much smaller than my brother. 16. When
I was younger I used to live in Dover. 17. The twins are
older than their sister. 18. That orphan is one of the
happiest boys in the town. 19. I know a girl who is older
than her aunt. 20. He writes more intelligibly than he talks.

G. CONVERSATION. *La Maison*

1. Où demeurez-vous ?
2. La maison est-elle grande ? Combien de pièces a-t-
   elle ?
3. Quelles sont les principales pièces d'une maison ?
4. Que fait-on dans la salle à manger et dans la salle
   de bain ?
5. Votre salle à manger est-elle bien éclairée ?
6. Dans quelle pièce faites-vous vos devoirs ?
7. Avez-vous un grand jardin ? Qu'y a-t-il dedans ?
8. Comment votre maison est-elle chauffée et éclairée ?
9. Votre chambre est à quel étage ?
10. Que voyez-vous par la fenêtre de votre chambre ?

H. MOTS À APPRENDRE, *basés sur la conversation*

1. **la salle à manger**—dining-room
2. **le salon**—sitting-room, drawing-room
3. **la cuisine**—kitchen
4. **le vestibule**—entrance-hall, lobby
5. **la chambre à coucher**—bedroom
6. **la salle de bain**—bathroom
7. **le toit**—roof
8. **bâtir**—to build
9. **le plafond**—ceiling
10. **le plancher**—floor
11. **le mur**—wall

12. la fenêtre—window
13. l'électricité (*f.*)—electricity
14. le gaz—gas
15. le fourneau—stove
16. chauffer—to warm, to heat
17. éclairer—to light (to give light to)
     allumer—to light (to make alight)
18. la bibliothèque—(i) library; (ii) bookcase
19. l'étage (*m.*)—floor, storey
20. le rez-de-chaussée—ground-floor

I. MOTS À APPRENDRE, *choisis dans le texte A*

1. le soir—evening
2. savant—learned
     le savant—scholar, learned man
3. la femme—(i) wife; (ii) woman
     le mari—husband
     l'homme—man
4. le professeur—professor, grammar-school teacher
5. étudier—to study
     l'étude (*f.*)—study (work)
     le bureau *or* le cabinet—study (room)
6. jouer—to play
     le jouet—toy
     le jeu—game
7. extraordinaire—extraordinary
8. garder—(i) to keep; (ii) to look after
9. rentrer (*like* entrer, *conj.* être)—to return home
10. tranquille—quiet, calm
11. le bruit—noise
     bruyant—noisy
12. mettre—to put
13. coucher—to put to bed, to lay down
14. se coucher—to go to bed, to lie down
15. sauf (= excepté)—except
16. le lit—bed

17. déshabiller—to undress (someone)
    se déshabiller—to undress (oneself)
18. s'écrier—to exclaim
19. redescendre (*like* descendre, *conj*. être)—to come down again
20. le voisin (la voisine)—neighbour
    le voisinage—neighbourhood

J. LOCUTIONS IMPORTANTES *choisies dans le texte A*

1. en train d'étudier—busy studying
2. avoir l'habitude de—to be in the habit of
3. trop de bruit—too much noise
4. être sorti—to be out
5. mettre au lit = coucher—to put to bed
   aller au lit = se coucher—to go to bed
   être au lit = être couché—to be in bed
6. celui qui est—the one who is
7. la chambre de derrière—the back bedroom
   la chambre de devant—the front bedroom
8. se laisser déshabiller—to let oneself be undressed
9. elle monta pour voir—she went up to see
10. mon cher (ma chère)—my dear

K. PHRASES BASÉES SUR LES LOCUTIONS J ET LE VOCABULAIRE I

1. He was busy writing when I came back home.
2. I am in the habit of going to bed at ten o'clock.
3. If you have too much bread, you may leave some.
4. Which child will not let himself be washed?
5. The one that is hiding (= *caché*) in the back bedroom.
6. They made too much noise while their mother was out.
7. They will come down to speak to us.
8. Undress and put yourself to bed.
9. "Yes, my dear," said he, "I was busy working."
10. I have put him to bed in the front bedroom.

L. RÉDACTION. *Écrivez de 15 à 20 lignes sur un des sujets suivants :*

1. Description de la maison que vous habitez.
2. La maison que vous voudriez faire bâtir un jour.
3. Les aventures d'un homme distrait.

STORY FOR REPRODUCTION

For the Supervisor only

[The analysis of the following narrative is printed else-where (see page 14). The presiding Master or Mistress will write the English title on the blackboard and then read this narrative aloud twice, once at the ordinary rate, and once somewhat more slowly. No notes are to be taken, but candidates will keep the analysis before them while doing their Composition.]

Pépin the Short becomes King

Pépin était un fort petit homme et on l'appela donc Pépin le Bref. Mais, malgré sa courte taille, il était très fort et très courageux. On raconte que, peu après la mort de son père, il donna une grande preuve de cette force et de ce courage qui lui valurent la couronne. Un jour les Francs étaient réunis dans une arène pour assister à un combat entre des bêtes féroces. Ce sport cruel était leur amusement favori et le duc Pépin se trouvait parmi les spectateurs. Un lion venait de se jeter sur un taureau et de le renverser. Pépin se lève et crie à la foule : "Qui de vous est assez brave pour oser séparer ces bêtes furieuses ?" Personne ne répond. Alors Pépin descend dans l'arène et se jette entre les deux animaux. Tous les spectateurs crurent qu'il serait mis en pièces. Mais il sépara les ani-maux et, levant son épée, cria : "Suis-je digne d'être votre roi ?" Pour ces rudes guerriers la force et le courage étaient seuls dignes de la royauté. "Vive notre roi Pépin !" fut le cri unanime de la foule.

OXFORD AND CAMBRIDGE SCHOOL CERTIFICATE, *December 1942*

CHAPTER III

A. UNE VAILLANTE PETITE FILLE

La petite fille allait et venait dans la pièce qui servait à la fois de cuisine, de salle à manger et de chambre à coucher. Au fond, une porte entr'ouverte laissait entrevoir une deuxième chambre plus petite. C'étaient les deux seules pièces de la chaumière.

Après avoir fait deux lits dans deux coins de la chambre où elle se trouvait, la petite fille se mit à balayer le plancher et à épousseter les meubles; elle faisait tout cela sans bruit, comme si elle craignait de réveiller quelqu'un.

"Marie," dit une voix qui venait de la deuxième pièce, "es-tu là?"

"Oui, maman," répondit la fillette, en entrant dans la chambre de sa mère. "Comment vas-tu? Papa m'a dit, avant de partir pour son travail, que tu avais été malade toute la nuit. Te sens-tu mieux?"

"Pas beaucoup, mon enfant, mais il faut que je me lève. Il est très tard."

"Mais maman," dit Marie, "tu n'as rien à faire. Pourquoi veux-tu te lever? Tout ton travail est fini."

B. QUESTIONNAIRE

1. Combien de pièces y avait-il dans la chaumière?
2. Où voyait-on la deuxième pièce?
3. Laquelle des deux pièces était la plus grande?
4. Quels meubles y avait-il dans la première pièce?
5. Qu'est-ce que la petite fille se mit à faire, après avoir fait les deux lits?
6. A qui appartenait la voix qui venait de la deuxième pièce?
7. Qu'est-ce que le père avait dit à sa fille avant de partir pour son travail?

8. Pourquoi la mère voulait-elle se lever ?

9. Pourquoi Marie dit-elle que sa mère n'avait rien à faire ?

10. Après avoir lu le passage, qu'entendez-vous par le mot "vaillante" dans le titre ?

C. DICTÉE À PRÉPARER

Aux futures ménagères

Écoutez-moi bien ; / il n'est maison si petite / qui ne puisse devenir grande. / Une maman modeste, / appliquée à tous ses devoirs, / économe, / prévoyante, / peut, / en pays démocratique, / mener loin ses enfants. / Et tout à coup, / la petite maison grandit. / Nous avons chez nous / plus d'un exemple du fait. / Si je rappelle / que je suis sorti / d'une maison bien modeste, / c'est pour avoir l'occasion / de la remercier, / ma maison natale, / qui fut propre, / bien rangée, / prévoyante, / ambitieuse pour moi, / honnête et tendre, / et dont le souvenir m'est doux / comme une caresse.

ERNEST LAVISSE (1842–1922)

D. DIALOGUE. *Traduisez en anglais :*

LA REINE. Que voulez-vous ?

MASHAM. Une grâce de Votre Majesté.

LA REINE. A la bonne heure ! Vous qui ne parlez jamais, qui ne demandez jamais rien !

MASHAM. C'est vrai, madame, je n'osais pas, mais aujourd'hui...

LA REINE. Qu'est-ce qui vous rend plus hardi ?

MASHAM. La position où je me trouve ... et si Votre Majesté daigne m'accorder quelques instants d'audience...

LA REINE. Dans ce moment c'est difficile. Des dépêches de la plus haute importance...

MASHAM [*respectueusement*]. Je me retire !

LA REINE. Non ! je dois avant tout justice à mes sujets ;

je dois accueillir leurs réclamations et leurs demandes ...
et la vôtre a rapport sans doute à votre grade?

MASHAM. Non, madame!

LA REINE. A votre avancement?

MASHAM. Oh! non, madame, je n'y pense pas!

LA REINE [*souriant*]. Ah! et à quoi pensez-vous donc?

MASHAM. Pardon ... madame! je crains que ce ne
soit manquer de respect à la reine que d'oser ainsi lui
parler de mes secrets.

EUGÈNE SCRIBE (1791–1861),
Le Verre d'eau

E. THÈME. *Traduisez en français:*

Two old friends met one day in the street after a long
absence. The first said to the other in the course of their
conversation: "Unfortunately I am beginning to lose my
hair. I don't want to lose it[1] altogether, for I shouldn't like
to be bald." "Well," his friend replied, "I am an[2] expert
in these matters." "Can you then advise me on the way
to avoid baldness[3]?" "Advise you, yes, I certainly[4] can."
"Well, then, what must I do?" "Look at me," exclaimed
his friend, taking off his hat. "I have tried every remedy,
one after the other. You see that they are not particularly
effective." He was almost completely bald.

F. RÉVISION DE GRAMMAIRE. *Object pronouns, excluding
Imperatives* (Précis page 14)

(i) *One pronoun, easy examples*

(*a*) 1. He sees her. 2. She has seen him. 3. We write
to them. 4. I'll send a book to him. 5. He sends me a
parcel every week. 6. She listens to them. 7. He does not
hear you very well. 8. She is not offering the flowers to
them. 9. I receive them. 10. I'll go there to-morrow.

(*b*) 1. Have you any? 2. I won't speak of it. 3. She

[1] Plural! [2] Omit the Article. [3] Definite Article needed. [4] Don't
put the adverb between subject and verb. Put in a *le.*

will lend you her pencil. 4. I sent thee a rosy wreath. 5. I admire her. 6. He met me in the park. 7. Do you need it? 8. Will they accompany you to-morrow? 9. I'll send it by post. 10. I have not heard it.

(ii) *One pronoun, not quite so easy*

(*a*) 1. I will introduce you to my brother. 2. He saw his mother and spoke to her. 3. Have you any eggs? I'd like six, please. 4. I would like to send them to my brother. 5. Don't you remember it? (use *se souvenir de*). 6. That's all the same to me. 7. Haven't you any cheese? Yes, here it is. 8. He devoted many days to it. 9. The wasp has stung him in the arm. 10. They are not going to eat it.

(*b*) 1. I am not afraid of them. 2. Who has seen you? 3. Will you (= *voulez-vous*) please bring me a glass of milk? 4. The butter is in the cupboard. Haven't you found it? 5. We will accompany you to the church. 6. I go there alone nearly every Sunday. 7. His sister told him that story. 8. He said that he knew it already (use *connaître*). 9. Here she is at last! 10. I have never spoken to them.

(iii) *Two pronouns*

(*a*) 1. Don't forget to send it back to me. 2. I have bought you some paper. Do you want it? 3. If he offers it to you, say thank you. 4. I'll send him to you. 5. I was glad to see you there. 6. Has she given it to you? 7. I will lend you some with pleasure. 8. I called him, but he didn't hear me (use the Perfect tense). 9. I remember it very well (use *se rappeler*). 10. Are you not going to send it to her?

(*b*) 1. He wants to lend them to us. 2. We don't want to borrow them from him (borrow from = *emprunter à*). 3. He will send it to us by post if necessary. 4. You will return it to him immediately, won't you? 5. I need it to read it. 6. She promised it to me. 7. He says he will lend me one. 8. The thieves have stolen it from me (steal from

= *voler à*). 9. He asks me for it frequently. 10. Ten sentences: here is the last of them.

G. CONVERSATION *basée sur le tableau "Rouget de Lisle chantant la Marseillaise"* (page 52)

Description: Ce tableau représente Rouget de Lisle, l'auteur de la Marseillaise, en train de chanter son air devant un groupe d'officiers à Strasbourg. On voit qu'il chante de tout son cœur, car il lève une main en l'air et tient l'autre sur sa poitrine. Les officiers l'écoutent avec le plus grand intérêt; leurs figures expriment un grand enthousiasme pour ce chant nouveau.

Derrière le chanteur est un paravent qui fait ressortir sa forme frappante. Rouget de Lisle est accompagné au clavecin par une femme qui semble partager l'émotion de tout le monde.

Questions

1. Combien de personnages voyez-vous sur cette image?
2. Combien de ces personnages sont assis? Combien sont debout?
3. Qu'est-ce qui indique que le tableau ne représente pas une scène moderne?
4. Pourquoi est-ce que tout le monde regarde le chanteur?
5. Que voyez-vous au fond du tableau?
6. Cette scène se passe-t-elle au grand air?
7. Que voyez-vous sur le plancher?
8. Qu'est-ce que la Marseillaise?
9. Savez-vous la date de la composition de la Marseillaise? (1792)
10. Savez-vous le nom de l'artiste?

H. MOTS À APPRENDRE, *basés sur la conversation*

1. l'artiste (*m.* or *f.*)—artist
2. peindre (*like* craindre)—to paint

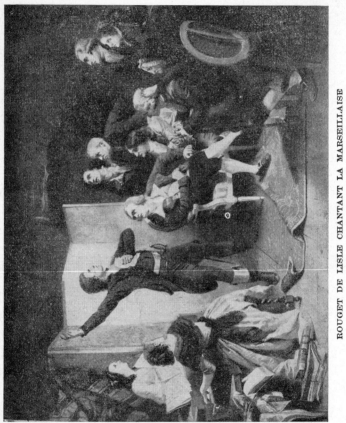

ROUGET DE LISLE CHANTANT LA MARSEILLAISE

I. A. A. Pils

Photo Rischgitz Collection

3. la peinture—(i) paint; (ii) painting
4. la couleur—colour
    de quelle couleur est... ?—what is the colour of . . . ?
5. le tableau—picture, painting
    l'image (*f.*)—picture, drawing (in a book)
6. représenter—to represent
7. debout (*does not agree*)—standing
8. assis (*agrees*)—seated, sitting
9. couché—lying down
10. jouer *du* piano—to play the piano
    jouer *au* football—to play football
11. au fond—in the background
12. au premier plan—in the foreground
13. à droite—to the right, on the right
    à gauche—to the left, on the left
14. le tapis—carpet
15. le fauteuil—armchair
16. l'officier (*m.*)—officer
17. l'épée (*f.*)—sword
18. la ceinture—belt
19. au grand air—in the open air
20. à côté de—beside
    du côté de—towards

I. MOTS À APPRENDRE, *choisis dans le texte A*

1. la petite fille—little girl (up to 10 years roughly)
    la fillette—girl (10 to 15 years roughly)
    la jeune fille—(15 to 30 years roughly)
    la fille—girl (as distinct from boy · les filles et les garçons)
2. le fond—(i) back (of a room); (ii) bottom (of sea, drawer)
3. la chaumière—thatched cottage, cottage
4. le coin—corner
5. se trouver—to be (situation, position)

6. se mettre à—to begin to
7. balayer—to sweep
    le balai—broom
8. les meubles (*m.*)—furniture
    le meuble—piece of furniture (table, bed, etc.)
    meubler—to furnish
9. craindre—to fear
    la crainte—fear
10. réveiller—to awaken (someone)
    se réveiller—to awaken (oneself)
11. comment—how
12. le travail—work
    travailler—to work
13. malade—ill, sick
    le (la) malade—sick person
    la maladie—illness, sickness
14. se lever—to get up
15. tard—late

J. LOCUTIONS IMPORTANTES *choisies dans le texte A*

1. la pièce servait de cuisine—the room served as a
    kitchen
2. les deux seules pièces—the only two rooms. (*Note
    word order.*)
    cp. les dix premières pages—the first ten pages
3. après avoir fait—after having made, after making
    après être parti—after having left, after leaving
    après s'être lavé—after having washed, after
    washing
4. elle se mit à balayer—she began to sweep
5. elle craignait *de* réveiller quelqu'un—she was afraid
    of wakening someone
6. en entrant dans la chambre—as she went into the room
7. comment vas-tu (allez-vous)?—how are you?
8. te sens-tu mieux? (vous sentez-vous mieux?)—do you
    feel better?

9. il faut que je me lève—I must get up
10. tu n'as rien à faire—you have nothing to do

K. PHRASES BASÉES SUR LES LOCUTIONS J ET LE VOCA-
   BULAIRE I

1. The first two sentences will serve as examples.
2. A door cannot be at the same time ajar and shut.
3. A rent in the clouds gave a glimpse of the sky.
4. After having got up, she made her bed.
5. He began to do his homework, after having had his tea.
6. I didn't make a noise, because I was afraid of wakening the baby.
7. As he went into the room, he heard a voice.
8. How are your parents? They feel much better, thank you.
9. After translating the passage, get up and go for a walk.
10. It is so late that I must go to bed.

L. RÉDACTION

1. Décrivez une scène historique, par exemple la bataille de Hastings, ou le roi Alfred et les gâteaux, ou la défaite de Napoléon à Waterloo.
2. La vie et la mort de Jeanne d'Arc.
3. Une histoire de revenants (= *ghosts*).
4. Write a piece of "Free Composition," giving in FRENCH the story of which the following is an analysis:

[The story, which must first be read to the candidates, is printed elsewhere in the book: see page 14.]

ANALYSIS

[It is not intended that this analysis should be copied; it is only meant to give an outline of the story. Candidates are cautioned not to write too much, and to REVISE very carefully what they have written before giving it up.]

A Woman's Presence of Mind

Nécessité de ne pas s'excuser dans certaines conditions —le mari qui invite quatre amis à dîner—le repas qu'on leur offre—la semaine suivante.

CHAPTER IV

A. LE SEIGNEUR AMBITIEUX

A la cour de Louis XIV il y avait un certain seigneur, dont le roi connaissait l'ambition sans limites. Un jour Sa Majesté le fit appeler et lui dit :

— Est-ce que vous savez l'espagnol ?

— Non, Sire, fut la réponse.

— C'est bien dommage, répondit Louis.

Le seigneur, ne comprenant pas bien ce que le roi voulait dire, croyait que, s'il apprenait cette langue aussi vite que possible, il aurait des chances d'être nommé ambassadeur français en Espagne. Il se mit donc tout de suite à étudier l'espagnol avec zèle, et parvint à l'apprendre en peu de temps.

Quelques semaines plus tard, il se présenta au roi et lui dit :

— Sire, j'ai réussi à apprendre l'espagnol.

— Est-ce que vous le savez assez bien pour pouvoir le parler avec des Espagnols ? demanda Louis.

— Mais certainement, Sire, répondit le courtisan.

— Permettez-moi donc de vous en féliciter, répliqua le monarque. Vous pourrez maintenant lire *Don Quichotte*[1] dans l'original.

B. QUESTIONNAIRE

1. What was the principal characteristic of the nobleman ?
2. How many times in the story does the king meet the nobleman ?
3. Why did the king ask the nobleman if he knew Spanish ?
4. How did the nobleman interpret the king's question ?

[1] Titre et héros du chef-d'œuvre de l'écrivain espagnol Cervantes.

5. What effort did the nobleman make?
6. Did he succeed in his efforts?
7. Did the king send for him the second time?
8. What did he tell the king?
9. How well did he know Spanish?
10. What reward did the nobleman get for his efforts?

C. DICTÉE À PRÉPARER

Souvenirs d'enfance

J'ai gardé / de vifs souvenirs / du temps où j'étais / un
très petit enfant. / J'avais mon lit / dans une grande
chambre / d'un vieil hôtel / qu'habitait mon père, / modeste
médecin. / Je la vois encore, / cette chambre, / avec son
papier vert à fleurs / et une jolie gravure / en couleurs / qui
représentait Paul et Virginie. / Ma mère plaçait / chaque
nuit / mon petit lit / auprès du sien / dont les rideaux
immenses / me remplissaient de crainte / et d'admiration. /
C'était une affaire / de me coucher : / il fallait des supplica-
tions, / des larmes, / des embrassements. / Je m'échappais
en chemise / et je sautais comme un lapin. / Ma mère me
rattrapait / sous un meuble / pour me mettre au lit.

ANATOLE FRANCE (1844-1924)

D. FABLE

Le Lion et le Rat

(Record : Side 1, second part)

Il faut, autant qu'on peut, obliger tout le monde :
On a souvent besoin d'un plus petit que soi.

Entre les pattes d'un Lion
Un Rat sortit de terre assez à l'étourdie.[1]
Le roi des animaux, en cette occasion,
Montra ce qu'il était, et lui donna la vie.
Ce bienfait ne fut pas perdu.
Quelqu'un aurait-il jamais cru

[1] à l'étourdie, heedlessly, thoughtlessly.

Qu'un lion d'un rat eût affaire ?
Cependant il advint[1] qu'au sortir des forêts
Ce Lion fut pris dans des rets,[2]
Dont ses rugissements ne le purent défaire.
Sire Rat accourut, et fit tant par ses dents
Qu'une maille rongée emporta tout l'ouvrage.

Patience et longueur de temps
Font plus que force ni que rage.

LA FONTAINE (1621–1695)

Questions

1. Where did the rat come from, and in what awkward
   situation did he find himself ?
2. Why did the rat not foresee the danger ?
3. What do you understand by "montra ce qu'il était" ?
4. "Ce bienfait ne fut pas perdu." Which "bienfait" ?
5. In what unfortunate position did the lion find himself
   one day ?
6. How far does the lion's predicament resemble the
   rat's ?
7. What are we told the lion did in order to try to escape ?
   Do you think this is all he did ?
8. How did the lion escape ?
9. What is the meaning of the last two lines ? Do not
   translate them, give the idea in your own words.

E. THÈME. *Traduisez en français :*

A certain poet, whom we will call Larive, used to write
poems[3] so obscure and so difficult that even his friends
could not always understand them. Of course, they always
pretended to admire everything[4] he wrote. One day a
friend of mine[5] decided to put them to the test. He wrote
a poem completely devoid of sense, full of imposing words

---

[1] *il advin.*, it chanced.   [2] *le rets*, net.   [3] Article (partitive) required in French.   [4] 'everything that' = *tout ce qui* (subject) or *tout
ce que* (object).   [5] 'a friend of mine': say 'one of my friends.'

and unusual expressions, took it to an admirer of Larive and showed it to him.

"Look," he said, "have you seen Larive's latest effort? I have just been shown it,[1] and it seems to me perfectly ridiculous."

"Let me see it,[2] please," said the admirer. "Thanks."

He read it carefully, with growing enthusiasm.[3]

"Marvellous, isn't it?" he exclaimed. "What a genius!"

"You think that it is the work of a genius?[4]"

"Yes, I'm sure of it."

"Thank you for the compliment. I wrote it myself."

F. RÉVISION DE GRAMMAIRE

(i) *Disjunctive pronouns* (Précis page 18)

(*a*) 1. These oranges are for him. 2. She and I will be at the station. 3. You walk more quickly than I. 4. After you, mummy! 5. I can only understand him. 6. It is I, don't be afraid. 7. Think of me sometimes. 8. I'll come myself. 9. Who says so? I do. 10. I shall arrive by bus with them.

(*b*) 1. Myself, I think it is true. 2. She makes her clothes herself. 3. You say you don't want to come, but they won't refuse. 4. They have remembered us. 5. As for him, he will stay at home. 6. It is not they who make all the noise. 7. She and I make a lot of it. 8. This car is mine, it is not my father's. 9. Come home with me this afternoon. 10. Who killed Cock Robin? I, said the sparrow.

(ii) *Pronouns with the Imperative* (Précis page 16)

(*a*) 1. Take it and give it to him. 2. Show me that toy. 3. Finish it as quickly as possible. 4. Wash and dress yourselves at once. 5. Fido has followed us: take him home. 6. You have finished your exercise? Show it to me.

---

[1] Not passive in French: use *on*.   [2] 'Let me see it' = *Faites voir*.   [3] Use the Indefinite Article (*un* or *une*).   [4] 'the work of a genius' = *une œuvre géniale*.

7. Let's ask them for it. 8. Don't send it to her. 9. Don't give them to us. 10. Go away!

(b) 1. Let's send them to them. 2. Don't offer them your money. 3. Offer it to us. Thank you! 4. Ten sentences: finish them before the end of the lesson. 5. Leave them alone and they'll come home. 6. Punish me, don't punish George. 7. Don't punish me, punish George. 8. Go there at once and stay there. 9. Don't look at them all. 10. Write to us, don't forget us.

(iii) *More pronouns with the Imperative*

(a) *Put into the negative:*

1. Regardez-moi. 2. Lève-toi. 3. Donnez-les-moi. 4. Expliquons-le-leur. 5. Envoie-le-lui. 6. Servez-vous. 7. Écoutez-le. 8. Offrez-les-lui. 9. Accompagnez-nous. 10. Montrons-leur ma montre.

(b) *Put into the positive:*

1. Ne m'en parlez pas. 2. Ne me le donne pas. 3. N'y allez pas. 4. Ne nous y arrêtons pas. 5. Ne les lui rendez pas. 6. Ne les punissez pas. 7. Ne me présentez pas à cette dame. 8. Ne lui écris pas. 9. Ne me le dites pas. 10. Ne nous les montrez pas.

G. CONVERSATION. *Faisons connaissance.* (*Record: Side* 7)

1. Quel âge avez-vous, Mademoiselle? Quel âge aviez-vous l'année dernière à pareille date? Quel âge aurez-vous l'année prochaine?
2. Avez-vous toujours vécu dans la même ville?
3. Combien d'écoles avez-vous fréquentées?
4. Que faites-vous dans cette école que vous ne faisiez pas dans la précédente?
5. A quel âge êtes-vous allée à l'école pour la première fois?
6. Qu'est-ce que vous avez l'intention de faire quand vous aurez quitté le lycée?

7. Quelle carrière vous semble la plus satisfaisante ?
8. Quelle est l'occupation d'un médecin ?
9. N'aimeriez-vous pas travailler dans un magasin ?
   Quelle sorte de magasin choisiriez-vous ?
10. Vous êtes anglaise, n'est-ce pas ? Si vous n'étiez pas
    anglaise, à quelle nation voudriez-vous appartenir ?

H. MOTS À APPRENDRE, *basés sur la conversation*

1. l'enfance (*f.*)—childhood
   l'enfant (*m.* or *f.*)—child
2. la jeunesse—youth
   jeune—young
3. la vieillesse—old age
   vieux vieil vieille vieux vieilles—old
   vieillir—to grow old
   le vieillard—old man
   la vieille—old woman
4. naître—to be born (je suis né en 1932 = I was born
   in 1932)
   la naissance—birth
5. mourir—to die
   la mort—death
   le mort—dead man
   la morte—dead woman
6. le berceau—cradle
   bercer—to rock
7. grandir—to grow (*i.e.*, become larger)
   pousser—to grow (of plants)
8. déménager—to move house
9. se marier—to get married
10. se souvenir de—to remember
    se rappeler—to remember
    oublier—to forget
11. la carrière—career
12. l'avocat (*m.*)—lawyer
13. l'ingénieur (*m.*)—engineer

14. le commis voyageur (*or* voyageur de commerce)—commercial traveller
15. l'homme d'affaires—business man
16. le tailleur—tailor
17. le médecin (*or* docteur)—doctor
18. l'infirmière (*f.*)—nurse

I. MOTS À APPRENDRE, *choisis dans le texte A*

1. la cour—(i) court; (ii) yard
2. le seigneur—lord, nobleman
3. le roi—king
4. vouloir dire—to mean
5. connaître—to know (by acquaintance)
   savoir—to know (a fact)
6. la réponse—answer
   répondre à—to answer (il répondit à la question = he answered the question)
7. comprendre—to understand
8. apprendre (à)—to learn (to)
9. la langue—(i) tongue; (ii) language
10. réussir à faire quelque chose—to succeed in doing something
11. nommer—(i) to name; (ii) to appoint
12. le temps—(i) time (general); (ii) weather
    l'heure (*f.*)—time (of day)
    la fois—time (occasion)
13. assez . . . pour—enough, sufficient(ly), for, to
14. parler—to speak, talk
15. dire—to say
    dire quelque chose à quelqu'un—to tell somebody something
    dire *à* quelqu'un *de* faire quelque chose—to tell somebody to do something
16. donc—so, therefore
17. féliciter quelqu'un *de* quelque chose—to congratulate somebody on something

18. répliquer—to retort, answer
19. le monarque—monarch
20. lire—to read

J. LOCUTIONS IMPORTANTES *choisies dans le texte A*

1. il le fit appeler—he sent for him
2. c'est bien dommage—it is a great pity
   quel dommage !—what a pity !
3. je ne sais pas ce que vous voulez dire—I don't know
   what you mean
4. je connais un Espagnol—I know a Spaniard
   je sais l'espagnol—I know Spanish
5. aussi vite que possible—as quickly as possible
6. il réussit à l'apprendre—he succeeded in learning it
7. en peu de temps—in a short while
8. je le sais assez bien pour parler—I know it well
   enough to speak
9. je lui permets de le faire—I allow him to do it
10. je vous *en* félicite—I congratulate you on it

K. PHRASES BASÉES SUR LES LOCUTIONS J ET LE VOCA-
BULAIRE I

1. There was once a man whose ambition was boundless.
2. What does that word mean ?
3. He is going to France, but he doesn't speak French.
   What a pity !
4. He learned to do it as quickly as possible.
5. He does not mean that he knows an Italian, but
   that he knows Italian.
6. They will succeed in doing it in a short time.
7. He speaks German well enough to travel in Germany.
8. Their father has allowed them to go to Italy.
9. I congratulate you on having succeeded in doing it.
10. You have now learned enough to be able to speak
    Spanish.

L. RÉDACTION. *Écrivez de 130 à 170 mots sur un des sujets suivants. Indiquez le nombre de mots à la fin.*

1. Quelle carrière adopterez-vous quand vous aurez quitté l'école, et pourquoi ?

2. Un élève qui est sur le point de quitter le lycée passe en revue ses souvenirs. Imaginez quelles peuvent être ses pensées.

3. Décrivez un incident particulièrement intéressant de votre vie scolaire.

4. Écrivez une petite autobiographie.

C

CHAPTER V

DÉPART DE MARSEILLE POUR LA CORSE

Au jour fixé pour le départ, tout était emballé, embarqué dès le matin : la goélette devait partir avec la brise du soir. En attendant, le colonel se promenait avec sa fille sur la Canebière,[1] lorsque le patron l'aborda pour lui demander la permission de prendre à bord un de ses parents, c'est-à-dire le petit-cousin du parrain de son fils aîné, lequel retournant en Corse, son pays natal, pour affaires pressantes, ne pouvait trouver de navire pour le passage.

— C'est un charmant garçon, ajouta le capitaine Matei, militaire, officier de la garde, et qui serait déjà colonel si Napoléon était encore empereur.

— Votre parent a-t-il le mal de mer ? demanda Miss Nevil.

— Jamais, mademoiselle ; il a le cœur ferme comme un roc, sur mer comme sur terre.

— Eh bien, vous pouvez l'emmener, dit-elle.

— Vous pouvez l'emmener, répéta son père, et ils continuèrent leur promenade.

MÉRIMÉE (1803–70), *Colomba*

B. QUESTIONNAIRE

1. Pourquoi les voyageurs attendaient-ils le soir ?
2. Qui a accompagné le colonel dans sa promenade ?
3. Qu'est-ce que le patron d'un vaisseau ?
4. Où le parent du patron était-il né ?
5. Où est la Corse par rapport à Marseille ? A quelle distance, à peu près ? (Cherchez dans un atlas.)
6. Pourquoi le parent en question désirait-il aller en Corse ?
7. Pourquoi ce parent n'était-il pas encore colonel ?

[1] Boulevard renommé de Marseille.

8. Pourquoi Miss Nevil a-t-elle demandé s'il avait le
    mal de mer ?
9. Qu'est-ce qui indique qu'elle a été contente de la
    réponse du patron ?
10. "Ils continuèrent leur promenade." Qui se pro-
    menait et où ?

C. DICTÉE À PRÉPARER

La Chatte étonnée

Elle regardait le perroquet / avec étonnement. / Elle
sauta / à bas de la table / où elle avait établi / son observatoire. / Elle se glissa / vers un coin de la chambre, / le
ventre à terre, / la tête basse, / l'échine tendue, / prête à
bondir. / Son nez rose frémissait, / elle fermait à demi / les
yeux, / sortait et rentrait les ongles. / Tout à coup / son
dos s'arrondit / et d'un bond / elle sauta jusqu'au perchoir. /
Le perroquet, / se voyant en péril, / cria soudain : / "As-tu
déjeuné, / Jacquot ? " / La chatte sauta brusquement / en
arrière / et s'éloigna peu à peu, / complètement ahurie.

THÉOPHILE GAUTIER (1811–72)

D. DIALOGUE. *Traduisez en anglais :*

— Où allez-vous ainsi, Ors' Anton' ? disait-elle. Ne savez-
vous pas que votre ennemi est près d'ici ?

— Mon ennemi ! s'écria Orso furieux. Où est-il ?

— Orlanduccio est près d'ici. Il vous attend. Retournez,
retournez.

— Ah ! il m'attend ! Tu l'as vu ?

— Oui, Ors' Anton', j'étais couchée dans la fougère quand
il a passé. Il regardait de tous les côtés avec sa lunette.

— De quel côté allait-il ?

— Il descendait par là, du côté où vous allez.

— Merci.

— Ors' Anton', ne feriez-vous pas bien d'attendre mon
oncle ? Il ne peut tarder, et avec lui vous seriez en sûreté,

— N'aie pas peur, Chili, je n'ai pas besoin de ton oncle.

— Si vous vouliez, j'irais devant vous.

— Merci, merci.

MÉRIMÉE, *Colomba*

E. THÈME. *Traduisez en français:*

About five o'clock in the evening, Captain[1] Matei came to fetch them, to take them on board[2] the schooner. On the quay they found a tall, sunburned young man, dressed in a long blue coat buttoned up to his[1] chin. He had black eyes[1] and a[1] curly moustache, and looked like a soldier. He took off his hat on seeing the Colonel and his daughter, and thanked them cordially for the service they were doing[3] him.

"Delighted to be of use[4] to you, my boy," said the Colonel with a friendly nod, and they all three stepped[5] into the small boat that was to take them to the schooner.

"What sort of man is your Englishman[6]?" said the young man in a whisper in Italian[6] to the Captain. "He has a pretty daughter."

"These French[6] soldiers are fine fellows,[1] to judge by[7] appearances," said the Colonel in English[6] to his daughter. Then, addressing the young man in French,[6] with an abominable accent, he said: "I say,[8] young fellow, what regiment have you served in?"

F. RÉVISION DE GRAMMAIRE. *Verbs conjugated with 'être';*
Perfect tense, but omitting agreement of Past Participles
of verbs conjugated with 'avoir' (Précis page 20)

(i) *Translate, using the Perfect tense, and consulting the*
vocabulary or the verb list if you are not sure of the
Past Participle:

[1] Look up your rules on the use and omission of the Articles.
[2] 'on board' = *à bord de.*   [3] 'to do a service' = *rendre un service.*
[4] 'of use' = *utile.*   [5] say 'entered.'   [6] *anglais* or *Anglais,* etc.?
Look up the rule about nouns and adjectives of nationality.   [7] 'to
judge by' = *à en juger par.*   [8] 'I say' = *Dites donc.*

(*a*) 1. I came, I saw, I conquered. 2. I have been playing with my toys. 3. Has your brother left? (use *partir*). 4. He was executed at dawn. 5. I went to church early. 6. I've been taking the medicine, doctor. 7. He sat down suddenly. 8. I saw John in the street. 9. She has cut me a piece of cake. 10. They have not drunk their coffee. 11. I saw him but he didn't see me. 12. He stopped in front of our house. 13. I read that book entirely yesterday. 14. Did it rain this morning? 15. I offered it to him at once. 16. They became anxious. 17. I didn't promise it to him. 18. I didn't go away. 19. I wanted to see him. 20. He laughed.

(*b*) 1. She opened the door at once. 2. I came out and she went in. 3. I looked at the rain. 4. I decided to take my umbrella. 5. The colonel congratulated him. 6. We have had breakfast already (to have breakfast = *déjeuner*). 7. Have they telephoned to you? 8. "That's why," she said. 9. Why did you speak to him? 10. I didn't arrive in time. 11. I posted the letters. 12. He was born on 12th May. 13. "Come in," he shouted. 14. So I went in and sat down. 15. She has been writing letters. 16. The cat died yesterday. 17. I have known that rule. 18. I was able to help him. 19. Did you understand everything? 20. Hasn't he written to them yet? (Do not separate *pas* from *encore*.)

(ii) *Put into the Perfect tense:*

(*a*) 1. je jette. 2. il espère. 3. vous dites. 4. il conduit. 5. nous mettons. 6. elle connaît. 7. il se plaint. 8. je viens. 9. tu cours. 10. ils vont. 11. elle se lève. 12. il parle. 13. elle a dix-neuf ans. 14. nous buvons. 15. ils meurent. 16. je crois. 17. il pleut. 18. elle reste. 19. il faut. 20. je joins.

(*b*) 1. ils sont. 2. je m'assieds. 3. il pleure. 4. nous vivons. 5. nous nous rendons. 6. nous sommes. 7. ils prennent. 8. je soutiens. 9. elle se souvient. 10. il préfère.

11. vous pouvez. 12. vous apercevez. 13. tu mens. 14. tu sors. 15. ils sourient. 16. je ne sais pas. 17. il répond. 18. ils vainquent. 19. tu te trompes. 20. j'achète.

G. CONVERSATION. *Les Voyages*

1. Aimez-vous à voyager? Pourquoi?
2. Quelle manière de voyager aimez-vous le mieux?
3. Quel est le plus long voyage que vous avez fait?
4. Pour faire un voyage de Londres (ou de votre ville) à Paris, par quelle route passeriez-vous? Et si vous alliez en avion?
5. Si un étranger arrivait à la gare de cette ville, comment le dirigeriez-vous au lycée?
6. Par quelles mers et près de quels pays iriez-vous si vous faisiez un voyage aux Indes?
7. Qu'est-ce qu'on fait dans une gare?
8. Quels sont les avantages de voyager en avion?
9. Pourquoi tout le monde ne voyage-t-il pas en avion?
10. Pourquoi le receveur d'un autobus vous donne-t-il un ticket?

H. MOTS À APPRENDRE, *basés sur la conversation*

1. la **valise**—suit-case
2. la **malle**—travelling trunk
3. l'**hôtel** (*m.*)—hotel
4. l'**auberge** (*f.*)—country inn
5. les **renseignements** (*m.*)—information
   le bureau de renseignements—inquiry office
6. s'**adresser** à—to apply to
7. à cent **kilomètres** de—a hundred kilometres from
8. **près** de—near
   loin de—far from
9. le **voyageur**—traveller, passenger
   le **passager**—passenger in ship or aeroplane
10. à l'**étranger**—abroad, to (*or* in) a foreign country
11. le chemin de **fer**—railway

12. la gare—station
13. le train de marchandises—goods train
14. le rapide—express
15. l'omnibus (*m.*)—stopping train
    l'autobus (*m.*)—bus
16. le billet—ticket
    le ticket—bus ticket
17. le compartiment de troisième classe—third-class compartment
18. le guichet—ticket-office
19. le matelot—sailor
20. le quai—(i) quay ; (ii) railway platform

I. MOTS À APPRENDRE, *choisis dans le texte A*

1. le départ—departure
   partir—to depart, set out ; to leave (*intransitive*)
2. embarquer—to take on board
   s'embarquer—to go on board, to embark
   débarquer—to disembark
3. la brise—breeze
4. se promener—to go for a walk or a ride, to walk, to ride
   faire une promenade—to go for a walk or a ride
5. le patron—skipper ; employer, 'boss'
6. aborder quelqu'un—to go up to someone
7. à bord—on board
   à bord du navire—on board the ship
8. le parent—(i) parent ; (ii) relative
9. c'est-à-dire—that is to say
10. retourner (*conj.* être)—to go back, return
    revenir—to come back, return
11. les affaires (*f.*)—business
12. pressant—urgent
    pressé—in a hurry
13. le navire—ship
14. ajouter—to add (to what one has said or written)
    additionner—to add up

15. le capitaine—captain
16. le militaire—military man, soldier
17. l'empereur—emperor
   l'impératrice—empress
18. le mal de mer—seasickness
19. ferme—firm (*adjective*)
20. emmener—to take (someone)

J. LOCUTIONS IMPORTANTES *choisies dans le texte A*

1. le bateau devait partir—the boat was to set out
2. en attendant—in the meantime
3. pour lui demander la permission—in order to ask him for permission
4. en Corse—to Corsica, in Corsica (Same construction as for feminine countries—consult your Grammar.)
5. son pays natal—his native land
6. c'est un charmant garçon—he's a delightful fellow
7. il serait colonel—he would be a colonel
8. ferme comme un roc—firm as a rock
9. avoir le mal de mer—to be seasick
10. vous pouvez l'emmener—you can take him

K. PHRASES BASÉES SUR LES LOCUTIONS J ET LE VOCABULAIRE I

1. He was to leave yesterday.
2. From (= *Dès*) his childhood he wanted to be a soldier.
3. They asked his permission to go for a ride on horseback.
4. In the meantime you can put the things on board.
5. Have you ever been back to France?
6. No; I should like to return to my native land.
7. Was the skipper seasick?
8. The castle was built nine hundred years ago, but it is as firm as a rock.

9. He says that his young relative is a delightful fellow.
10. "May I take him with us?" asked the captain.

L. RÉDACTION

1. Continuez l'histoire commencée en A et continuée en B, en y introduisant un naufrage.
2. Une visite chez une diseuse de bonne aventure (= *fortune-teller*).
3. Des joueurs de football laissent leurs bagages sur la plate-forme de l'autobus dans lequel ils vont à leur match. Pendant le trajet un des joueurs voit une valise tomber sur la route. Racontez cette histoire au passé, en y introduisant quelques détails, et finissez-la.

STORY FOR REPRODUCTION

For the Supervisor only

[The analysis of the following narrative is printed else-where (see page 14). The presiding Master or Mistress will write the English title on the blackboard and then read this narrative aloud twice, once at the ordinary rate, and once somewhat more slowly. No notes are to be taken, but candidates will keep the analysis before them while doing their Composition.]

Two Julius Cæsars in a Mental Asylum

Le directeur d'un asile d'aliénés faisait visiter sa maison à l'un de ses confrères qui était un savant distingué. Arrivé devant la porte d'une cellule, le directeur s'arrête et s'adressant au visiteur, il lui dit: "Je vais vous présenter un cas fort singulier. Il y a dans cette cellule un homme très cultivé, très agréable; il s'exprime avec beaucoup de charme et de facilité. Mais si vous lui demandez qui il est, il vous répondra: 'Je suis Jules César.'"

Les deux hommes entrent dans la cellule et le directeur présente son malade. Pendant la conversation le pauvre insensé ne montre pas le moindre trouble mental apparent. En se retirant le visiteur lui demande: "A qui ai-je l'honneur de parler?" "A Jules César," répond le fou sans hésiter.

"Eh bien, vous avez vu? Que dites-vous de cela?" dit au visiteur le directeur en sortant.

"En vérité, c'est extraordinaire," répond le visiteur. "Mais la chose la plus étonnante," répond le directeur avec assurance, "c'est que... le véritable Jules César, c'est moi."

OXFORD AND CAMBRIDGE SCHOOL CERTIFICATE, *July* 1942

CHAPTER VI

A. LE DOMESTIQUE PATIENT

— Morbleu ! dis-je un jour à mon domestique, c'est pour la troisième fois que je vous ordonne de m'acheter une brosse ! Quelle tête !

Il ne répondit pas un mot : il n'avait rien répondu la veille à une pareille incartade.[1] Je n'y comprenais rien.

— Allez chercher un linge pour nettoyer mes souliers, lui dis-je en colère.

Pendant qu'il allait, je me repentais de l'avoir ainsi brusqué.[2] Ma colère passa tout à fait lorsque je vis le soin avec lequel il tâchait d'ôter la poussière de mes souliers sans toucher à mes bas : j'appuyai ma main sur lui en signe de réconciliation...

Je me ressouvins tout à coup qu'il y avait longtemps que je n'avais pas donné d'argent à mon domestique.

— Joannetti, lui dis-je en retirant mon pied, avez-vous de l'argent ?

Un demi-sourire de justification parut sur ses lèvres à cette demande.

— Non, monsieur ; il y a huit jours que je n'ai pas un sou ; j'ai dépensé tout ce qui m'appartenait pour vos petites emplettes.

— Et la brosse ? C'est sans doute pour cela ?

Il sourit encore.

— Tiens, Joannetti, tiens, lui dis-je, cours acheter la brosse.

— Mais, monsieur, voulez-vous rester ainsi avec un soulier blanc et l'autre noir ?

— Va, te dis-je, acheter la brosse ; laisse, laisse cette poussière sur mon soulier.

----

[1] outburst.   [2] *brusquer* = to be sharp with.

Il sortit ; je pris le linge et je nettoyai mon soulier gauche, sur lequel je laissai tomber une larme de repentir.

XAVIER DE MAISTRE (1763-1852),
Voyage autour de ma chambre

B. QUESTIONNAIRE

1. What had the writer (X. de Maistre) told his servant to do, and how many times had he already given the order ?
2. Why did the servant not reply ?
3. Why did the master's anger disappear, and what did he do as a proof that he was no longer angry ?
4. What made the master ask Joannetti if he had any money ?
5. How do you explain the *demi-sourire de justification* which appeared on the servant's lips ?
6. Had the servant any money of his own ?
7. What did the master say as he gave money to Joannetti ?
8. What objection did the servant raise to carrying out his master's order to go and buy the brush ?
9. What did the master do while the servant was out ?
10. How do you explain the word *patient* in the title, after having read the story ?

C. DICTÉE À PRÉPARER. (*Record : Side* 5)

Pour aller au château, / il faut marcher longtemps / dans un bois / par un chemin creux / où personne ne passe. / Quelquefois / le taillis s'éclaircit ; / alors, / à travers les branches, / la prairie paraît / ou bien la voile de quelque navire / qui remonte la rivière. / Nous foulions / ce bon sol des bois / où les bouquets violets / des bruyères / poussent dans le gazon tendre, / parmi les feuilles tombées. / On sentait les fraises, / la framboise / et la violette. / Il faisait lourd ; / la mousse était tiède. / Caché sous la feuillée, / le coucou poussait / son cri prolongé ; / dans les clairières, / des moucherons bourdonnaient / en tournoyant leurs ailes.

GUSTAVE FLAUBERT (1821–80)

D. POÈME

L'Écho

Rôdant, triste et solitaire,
Dans la forêt du mystère,
J'ai crié, le cœur très las:
"La vie est triste ici-bas!"
L'écho m'a répondu: "Bah!"

"Écho, la vie est méchante!"
Et, d'une voix si touchante,
L'écho m'a répondu: "Chante!"

"Écho, écho des grands bois,
Lourde, trop lourde est ma croix!"
L'écho m'a répondu: "Crois!"

Comme l'écho des grands bois
Me conseilla de le faire,
J'aime, je chante et je crois,
Et je suis heureux sur terre.

THÉODORE BOTREL (1869-1925)

Questions

1. In what mood do the first ten lines of the poem show the poet to be?
2. What do you understand by *la forêt du mystère* in the second line of the poem?
3. What does the poet feel about life as he sees it?
4. What are the Echo's reactions to the poet's attitude?
5. What three important lessons does the poet learn from the Echo?
6. What fundamental change of outlook does this produce in the poet?

7. Which attitude to life do you consider the more reasonable, the earlier one of the poet or the Echo's?

8. By what clever verbal device does Botrel suggest the idea contained in the title?

E. THÈME. *Traduisez en français :*

At the court of Louis XI lived an astrologer whose success[1] was remarkable. One day he told a lady of the court that she was to die on a certain day, and indeed she died the very day he had foretold. The king was[2] distressed by this event, and bore the astrologer a grudge as though the latter had caused the lady's death.

Louis ordered his courtiers to fetch the astrologer, and questioned him.

"Now," said he, "you are a very learned man; you seem to know what will happen in the future. How do you do it?"

"I consult the stars, Your Majesty," was the reply.

"Are you sure that they always tell the truth?"

"Absolutely, sire."

"Do you then know how long[3] you will live yourself?"

The astrologer realized that the king was setting him a trap, for Louis sometimes imprisoned people whom he disliked in cages or in dungeons.

"Not exactly, sire, though I have often tried to calculate the precise date. All I have been able to discover is[4] that I shall die three days before Your Majesty."

The king was credulous enough to believe what the astrologer had said, and let him live, and live well.

F. RÉVISION DE GRAMMAIRE. *Agreement of Past Participle* (Précis pages 20-22)

(i) *Make the Participle agree if necessary :*

(a) 1. Nous sommes entré— dans la ville. 2. Nous sommes allé— nous promener en auto. 3. Je ne leur ai

---

[1] Use the plural. [2] Past Historic. Why? [3] Say 'how much time.'
[4] *c'est.*

pas écrit—. 4. La montre est cassé—. 5. Arrivé— à la gare nous sommes allé— prendre nos billets. 6. Elles étaient assis— près de la fenêtre. 7. Les enfants étaient sorti— par la porte. 8. Nous nous sommes envoyé— des photographies. 9. Notre bonne nous a quitté— hier. 10. Elle est mort— l'année dernière. 11. Ils sont venu—. 12. La concierge nous a vu—. 13. Ils sont tombé—. 14. La jeune fille que j'ai rencontré—. 15. Elle s'est coupé—. 16. Elle s'est fait— mal. 17. Elle s'est regardé— dans le miroir. 18. Les lettres sont venu—. 19. Je les ai lu—. 20. J'y ai répondu—.

(b) 1. J'ai ouvert— la fenêtre. 2. La fenêtre est ouvert—. 3. La fenêtre que j'ai ouvert—. 4. Elle s'est levé— de bonne heure. 5. Je ne les ai pas vu—. 6. Je ne leur ai pas parlé—. 7. La faute dont il a parlé—. 8. Quelles villes avez-vous visité—? 9. Pourquoi ne nous avez-vous pas écrit—? 10. Regardez la carte pendu— au mur. 11. La salle dans laquelle elles étaient assis—. 12. La balle qu'il a lancé—. 13. Elle est né— en Écosse. 14. Elle s'est coupé— le doigt. 15. Maman est sorti—. 16. Nous nous sommes lavé—. 17. Nous avons déjeuné—. 18. Après les avoir lu—, je les ai brûlées. 19. Après s'être assis— elle a fondu— en larmes. 20. Ces exercices sont rempli— de difficultés.

(ii) *Translate, using the Perfect tense whenever possible:*

(a) 1. Having arrived, we spoke to them. 2. My parents are out, unfortunately. 3. I have read the books you sent me. 4. The watch has been stolen. 5. How many mistakes have you made? 6. Have you corrected them? 7. She fainted on hearing the news. 8. After shaving, they dressed quickly. 9. A hundred men were killed. 10. He received the reward he deserved. 11. Has she come in yet? 12. Yes, and she has gone out again. 13. Have you read the books I have written? 14. No, I have not read them, and I don't want to read them. 15. Has he learned all those words?

16. No, but he has been looking at them. 17. You haven't
introduced them to me yet. 18. We listened to them, but
they didn't say much (not much = *pas grand'chose*). 19. I'm
looking for the glasses I have lost. 20. I have found the
glasses I was looking for.

(*b*) 1. No answer has come. 2. The letter I received was
from my brother. 3. The room, lit by a candle, was very
dim. 4. The leaves have fallen. 5. Did I tell you of the
watch I had lost? 6. I found it in the drawer of my dressing-table. 7. What mistakes have you made? 8. He gave
them the strawberries they had asked for. 9. "My father
helped me," she confessed. 10. Several people were hurt.
11. We stopped at the station. 12. They have had a good
time (use *s'amuser bien*). 13. We spoke to George, and he
spoke to us. 14. We are infinitely obliged to you. 15. Did
she go to sleep? 16. At what hour did she awake?
17. Where is that bottle? I threw it into the dustbin.
18. The business over (use *achevé*), the men went home.
19. Where are the dead leaves you picked up? 20. Has
she arrived? No, but she left here (say 'departed from
here') an hour ago.

G. CONVERSATION. *Vous-même*

1. Comment vous appelez-vous?
2. Où êtes-vous né?
3. Quelle est votre date de naissance?
4. Portez-vous des lunettes? Pourquoi? Ou pourquoi
   pas?
5. Quelle sorte de chapeau portez-vous habituellement?
6. Portez-vous quelque chose à la boutonnière?
7. De quelle couleur sont vos yeux? Vos cheveux?
8. Êtes-vous grand ou petit? Quelle taille (i) en pieds
   et en pouces, (ii) en mètres et centimètres?
9. Avez-vous beaucoup d'amis?
10. Aimeriez-vous mieux être un garçon ou une fille?

H. MOTS À APPRENDRE: *Le corps*

1. les cheveux (*m.*)—hair
2. le front—forehead
3. les yeux (*m.*) (*singular* l'œil)—eyes
4. l'oreille (*f.*)—ear
5. le nez—nose
6. la bouche—mouth
7. la dent—tooth
8. la figure (*or* le visage)—face
   le chiffre = figure
9. la joue—cheek
10. le menton—chin
11. la lèvre—lip
12. la barbe—beard
13. l'épaule (*f.*)—shoulder
14. le cou—neck
15. le membre—(i) member; (ii) limb
16. le sang—blood
17. le dos—back
18. la poitrine—chest
19. le bras—arm
20. la main—hand
21. le doigt—finger
22. la jambe—leg
23. le genou—knee
    se mettre à genoux—to kneel down
24. le pied—foot
25. avoir mal aux dents—to have toothache
    avoir mal à la tête—to have headache
26. le rhume—cold
27. la peau—skin
28. pleurer—to weep, cry
    crier—to shout
29. aveugle—blind
30. sourd—deaf

31. muet muette—dumb
    sourd-muet—deaf and dumb
32. blond—fair-haired
33. brun—dark-haired
34. voir—to see
35. regarder—to look at
    chercher—to look for
36. écouter—to listen to
    entendre—to hear
37. goûter—to taste
38. sentir—(i) to feel; (ii) to smell
39. les lunettes (*f.*)—glasses
40. avoir la vue basse—to be short-sighted

I. MOTS À APPRENDRE, *choisis dans le texte A*

1. acheter—to buy
   un achat—a purchase
   faire des achats—to go shopping
2. la brosse—brush
   la brosse à dents—tooth-brush
   la brosse à cheveux—hair-brush
   brosser—to brush
3. la veille—the day before, the previous day
   la veille de Noël—Christmas Eve
   la veille au soir—the previous evening
   N.B. la *vieille*—the old woman
4. nettoyer—to clean
   le nettoyage—cleaning
5. la colère—anger
   en colère—angry, angrily
   se mettre en colère—to get angry
6. le soin—care
   soigner—to take care of, to look after
7. tout à fait—completely, quite
8. tâcher de—to try to
   la tâche—task, job

9. appuyer—to lean (on *or* against)
    pencher—to lean (out of the vertical)

10. l'argent (*m.*)—money; silver
    la monnaie—change

11. retirer—to withdraw (*transitive*), to pull back
    se retirer—to withdraw (*intransitive*), to retire

12. le sourire—smile
    sourire—to smile
    le rire—laugh
    rire—to laugh

13. paraître—to appear
    il parut (*Past Historic*)—he appeared

14. la demande—request
    demander—to ask, to request
    N.B. exiger—to demand

15. dépenser—to spend (money)
    passer—to spend (time)
    passer une heure à écrire une lettre—to spend an
       hour writing a letter

16. appartenir—to belong

17. rester (*conj.* être)—to stay, to remain
    se reposer—to have a rest

18. prendre—to take
    je pris (*Past Historic*)—I took

19. laisser tomber—to let fall, to drop

20. la larme—tear
    pleurer à chaudes larmes—to weep bitterly

J. LOCUTIONS IMPORTANTES *choisies dans le texte A*

1. ordonner à quelqu'un de faire quelque chose—to order
      someone to do something

2. je n'y comprenais rien—I could not make it out

3. allez chercher un linge—go and fetch a cloth (*N.B.*
      French does not translate the 'and')

4. je me repentais d'avoir—I repented of having

5. le soin avec lequel—the care with which

6. il tâchait d'ôter la poussière—he tried to remove the dust
7. sans toucher à mes bas—without touching my stockings (*N.B.* sans + Infinitive)
8. il y avait longtemps que je n'avais pas donné d'argent à mon domestique—I hadn't given my servant any money for a long time
9. il y a huit jours que je n'ai pas un sou—for a week I haven't had a halfpenny
10. cours acheter—run and buy (*cf.* 3 above)

K. PHRASES BASÉES SUR LES LOCUTIONS J ET LE VOCA-BULAIRE I

1. He ordered his servant to buy a tooth-brush.
2. The previous day they couldn't make it out.
3. I'll go and fetch a brush to clean my shoes.
4. He repented of having got angry.
5. The care with which he used to do his work was remarkable.
6. He tried to withdraw without being noticed.
7. They hadn't given him any money for a long time.
8. He hadn't spent a halfpenny for a week.
9. "Run and get some change," he said.
10. The house on which the German airman dropped his bomb was completely destroyed.

L. RÉDACTION. *Écrivez quelque* 150 *mots sur un de ces sujets :*

1. Un domestique se plaint de son sort.
2. Un incident dans lequel la force physique d'un jeune homme vigoureux sauve la vie à quelqu'un.
3. Racontez l'histoire sans paroles à la page 84.

CHAPTER VII

A. LA MORT DU DAUPHIN

Le petit Dauphin est malade, le petit Dauphin va mourir
... L'aumônier s'approche de lui et lui parle longtemps
à voix basse en lui montrant un crucifix. Le petit Dauphin
l'écoute d'un air fort étonné, puis tout à coup l'inter-
rompant :

— Je comprends bien ce que vous me dites, monsieur
l'abbé; mais enfin est-ce que mon petit ami Beppo ne
pourrait pas mourir à ma place, en lui donnant beaucoup
d'argent ?

L'aumônier continue à lui parler à voix basse, et le
petit Dauphin a l'air de plus en plus étonné.

Quand l'aumônier a fini, le petit Dauphin reprend avec
un gros soupir :

— Tout ce que vous me dites là est bien triste, monsieur
l'abbé; mais une chose me console, c'est que là-haut, dans
le paradis des étoiles, je vais être encore le Dauphin...
Je sais que le bon Dieu est mon cousin et ne peut pas
manquer de me traiter selon mon rang.

Puis il ajoute, en se tournant vers sa mère :

— Qu'on m'apporte mes plus beaux habits, mon pourpoint d'hermine blanche et mes escarpins de velours ! Je
veux entrer au paradis en costume de Dauphin.

Une troisième fois, l'aumônier se penche vers le petit
Dauphin et lui parle longuement à voix basse... Au milieu
de son discours, l'enfant royal l'interrompt avec colère :

— Mais alors, crie-t-il, d'être Dauphin, ce n'est rien du
tout !

Et, sans vouloir plus rien entendre, le petit Dauphin se
tourne vers la muraille, et il pleure amèrement.

ALPHONSE DAUDET (1840–97),
Lettres de mon Moulin

B. QUESTIONNAIRE. *Be careful to use in your answer the
tense used in the question.*

1. Qui était avec le Dauphin dans sa chambre ?
2. Que fit l'aumônier et qu'est-ce qu'il montra au petit
   Dauphin ?
3. Comment expliquez-vous l'étonnement du petit
   Dauphin ?
4. Pourquoi le Dauphin parla-t-il de son ami Beppo ?
5. Malgré les tristes paroles de l'abbé, quelle consolation
   le Dauphin trouva-t-il ?
6. Comment, d'après le Dauphin, le bon Dieu allait-il
   le traiter au paradis ?
7. Qu'est-ce que le petit Dauphin demanda à sa mère ?
8. Pourquoi l'enfant royal interrompit-il l'aumônier
   avec colère ?
9. Qu'est-ce que le Dauphin voulait dire par les mots :
   "être Dauphin, ce n'est rien du tout" ?
10. Que fit-il en signe de mécontentement ?

C. DICTÉE À PRÉPARER

Le petit malade

L'enfant restait étendu, / pâle dans son petit lit blanc, /
et, / de ses yeux / agrandis par la fièvre, / regardait devant
lui, / toujours avec la fixité étrange / des malades / qui
aperçoivent déjà / ce que les vivants / ne voient pas. /
La mère, / au pied du lit, / mordant ses doigts / pour ne
pas crier, / suivait, / anxieuse, / poignardée de souffrance, /
les progrès de la maladie / sur le pauvre visage aminci / du
petit être, / et le père, / un brave homme d'ouvrier, / ren-
fonçait / dans ses yeux rouges / les pleurs / qui lui brûlaient
les paupières, / et le jour se levait clair, / doux, / dans
l'étroite chambre / où se mourait l'enfant.

D. DIALOGUE. *Traduisez en anglais:*

Le Mensonge

BÉHOPÉ. En attendant, si on ne mentait pas, l'existence ne serait pas possible.

MARIOTTE. ... mais au moins, convenez-en, le mensonge est indispensable à la société.

DOMINIQUE. On irait loin avec ces raisonnements-là.

BRACONY. Le mensonge adoucit les mœurs.

MARIOTTE. Tous, nous lui devons des moments agréables.

DOMINIQUE. Je n'en doute pas.

MARIOTTE. Moi, je trouve qu'on ne ment jamais assez.

BÉHOPÉ. La franchise est un revolver qu'on n'a pas le droit de décharger sur les passants.

MARIOTTE. Vive le mensonge! C'est la plus belle invention des hommes.

DOMINIQUE. Voulez-vous bien vous taire, tas de vieux gamins! Le mensonge est criminel, le mensonge est laid.

MARIOTTE. Pas si laid que ça, car il cache plus de vilaines choses qu'il n'en montre.

BRACONY. C'est la vérité qui est laide.

BÉHOPÉ. La meilleure preuve, c'est que, pour accabler quelqu'un, on n'a qu'à lui jeter la vérité au visage.

GEORGES DE PORTO-RICHE (1849–1930), *Le Passé*

E. THÈME. *Traduisez en français:*

The Incurable Invalid

One day in Venice a man came to consult a famous physician and said to him: "Doctor, I suffer continuously from melancholia and neurasthenia; cure me, I beg of you[1]."

"Does your melancholy come from some great sorrow?"

"No."

"Have you lost a friend, a relative, or a lover?" asked the doctor.

---

[1] 'I beg of you' = *je vous en supplie.*

"Oh, no," replied the patient, "that's not it[1]."

"You must seek amusement,[2] drink good wine with moderation."

"Doctor, I have excellent wines in my cellar, and I drink them when I wish, but not to excess[3]."

"Travel[4] might help you."

"I have travelled everywhere," exclaimed the invalid, "and have been bored[5] with everything."

"You must listen frequently to music."

"That's[6] just what I do every day, but it[6] doesn't help at all."

"I know only one way, then[7]. Take an interest in the theatre. Go and listen to the celebrated singer Velutti; that will cheer you up[8] for sure. He sings marvellously well and brings a smile to the saddest."

"Impossible," replied the invalid. "I am[9] Velutti."

F. RÉVISION DE GRAMMAIRE. *Relative pronouns* (Précis page 22)

(i) *'Qui' or 'que'?*

(a) 1. The exercise that I write. 2. The light that went out. 3. The book he is reading. 4. The wireless that is making such a noise. 5. The window that he opens. 6. The journey that I will make. 7. The man who laughs. 8. The man I want to meet. 9. The man whom I tried to describe to you. 10. The shoes that I have forgotten to clean.

(b) 1. The pencil he has bought. 2. The story he has told. 3. The thief who stole the money. 4. The money which the thief stole. 5. The shop which is close to the station. 6. The jewels, which were sparkling. 7. A book which I refuse to read. 8. The man I am going to see.

[1] Say 'it isn't that.' [2] Plural. [3] 'to excess' = *à l'excès*. [4] *les voyages*. [5] 'to be bored with' = *s'ennuyer de*. [6] Say 'It's precisely what . . . , but that doesn't help . . .' [7] *donc*, after the verb. [8] 'to cheer someone up' = *rendre quelqu'un plus gai*. [9] 'I am' (emphatic) . . . = *C'est moi qui suis...*

9. The concert I have been listening to. 10. The mistakes which he has not corrected.

(ii) *To practise 'whose,' 'dont,' etc.*

(*a*) 1. The man whose house I bought lives in Bournemouth. 2. The man in whose house I lived is my friend. 3. The man to whose mother I let the house is very grateful. 4. The man whose mother has rented my house is very grateful. 5. That man, whose mother-in-law lives with him, is very discontented. 6. That house, the roof of which needs repairing, is my friend's. 7. The house through the roof of which the incendiary bomb fell is under repair. 8. The accident of which I complain was caused by negligence. 9. The books I need are in my desk. 10. The sweets with which the bag is filled are all stuck together.

(*b*) 1. The instrument I play is a violin. 2. It was an opportunity of which he did not take advantage. 3. The man I always trusted is dead. 4. The man on whom I depended has not come. 5. The girl whose hand was hurt was crying. 6. The town we are approaching is called Rouen. 7. I have destroyed the paper in which the toy was wrapped. 8. I did not like the play you enjoyed so much. 9. The room he entered so thoughtlessly was the Headmaster's! 10. The Headmaster, whose room you entered, was naturally very angry.

(iii) (*a*) 1. The house I live in. 2. The pen I write with. 3. The boy I come to school with. 4. The lady beside whom I was sitting. 5. I don't believe the story he has told. 6. The dog which limped. 7. The food which we eat. 8. The man to whom I spoke. 9. The soldier who was killed. 10. The square, in the middle of which stands a statue. 11. The town, whose inhabitants saw the procession. 12. A room in which stood a table and two easy chairs. 13. The book of which I told you (say 'spoke to you'). 14. The child whose mother was ill. 15. I see somebody I know. 16. The pocket in which he carries his penknife. 17. The events that you remember. 18. I understand what you want. 19. I wonder what will happen. 20. That's (= *Voilà*) all that I want to know.

(*b*) 1. The spoon with which she stirs her coffee. 2. A boy whose ideas are original. 3. The rascal to whom he had lent the money. 4. The river which Caesar crossed. 5. The house beside which I was standing. 6. The man to whose brother he has sent them. 7. The town in the centre of which we lived. 8. The window he was looking through. 9. The books among which he hid the card. 10. The policemen between whom he was led away. 11. The doctor to whose house (use *chez*) he went. 12. The boy beside whom my son sits. 13. The factory where I work. 14. The car in which she has come. 15. The man in whose car she has come. 16. The time-table at which she was looking. 17. The train he was travelling in. 18. We do not believe all we hear. 19. The dog understands everything his master says. 20. The child could not tell me what had frightened her.

G. CONVERSATION. *Aujourd'hui*

1. Le combien sommes-nous aujourd'hui ? Quelle est la date ?
2. A quelle heure vous êtes-vous levé ce matin ?
3. Quelle heure est-il maintenant ?
4. Quel temps fait-il aujourd'hui ?
5. A quelle heure le soleil s'est-il levé ce matin ?
6. Vers quelle heure la nuit tombe-t-elle ?
7. Avez-vous fait quelque chose d'intéressant aujourd'hui ?
8. Qu'est-ce que vous avez fait ce matin avant de venir au lycée ?
9. Qu'allez-vous faire en sortant de cette salle ?
10. Qu'est-ce que vous ferez ce soir ?

H. MOTS À APPRENDRE, *basés sur la conversation*

1. le jour—day (period or point of time)
    la journée—day (with reference to the events)
2. le soir—evening
    la soirée—evening
3. le matin—morning
    la matinée—(i) morning; (ii) matinée
4. l'an (*m.*), l'année (*f.*)—year
5. l'après-midi (*m.* or *f.*)—afternoon
6. la nuit—night
7. bonjour—good morning, good afternoon
8. bonsoir—good evening, good night
9. bonne nuit—good night (last thing at night)
10. midi—midday, noon, twelve o'clock
11. minuit—midnight, twelve o'clock
12. demain—to-morrow
13. hier—yesterday
14. janvier—January
    février—February
    mars—March
    avril—April
    mai—May
    juin—June
15. juillet—July
    août—August
    septembre—September
    octobre—October
    novembre—November
    décembre—December
16. lundi—Monday
    mardi—Tuesday
    mercredi—Wednesday
    jeudi—Thursday
    vendredi—Friday
    samedi—Saturday
    dimanche—Sunday

17. quotidien quotidienne (*adjective*)—daily
18. la semaine—week
19. le mois—month
20. tous les jours—every day
    toujours—always

I. MOTS À APPRENDRE, *choisis dans le texte A*

1. s'approcher de—to go up to, go near to, approach
2. bas basse—low
   baisser—to lower
3. montrer—to show
4. longtemps—for a long time
5. étonné—astonished
   étonner—to astonish
   s'étonner—to be astonished
6. interrompre—to interrupt
7. pouvoir—to be able
   il pourrait (*Conditional*)—he would be able, could
8. beaucoup de—a great deal of, a lot of, much, many
9. le soupir—sigh
   soupirer—to sigh
10. triste—sad
    la tristesse—sadness
11. la chose—thing
12. une étoile—star
13. selon—according to
14. vers—towards
15. apporter—to bring (something carried)
    amener—to bring (someone, or something not carried)
16. beau bel belle beaux belles—fine, beautiful, lovely
17. blanc blanche—white
18. le discours—speech
    faire un discours—to make a speech
19. manquer de—to fail to

20. amèrement—bitterly
    amer amère—bitter

J. LOCUTIONS IMPORTANTES *choisies dans le texte A*

1. à voix basse—in a low voice
2. en lui montrant—while showing him, by showing him, *or* on showing him
3. est-ce qu'il ne pourrait pas mourir à ma place?—couldn't he die instead of me?
4. de plus en plus étonné—more and more astonished
5. il a l'air étonné—he looks (seems, appears) astonished
6. tout ce que vous me dites—all that you tell me
7. il ne peut pas manquer de—he cannot fail to
8. au milieu de son discours—in the middle of his speech
9. ce n'est rien du tout—it is nothing at all
10. sans vouloir plus rien entendre—without wishing to hear anything more

K. PHRASES BASÉES SUR LES LOCUTIONS J ET LE VOCABULAIRE I

1. They came up to us and spoke in a low voice.
2. While showing them their room, he listened to all they said.
3. Couldn't you come instead of her?
4. Why does he look more and more astonished?
5. All he has told me is very sad.
6. They cannot fail to succeed in their enterprise.
7. "Let all their things be brought at once," he said.
8. In the middle of his speech he sighed deeply.
9. "It's nothing at all," shouted the officer, hiding his wound.
10. "I don't want to hear anything more," she said bitterly.

L. RÉDACTION

1. Racontez un mauvais rêve que vous avez fait.
2. Le mensonge peut-il jamais être justifié?

3. Expand this outline to about 200 words: Le propriétaire d'un grand magasin voit dans un de ses bureaux un jeune garçon qui ne travaille pas — il lui demande combien il gagne par semaine — lui donne une semaine de gages et le congédie (= *dismisses*) — plus tard il découvre que le garçon ne travaillait pas pour lui.

CHAPTER VIII

A. LA TENTATION

L'adjudant Gamba tira de sa poche une montre d'argent ; et, remarquant que les yeux du petit Fortunato étincelaient en la regardant, il lui dit en tenant la montre suspendue au bout de sa chaîne d'acier :

— Fripon ! Tu voudrais bien avoir une montre comme celle-ci, n'est-ce pas ?

— Quand je serai grand, mon oncle me donnera une montre.

— Oui, mais le fils de ton oncle en a déjà une... pas aussi belle que celle-ci, à la vérité... Cependant il est plus jeune que toi.

L'enfant soupira.

— Eh bien, la veux-tu, cette montre ?

Gamba semblait de bonne foi en présentant sa montre. Fortunato n'avança pas la main, mais il dit avec un sourire amer :

— Pourquoi vous moquez-vous de moi ?

— Par Dieu ! je ne me moque pas. Dis-moi seulement où est Gianetto, et cette montre est à toi.

En parlant ainsi, il approchait toujours la montre, tant qu'elle touchait presque la joue pâle de l'enfant. Elle oscillait, tournait, et quelquefois lui heurtait le bout du nez. Enfin, peu à peu, sa main droite s'éleva vers la montre, le bout de ses doigts la toucha... La tentation était trop forte.

Fortunato éleva aussi sa main gauche, et indiqua du pouce, par-dessus son épaule, le tas de foin auquel il était adossé. L'adjudant le comprit aussitôt. Gianetto y était caché. Il lâcha l'extrémité de la chaîne ; Fortunato se sentit seul possesseur de la montre.

MÉRIMÉE (1803–70), *Mateo Falcone*

B. QUESTIONNAIRE

1. Who was tempted, and by whom?
2. How did the *adjudant* interpret the look in the child's eyes?
3. What did little Fortunato answer when Gamba asked him if he would like a watch?
4. How and why did Gamba try to excite Fortunato's jealousy?
5. Which sentence shows that Fortunato did not take Gamba's offer seriously?
6. What condition did the *adjudant* impose if Fortunato wanted to have the watch?
7. What did he then do to intensify the child's desire?
8. What did Fortunato do with his right hand and with what result?
9. What did he do with his left hand, and why?
10. What conclusion did the *adjudant* draw, and what did he do?

C. DICTÉE À PRÉPARER

Au commencement du printemps, / la fermière m'apprit / à traire les vaches / et à soigner les porcs. / Elle disait / qu'elle voulait faire de moi / une bonne fermière. /

Pour me donner de la force, / j'appuyais mon front / contre le flanc de la vache, / et bientôt / mon seau s'emplissait. / Il se formait, / au-dessus du lait, / une écume / qui prenait des teintes changeantes, / et quand le soleil passait dessus, / elle devenait si merveilleuse / que je ne me lassais pas / de la regarder. / Je n'éprouvais aucun dégoût / à soigner les porcs. / Leurs cris discordants / et les mouvements si vifs / de leurs groins / m'amusaient toujours.

MARGUERITE AUDOUX

D

D. POÈME

Hen and Chicks

Pêle-mêle entourant une dame gloussante,
Surgissent tout à coup au détour de la sente[1]
Dix boules de coton tout léger et tout neuf,
Gardant l'empreinte encor de la forme de l'œuf.
Avec précaution, la poule avance, grave,
Sortant deux pieds poudreux d'un pantalon de zouave[2].
Elle jette sur tout un regard courroucé[3],
Examine le sol d'un air intéressé,
Découvre on ne sait quoi de comestible, et glousse
Pour appeler les dix poussins à la rescousse.

MIGUEL ZAMACOÏS (1866–)

Questions

1. What is the *dame gloussante* to which the poet refers?
2. Where did the hen and chicks first appear?
3. To what does the poet allude in line three, and why does he write *boules de coton*?
4. After seeing the picture in your mind's eye, how do you explain *l'empreinte de la forme de l'œuf*?
5. Explain the use of the word *pantalon* in line six.
6. In line six, what mental picture does the word *sortant* call up?
7. How, according to the author, does the hen walk in order not to crush her chicks?
8. Why does she examine the ground *d'un air intéressé*?
9. As the result of her searching, what does she find?
10. Why does she cluck after her discovery?

E. TRADUISEZ EN FRANÇAIS:

Fortunato moved away from the heap of hay, on which he had placed a cat and her kittens to make believe that it had not been stirred recently. Gamba's soldiers removed

---

[1] *sente = sentier*.   [2] Soldier of French North African infantry regiment, wearing long, baggy trousers.   [3] *irrité*.

the cat and kittens, and overturned the hay. A man came out of it. He tried to stand up, but could not[1] because of his wound. He fell. The *adjudant* threw himself on him and snatched his dagger from him[2].

"Bind that man," he cried, "before he escapes!"

Gianetto, lying[3] on the ground and tied up like a bundle of sticks, turned his head towards Fortunato.

"Traitor!" he said, "what will your[4] father say when he knows[5] what you have done?" Then, turning towards the *adjudant*, he said:

"My dear Gamba, I cannot walk. You will have to carry me to the town."

"I am so glad to have got you[6]," said Gamba, "that I'd willingly carry you a league on my back. But we'll make a stretcher for you with branches and your cloak."

"Put some straw on it, so that I shall be more comfortable[7]."

F. RÉVISION DE GRAMMAIRE. *Le négatif* (Précis page 24)

(i) *Exemples faciles*

(*a*) 1. I have not two houses. 2. I have only one. 3. He hasn't a house. 4. I have not seen your house. 5. I never speak to him. 6. I have never spoken to him. 7. I have spoken to no one. 8. I have not spoken to anyone. 9. I have not understood anyone. 10. I have not understood anything. 11. I have never understood anybody. 12. I have never understood anything. 13. I have not been to that theatre yet. 14. They have no conscience. 15. I have not broken any of my pencils. 16. He has hardly any money. 17. I am not at all sure of it. 18. Nobody reads his books nowadays. 19. Never did I hear such a thing. 20. Nothing has happened.

(*b*) 1. I don't understand. 2. I can't do it. 3. I haven't

---

[1] Add *le* before the verb. [2] Preposition? Not *de*. [3] Past Participle. [4] Make him call the boy *tu*. [5] Tense? Not the Present. [6] He says *tu* to Gianetto. [7] Not *confortable*, which is used only of things.

done it. 4. I don't speak to him. 5. I shall not speak to him. 6. Who is there? Nobody. 7. She has only two mistakes. 8. There is nothing in the basket. 9. He hardly speaks of his father. 10. How many eggs? None. 11. No child deserves so much money. 12. This cock never crows. 13. This hen's eggs weigh only $1\frac{1}{2}$ oz (= 42 grammes). 14. I haven't seen it anywhere. 15. Neither gold nor silver is good to eat. 16. I have received neither the eggs nor the meat. 17. In order not to fall. 18. Write to me. Don't forget. 19. Don't write to me. 20. Don't touch it.

(ii) *Exemples moins faciles*

(*a*) 1. She had never seen them. 2. He has never seen either his uncle or his aunt. 3. Have you never been to Paris? Yes, twice. 4. Have you ever been to Paris? No, never. 5. I asked him if he had ever played football. 6. I dare not tell (it to) my father. 7. No building in England is so high as the Eiffel Tower. 8. They never have any money. 9. But they certainly don't spend all they earn. 10. She hasn't come back yet.

(*b*) 1. Don't send them back to him yet. 2. No one has ever come back alive. 3. They no longer ever lend me any. 4. No more bread? 5. He is only washing himself because his father is angry. 6. She is not more than ten years old. 7. That is not at all certain. 8. There is nothing more to say. 9. He never speaks ill of anybody. 10. He only wanted to see her father, not her mother.

G. CONVERSATION. *Description d'une image: Le Panthéon* (page 101)

Notre photographie présente une vue du Panthéon et de la terrasse d'un café de la rue Soufflot. Rien n'indique le nom de la rue, mais on peut le trouver en cherchant soigneusement sur un plan de Paris. On ne voit qu'une petite partie de la façade du Panthéon, mais la photo donne une bonne idée de l'aspect du dôme.

LE PANTHÉON
Photo Roger Kahan

Mais ce qui est plus intéressant peut-être que le Panthéon sur cette image, c'est la terrasse du café à gauche. On y voit les chaises et les tables sur le trottoir, les verres, et les consommateurs qui boivent et qui lisent leurs journaux ou qui causent ensemble : car le Français est un grand causeur. Pour protéger les clients des rayons ardents du soleil, le propriétaire du café place d'énormes ombrelles. On comprend pourquoi le Parisien tient tant à ses cafés : pendant les grandes chaleurs de l'été il peut s'asseoir au grand air et à l'ombre et boire une consommation glacée, tout en discutant les nouvelles du jour avec son voisin.

Questions

1. A quoi servent les ombrelles ?
2. Où sont-elles placées ?
3. Que font les quatre gens au centre de l'image ?
4. Ont-ils l'air contents ?
5. Quel temps faisait-il au moment de prendre cette photo ?
6. Pourquoi les chaises extérieures ne sont-elles pas occupées ?
7. Voyez-vous quelqu'un qui porte un chapeau ?
8. Que voyez-vous tout à fait à droite de l'image ?
9. Combien de réverbères voyez-vous ? Pourquoi ne sont-ils pas allumés ?
10. Où voit-on des lampes électriques ?

H. MOTS À APPRENDRE, *basés sur la conversation*

1. la **photographie**—(i) photograph ; (ii) photography
   le **photographe**—photographer
2. **rien** (ne)—nothing
3. **soigneusement**—carefully
4. la **partie**—part
   la **part**—part (share)
5. l'**idée** (*f.*)—idea

6. l'aspect (*m.*)—appearance, aspect
7. intéressant—interesting
8. la chaise—chair
9. le trottoir—pavement
10. le verre—glass (for drinking, or for windows)
11. causer—(i) to chat; (ii) to cause
12. protéger—to protect
13. le client—customer
14. le rayon de soleil—ray of sunlight
15. le propriétaire—landlord, owner
16. l'ombrelle (*f.*)—sunshade
    le parapluie—umbrella
17. tenir à—to be keen on
18. la chaleur—heat
19. s'asseoir—to sit down
    être assis—to be seated
20. discuter—to discuss

I. MOTS À APPRENDRE, *choisis dans le texte A*

1. tirer—to pull, draw
2. la montre—watch
3. remarquer—to notice
4. étinceler—to sparkle
    une étincelle—spark
5. tenir—to hold
6. le bout—end (of an object)
    la fin—end (of a book, story, etc.)
7. la vérité—truth
    dire la vérité—to tell the truth
    vrai—true
    vraiment—truly
8. cependant—however, yet
9. se moquer de—to make fun of, laugh at
10. seulement—only
11. tant—so much, so many
    autant—as much, as many

12. **presque**—nearly, almost. (The **e** does not elide: **presque aussitôt** = almost at once. Only exception: **la presqu'île** = peninsula.)

13. **quelquefois**—sometimes

14. **droit**—(i) right; (ii) straight
    gauche—left

15. **s'élever**—to rise
    se lever—to get up

16. **trop fort**—too strong

17. **par-dessus**—above, over (passing movement, right over the top of: **il sauta par-dessus la haie**— he jumped over the hedge)
    au-dessus de—above, over (position: **le ciel est au-dessus de la terre**—the sky is above the earth)

18. **le tas**—heap

19. **aussitôt**—at once, immediately
    aussitôt que—as soon as

20. **cacher**—to hide (someone or something)
    se cacher—to hide (oneself)

J. LOCUTIONS IMPORTANTES *choisies dans le texte A*

1. **tu voudrais bien avoir...** —you would very much like to have . . .

2. **n'est-ce pas?**—wouldn't you? (and innumerable other renderings)

3. **quand je serai grand**—when I am big (*Note the tense.*)

4. **il en a déjà une**—he already has one

5. **pas aussi belle que celle-ci**—not as fine as this one

6. **il est plus jeune que toi**—he is younger than you

7. **pourquoi vous moquez-vous de moi?**—why do you make fun of me?

8. **cette montre est à toi**—this watch is yours

9. **elle lui heurtait le bout du nez**—it struck the end of his nose

10. **peu à peu** (*or* **petit à petit**)—little by little

K. PHRASES BASÉES SUR LES LOCUTIONS J ET LE VOCA-
BULAIRE I

1. I should very much like to have a watch like
that one.
2. You noticed what he said, didn't you?
3. She will be able to hold it when she is big.
4. Tell me the truth at once. You have one already.
5. Your apples are not as fine as these.
6. Pupils sometimes laugh at their teachers, don't they?
7. Tell us where you have hidden them.
8. This heap is mine, that one is yours.
9. The bullet struck the tip of his finger.
10. Little by little the ship moved away from the
quay.

L. RÉDACTION

1. Finissez l'histoire commencée en A et en E, en
adoptant quelques-unes des indications suivantes :

Les gendarmes emportent Gianetto — comment? — Fortunato, seul, joue avec sa montre — son père arrive —
que porte-t-il? — il demande d'où vient la montre —
son mécontentement — il punit son fils — comment?

2. Écrivez deux petites conversations entre un homme
et sa femme : (i) Elle lui demande de mettre une lettre
importante à la poste. (ii) Il lui explique qu'il l'a oubliée.

3. Write a piece of "Free Composition," giving in FRENCH
the story of which the following is an analysis :

[The story, which must first be read to the candidates, is
printed elsewhere in the book: see page 14.]

ANALYSIS

[It is not intended that this analysis should be copied;
it is only meant to give an outline of the story. Candidates
are cautioned not to write too much, and to REVISE very
carefully what they have written before giving it up.]

A Lesson Badly Begun

Professeur commence sa leçon par poser plusieurs questions inattendues à ses élèves — ne reçoit pas la réponse qu'il cherche — professeur fâché annonce le sujet de sa leçon.

CHAPTER IX

A. BENJAMIN DISRAELI'S SCHOOLDAYS

Sa popularité était grande et il avait pris rapidement une place de chef qui l'enivrait. Quand il se promenait seul, il aimait à s'imaginer Premier Ministre ou Commandant d'Armée. Cela devait être délicieux... Les semaines passaient; il jouissait de cette vie nouvelle, de sa puissance; il était parfaitement heureux. Il l'était tellement qu'il ne vit pas se former un orage...

Les plus violents de ses ennemis étaient les moniteurs de l'école qui, jusqu'à l'arrivée de ce garçon aux boucles noires, avaient régné sans partage...

Certain jour, à la récréation, un groupe ricana en passant à côté du petit Disraëli. Quelqu'un siffla. Il se retourna et dit avec calme: "Qui a sifflé?" Le plus grand des moniteurs s'avança et dit: "Nous en avons assez d'être menés par toi." Disraëli lui envoya un coup de poing en pleine figure. Un cercle se forma autour des boxeurs. Disraëli était plus petit, moins fort, mais rapide, très mobile sur ses jambes. Il combattait avec beaucoup de science, avec un courage farouche. Bientôt l'autre fut en sang. L'école, atterrée, regardait son chef légal qui commençait à perdre conscience. Enfin il s'écroula...

Peut-être les élèves du Révérend Cogan auraient-ils été moins surpris s'ils avaient su que depuis trois ans le vainqueur prenait secrètement des leçons de boxe.

ANDRÉ MAUROIS, *La Vie de Disraëli* (1927)

B. QUESTIONNAIRE

1. Comment ses camarades d'école considéraient-ils Disraëli?
2. Quel effet cette position produisait-elle sur Disraëli?
3. Qu'est-ce qui, à l'avis de Disraëli, devait être délicieux?

4. Pourquoi Disraëli était-il si heureux ?
5. Pourquoi ne vit-il pas se former l'orage ?
6. Pourquoi les moniteurs détestaient-ils le jeune Disraëli ?
7. Qui siffla un certain jour, à la récréation ?
8. Qui donna le premier coup du combat ?
9. Comment expliquez-vous la surprise des élèves ?
10. Qu'est-ce qui expliquait la supériorité de Disraëli sur son adversaire ?

C. DICTÉE À PRÉPARER

Jeu d'enfants

Notre mère, / qui ne laissait rien perdre, / recueillait / les feuilles de papier d'argent / qui enveloppaient / les tablettes de chocolat. / Elle m'en donna un jour / une grande quantité, / que je reçus / comme un présent magnifique. / J'en fis des casques / et des cuirasses / en les collant / sur les feuilles / d'un vieil atlas. / Et un soir / que le cousin Paul était venu / dîner à la maison, / je lui donnai / une de ces armures / et je revêtis l'autre. / Je fis prisonnier / le cousin Paul. / Je le ficelai / avec des cordes à sauter / des petites filles / et je le poussai / d'un tel élan, / qu'il tomba sur le nez / et se mit à pousser / des cris lamentables, / malgré son courage. / Ma mère accourut au bruit / et je demeurai / couvert de confusion.

ANATOLE FRANCE (1844–1924)

D. DIALOGUE

Scène : Le cabinet de travail de Le Blumel, sous-secrétaire d'État. Au lever du rideau, Le Blumel travaille, assis devant sa table. On frappe à la porte. C'est Dautier, son secrétaire.

LE BLUMEL. Entrez ! Ah ! c'est vous, Dautier ?
DAUTIER. Bonjour, monsieur le ministre[1].

---

[1] The usual form of address to the *sous-secrétaire.*

LE BLUMEL. Bonjour, Dautier. Eh bien, vous venez de là-bas, du ministère?

DAUTIER. J'en viens...

LE BLUMEL. Vous avez vu mon chef de cabinet[1]?

DAUTIER. J'ai vu M. Rosenthal.

LE BLUMEL. Et vous lui avez dit?

DAUTIER. Qu'ayant été pris, vendredi soir, d'une violente crise[2] de rhumatisme, vous n'aviez pu vous rendre, samedi, au ministère, ni, à plus forte raison, à la Chambre[3]; qu'hier, lundi, vous espériez sortir, mais que le médecin s'y était opposé; que vous ne pourriez vraisemblablement pas bouger avant la fin de la semaine, et que, par conséquent, M. Rosenthal devait se charger des affaires courantes et donner audience à votre place.

LE BLUMEL. Parfait. Il n'a rien dit?

DAUTIER. Il m'a prié de vous transmettre ses vœux de prompt rétablissement.

LE BLUMEL. Bien gentil!

DAUTIER. D'ailleurs, je vois avec plaisir que, aujourd'hui, vous allez mieux.

LE BLUMEL. Oui, mon cher Dautier, beaucoup mieux. Il n'y a que ma jambe... là... Mais j'espère qu'avec un ou deux cachets d'aspirine... Vous n'avez vu personne d'autre?

DAUTIER. Personne.

LE BLUMEL. Le ministre?

DAUTIER. Il n'était pas encore arrivé...

LE BLUMEL. Oui, ça ne nous surprend pas.

EDMOND SÉE, *Un Ami de Jeunesse* (1921)

E. TRADUISEZ EN FRANÇAIS:

The new Master

My first morning[4] at school was far from being entirely pleasant. I arrived ten minutes before the time for the

---

[1] principal private secretary. [2] attack. [3] *Chambre des Députés.*
[4] *matinée.*

assembly, and had to pass through a crowd of boys in the playground. They stopped talking on seeing me, and I thought I heard[1] them whispering[1]: "There he is." "Who?" "Our new French master." "Very young, isn't he?" "Looks like[2] a Sixth Former[3]." "We'll have a good time with him." Probably I imagined most of these things. I went on my way and entered the great building.

I made my way towards the masters' room. Fortunately for me, my colleagues were all very pleasant men, but the first morning I felt[4] like a schoolboy among all those masters. However, I put[5] my gown on, and that made[6] me more confident.

After the assembly, I went to my first class, a class of junior boys[7]. We became friends from the first[8], and they made good progress. It was not they, it was the others, the middle-school boys.[9] They were terrible. I shall never forget them.

F. RÉVISION DE GRAMMAIRE. *L'infinitif après une pré-position; 'en —ant'; 'après avoir'; deuxième verbe à l'infinitif* (Précis page 28)

(i) *Écrire la forme correcte du verbe indiqué:*

(*a*) 1. avant de (partir). 2. en (partir). 3. Il vient de (partir). 4. Il veut (partir). 5. Il commence à (comprendre). 6. Je suis (venir). 7. Après (entrer). 8. On réussit en (travailler). 9. Il a fini par (rire). 10. Je ne vais pas (se lever). 11. Après (prendre) son crayon. 12. Je l'ai entendu (dire). 13. Je crois qu'elle y (être). 14. Nous nous sommes (baigner). 15. Je lui ai dit de le (faire). 16. Après me (laver), je... 17. Le chien s'est laissé (battre). 18. Veuillez (agréer), monsieur, l'assurance de ma haute considération. 19. Il ne craint pas de (mourir). 20. Après les avoir (voir).

---

[1] Use the Infinitive for both these verbs. [2] Use *avoir l'air*. [3] *élève de Philosophie*. [4] Reflexive. [5] Use *endosser*. [6] Not *faire*. [7] 'junior boys' = *les petits*. [8] 'from the first' = *dès le début*. [9] *les moyens*.

(*b*) 1. Je m'amuse à (regarder) les poussins. 2. Il va (abattre) l'arbre. 3. J'espère vous y (voir). 4. Afin de (ne pas tomber). 5. Après (visiter) cette ville. 6. Il a commencé par m'(expliquer) sa conduite extraordinaire. 7. Elle est tombée en (venir) à l'école. 8. Nous avons pris notre déjeuner après (se laver). 9. Je sais que vous (ne pas croire) ce qu'il dit. 10. Venez me (voir) ce soir. 11. Il est descendu et il me (parler). 12. Voulez-vous m'(accompagner)? 13. Il a pris le gâteau et il le (manger). 14. Je l'ai entendu (chanter). 15. Je les ai envoyés (chercher) le médecin. 16. Il est entré sans nous (dire) un mot. 17. La lettre a été (écrire). 18. Je devrai (courir) pour (attraper) le train. 19. Cours (mettre) cette lettre à la poste. 20. Je ne peux pas (étudier) en (écouter) la radio.

(ii) *Exemples faciles à traduire*

(*a*) 1. while coming to our house. 2. by speaking too much. 3. after writing the letter. 4. after coming down. 5. after washing himself. 6. after washing herself. 7. without seeing it. 8. before setting out. 9. instead of taking the bus. 10. I hesitate to speak. 11. He can do it. 12. I can (use *savoir*) swim. 13. He decided to go alone. 14. I have forgotten to shut the window. 15. I have just seen John (use *Je viens de*). 16. in order to be sure. 17. for fear of missing the train. 18. Thank you for sending (say 'for having sent') the plumber. 19. before washing myself. 20. He finished by (= *par*) going to bed.

(*b*) 1. after looking at the clock. 2. after looking for the cat. 3. after going up in (= *par*) the lift. 4. After going to bed, he. . . 5. After going to bed, she. . . 6. I'll try to come at ten o'clock. 7. I have decided to forgive you. 8. without reading a word. 9. before writing the letter. 10. while writing the letter. 11. after writing the letter. 12. without writing the letter. 13. in order to write the letter. 14. Come and see me. 15. He came to seek the coin he had lost. 16. It is a question of knowing. 17. I

need to telephone to him at once. 18. I want to telephone
to him at once. 19. I began by (= *par*) telephoning to
him. 20. in order not to make mistakes.

(iii) *Exemples un peu moins faciles*

(*a*) 1. I have heard him sing. 2. I have heard the song
sung. 3. The children that I saw punished. 4. The master
that I saw punishing the boys. 5. They have only just
arrived. 6. One must eat to live, not live to eat. 7. You
can begin to wash up at once. 8. She wants to be able to
speak French. 9. She works hard in order to learn to speak
well. 10. He has had his house painted.

(*b*) 1. I told him to send for the books. 2. There is a
house to let in our street. 3. And another to be sold.
4. After learning to swim, she went to the baths alone.
5. After falling into the river, she decided to learn to swim.
6. After walking (use *se promener*) along the river bank,
she went home. 7. The child is an orphan and is to be
pitied. 8. She cannot fail to understand. 9. He went
away without wanting to see anything. 10. He ought to
repent of having said so.

G. CONVERSATION. *Le Lycée*

1. Votre lycée est-il grand ? Combien d'élèves ?
2. Décrivez votre salle de classe : fenêtres, portes,
   dimensions, nombre de pupitres, situation dans le
   bâtiment, etc.
3. Depuis quand apprenez-vous le français ?
4. Quels livres français avez-vous lus ?
5. Combien de matières étudiez-vous ? Laquelle est
   votre préférée ?
6. Avez-vous beaucoup de devoirs à faire ?
7. Que faites-vous pendant vos heures de récréation ?
8. Vous battez-vous quelquefois avec d'autres élèves ?
9. Comment le lycée est-il organisé pour les sports ?
10. Y a-t-il un orchestre ici au lycée ? Qu'est-ce qu'il fait ?

H. MOTS À APPRENDRE *se rapportant à la vie scolaire*

1. le lycée—large grammar school
2. le collège—smaller grammar school
3. l'école (*f.*)—school (general term)
4. l'élève (*m.* or *f.*)—pupil; boy or girl
5. la leçon—lesson
6. l'allemand (*m.*)—German
7. le latin—Latin
8. l'histoire (*f.*)—(i) history; (ii) story
9. la géographie—geography
10. la chimie—chemistry
11. la physique—physics
12. les mathématiques (*f.*)—mathematics
13. le dessin—drawing, art
14. l'emploi du temps (*m.*)—time-table
15. paresseux paresseuse—lazy
16. attentif attentive—attentive
    inattentif—inattentive
17. bavarder—to chatter
18. intelligent—intelligent
19. stupide—stupid, dull
20. enseigner—to teach

I. MOTS À APPRENDRE, *choisis dans le texte A*

1. le chef—chief, leader (*not* cook)
2. aimer à—to like to
3. jouir de—to enjoy (a privilege, *e.g.*, good health,
    liberty)
4. la vie—life
   vivre—to live (in the sense of physically existing)
   demeurer—to dwell, live (in a house, etc.)
   habiter—to inhabit
5. nouveau nouvel nouvelle nouveaux nouvelles—new,
    fresh
6. heureux heureuse—happy, fortunate

7. l'orage (*m.*)—storm (with thunder)
    la tempête—storm (wind and rain)
8. jusqu'à—up to, as far as, until
9. l'arrivée (*f.*)—arrival
    arriver (*conj.* être)—(i) to arrive; (ii) to happen
10. le partage—sharing
    partager—to share
    la part—share
11. quelqu'un—someone, somebody
12. siffler—to whistle
    souffler—to blow
13. se retourner—to turn round
14. s'avancer ⎫
    avancer ⎬ —to advance, come forward
15. assez—enough
    assez de + *noun* (assez de pain—enough bread)
    assez pour + *Infinitive*—enough to
16. mener—to lead
17. envoyer—to send
18. le coup—blow
    le coup de poing—punch (blow with the fist)
    le coup de pied—kick (blow with the foot)
    le coup de fusil—rifle-shot
19. combattre ⎫
    se battre ⎬ —to fight
    le combat—fight
20. perdre—to lose
    la perte—loss

J. LOCUTIONS IMPORTANTES *choisies dans le texte A*

1. il jouissait de cette vie nouvelle—he enjoyed this new
    life
    il s'est bien amusé à Brighton—he enjoyed himself
    at Brighton, he had a good time at Brighton
2. il ne vit pas se former un orage—he did not see a
    storm brewing

3. jusqu'à l'arrivée de—until the arrival of
4. ce garçon aux boucles noires—that boy with black curls
5. nous en avons assez de... —we are tired of, sick of .
6. en pleine figure—full in the face, right in the face
   en pleine campagne—in the open country
   en pleine mer—on the open sea
   en plein jour—in broad daylight
   en plein air—in the open air
7. il combattait avec beaucoup de science—he fought with much skill
8. avec courage—with courage, courageously
   avec *un* courage farouche—with fierce courage
9. peut-être auraient-ils été moins surpris—perhaps they would have been less surprised (Note the inversion with peut-être.)
10. depuis trois ans il prenait des leçons—he had been taking lessons for three years (Note the use of the Imperfect tense in French.)

Compare this Imperfect tense:
   depuis quand *preniez*-vous des leçons?—how long had you been taking lessons?
   je *prenais* des leçons depuis trois ans—I had been taking lessons for three years (*action was continuing*)

with this Present tense:
   depuis quand *prenez*-vous des leçons?—how long have you been taking lessons?
   je *prends* des leçons depuis trois ans—I have been taking lessons for three years (*action is continuing*)

In the following case the action, in past time, is over:
   pendant combien de temps *avez-vous appris* l'allemand?—how long did you learn German?

j'ai appris l'allemand *pendant* deux ans—I learned German for two years (*but am no longer doing so*)

Revise in your French Grammar the rules on this point (Précis pages 88 and 98).

K. PHRASES BASÉES SUR LES LOCUTIONS J ET LE VOCABULAIRE I

1. (*a*) I am enjoying my position as leader.
   (*b*) I enjoyed myself during the holidays.
2. He waited with incredible patience.
3. The crime took place in the open country, in broad daylight.
4. He is tired of sharing it with us.
5. The leader was a boy with a red nose and blue eyes.
6. He turned round. Someone was whistling an air with much skill.
7. Perhaps the army will advance far enough to take the town.
8. They have been sending the paper for a week now.
9. The troops had been fighting for a week.
10. The regiment fought in Africa for three months, but has now left.

L. RÉDACTION. *Écrivez entre* 150 *et* 180 *mots sur un des sujets suivants :*

(*a*) Faites la description de l'école à laquelle vous alliez avant de venir à celle-ci.
(*b*) La vie quotidienne d'un professeur.
(*c*) Le nouvel élève.

STORY FOR REPRODUCTION

For the Supervisor only

[The analysis of the following narrative is printed elsewhere : see page 14. The Master or Mistress will read this narrative aloud twice, once at the ordinary rate, and once somewhat more slowly. *No* notes are to be taken, but the candidates will keep the analysis before them while doing their Composition.]

Sang-froid féminin

Quand on invite des amis à dîner on ne doit jamais s'excuser de la pauvreté du repas qu'on leur offre, car ils ont le droit de croire qu'on a fait tout ce qu'on peut pour les faire bien manger.

Sachant cela, une certaine dame fit de son mieux, lorsque son mari amena pour le dîner, sans lui en rien dire, quatre amis. Les six personnes durent se contenter d'un repas qui était en réalité destiné seulement à deux. La dame ne s'excusa point ; elle se montra hospitalière et causa d'une manière amicale pendant toute la durée du repas. Elle leur servit après le repas du café, et, en les congédiant, leur dit : "Au revoir, messieurs ; j'ai été très contente de vous voir. Aujourd'hui vous avez été les hôtes de mon mari. Je voudrais bien que la semaine prochaine vous reveniez manger chez nous, mais cette fois vous serez mes hôtes à moi."

Alors le mari expliqua l'affaire ; les messieurs revinrent manger la semaine suivante, et la dame put leur offrir un excellent repas.

CHAPTER X

A. LE CHEVAL ARABE

Le chef arabe, Abou-el-Marsch, avait reçu une balle dans
le bras pendant le combat; comme sa blessure n'était pas
mortelle, les Turcs l'avaient attaché sur un chameau, et,
s'étant emparés du cheval, avaient emmené le cheval et le
cavalier. L'Arabe blessé avait les jambes liées ensemble
par une courroie de cuir, et était étendu près de la tente où
couchaient les Turcs. Pendant la nuit, tenu éveillé par la
douleur de sa blessure, il entendit hennir[1] son cheval; il
reconnut sa voix, et, ne pouvant résister au désir d'aller
parler encore une fois au compagnon de sa vie, il se traîna
péniblement sur la terre à l'aide de ses mains et de ses
genoux, et parvint jusqu'à son coursier.[2]

"Pauvre ami, lui dit-il, que feras-tu parmi les Turcs?
Tu ne courras plus libre dans le désert! Va, retourne à la
tente que tu connais; va dire à ma femme qu'Abou-el-
Marsch ne reviendra plus, et passe la tête entre les rideaux
de la tente pour lécher les mains de mes enfants."

En parlant ainsi, Abou-el-Marsch avait rongé avec ses
dents la corde qui entravait[3] son cheval, et l'animal était
libre; mais, voyant son maître blessé et enchaîné à ses
pieds, le fidèle et intelligent coursier comprit, avec son
instinct, ce qu'aucune langue ne pouvait lui expliquer: il
baissa la tête, et, empoignant son maître avec les dents
par sa ceinture de cuir, il partit au galop, et l'emporta
jusqu'à ses tentes.

d'après LAMARTINE (1790-1869)

B. QUESTIONNAIRE

1. How was the Arab chief wounded?
2. What did the Turks do with him and his horse?

[1] to neigh.   [2] steed.   [3] *entraver* = to fetter, to hobble.

3. What did they do to prevent his escape?
4. How did he get to his horse?
5. What message for his wife did the chief give to his steed?
6. What reference did he make to his children?
7. What did Abou-el-Marsch do while talking to his horse?
8. What did the faithful steed understand through his instinct?
9. Where did the horse take his master?
10. Justify the epithets *fidèle et intelligent* applied to the Arab steed.

C. DICTÉE À PRÉPARER

Mes deux bœufs

Ils ne pouvaient / faire un pas sans moi. / Je les menais ainsi / à l'abreuvoir, / à la crèche, / surtout à la charrue. / C'est là que je pouvais / le plus facilement / et le plus longtemps / régler mon pas sur le leur / et marcher à côté d'eux, / fièrement, / sans courir. / Et quelle patience / ils me montraient! / Quoique j'abusasse / assurément / de leur douceur, / jamais elle ne se démentit / un seul instant. / Aussi en étaient-ils / bien récompensés / au bout de chaque sillon. / J'allais cueillir / des trèfles verts / qu'ils mangeaient dans ma main, / en me regardant / de cet œil profond / où je croyais voir / tout l'amour qu'ils avaient / pour un aussi bon maître.

EDGAR QUINET (1803–75)

D. POÈME

Le Marché

Sur la petite place, au lever de l'aurore,
Le marché rit, joyeux, bruyant, multicolore,
Pêle-mêle étalant sur ses tréteaux boiteux
Ses fromages, ses fruits, son miel, ses paniers d'œufs,
Et, sur la dalle où coule une eau toujours nouvelle,

Ses poissons d'argent clair, qu'une âpre odeur révèle.
Mylène[1], sa petite Alidé[1] par la main,
Dans la foule se fraie avec peine un chemin,
S'attarde à chaque étal, va, vient, revient, s'arrête,
Aux appels trop pressants parfois tourne la tête,
Soupèse quelque fruit, marchande[2] les primeurs[3],
Ou s'éloigne au milieu d'insolentes clameurs.

ALBERT SAMAIN (1859–1900), *Aux Flancs du Vase*

Questions

1. Where, and at what time, does the scene depicted in the poem take place?
2. What is the general atmosphere of the scene?
3. What objects are to be seen on the rickety trestles?
4. What flows over the stone slab, and why?
5. What is to be seen on this slab, and what reveals its presence?
6. What different actions does the mother perform as she holds her child by the hand?
7. What causes her to turn her head occasionally?
8. What mental picture does *soupèse quelque fruit* call up? (*soupeser* = to feel the weight of)
9. "Marchande les primeurs." What is her object in doing this?
10. What do some of the market-people do as she moves away from their stalls?

E. TRADUISEZ EN FRANÇAIS:

A farmer went one day to the market to buy half a dozen[4] donkeys. Rather foolish, I agree[5], but the man was rather foolish, as you will see[6].

He found a man with six donkeys to sell, and bought them. Then he set off for home. After doing a certain dis-

---

[1] Samain, a great lover of ancient Greece, gives the mother and child Greek names. [2] haggles over. [3] early vegetables. [4] Expression of quantity! [5] *j'en conviens*. [6] Add *le* before the verb.

tance on foot, the idea occurred[1] to him to ride[2] on one of his donkeys. So he got on[2] and was very contented. Soon, however, he decided to count his donkeys to make sure[3] that he had not lost any, and to his astonishment he could only see five. He turned back[4], seeking the lost donkey. He asked several people if they had seen a donkey wandering[5] without a master, but in vain. After an hour or two he made his way towards home.

His wife was waiting for him, wondering why he was late, and came out to meet him[6].

"What has happened, my dear?" she asked. "Why are you[7] late?"

"Well," replied her husband, "I bought six donkeys, and look, I have only five: one, two, three, four, five."

"I can see seven," said his wife.

F. RÉVISION DE GRAMMAIRE. *Les verbes réfléchis* (Précis pages 28–30)

(i) *Exemples faciles*

(*a*) 1. I get up. 2. I have got up. 3. I am going to get up. 4. Get up! 5. I have just got up. 6. He was getting up. 7. What is your name? 8. My name is Peter. 9. Don't stop. 10. You don't stop. 11. Why don't you stop? 12. They have stopped. 13. I want to rest. 14. She is resting. 15. We are resting. 16. We have rested. 17. He is hiding. 18. Don't hide! 19. While undressing, he . . . 20. While undressing, I . . .

(*b*) 1. I hurry. 2. I can hurry. 3. I have hurried. 4. I will not hurry. 5. I don't want to hurry. 6. Hurry up! 7. I am going to hurry. 8. Don't fight. 9. They are fighting again. 10. Look at yourself. 11. Wash yourselves. 12. Wash one another. 13. Are you going to bed? 14. They have gone to bed. 15. Let's go to bed. 16. They detest

---

[1] Use *venir*. [2] *monter*. [3] *s'assurer*. [4] Use *retourner en arrière*. [5] *qui errait*. [6] *à sa rencontre*. [7] Not *vous*.

each other. 17. I have got rid of my books. 18. Has she got up? 19. I remember that event (use *se rappeler*). 20. She has remembered that event (use *se souvenir*).

(ii) *Exemples un peu moins faciles*

(*a*) 1. At what time do you get up? 2. He never hurries. 3. When did he go away? 4. She will hurt herself. 5. I cut myself while shaving this morning. 6. Do you remember me? (use *se souvenir*). 7. Let us go for a walk (use *aller se promener*). 8. Have you noticed your mistake? (use *s'apercevoir de*). 9. We are going to see each other every day. 10. We bathed every morning in the sea. 11. Did the little girl hurt herself? 12. We were not expecting such a piece of luck. 13. After getting up, I washed and dressed. 14. They had gone to bed early the previous night. 15. They were able to awaken early the next morning. 16. I enjoyed myself very much there. 17. He often made fun of their conversation. 18. My girl cousin was married yesterday. 19. I cannot do without my fountain-pen. 20. I use it so frequently (use *se servir de*).

(*b*) 1. I don't like hurrying. 2. We give each other presents at Christmas. 3. I wonder why he killed himself. 4. We should not have enjoyed ourselves. 5. They prefer going to bed late. 6. They say all sorts of things to one another. 7. You will have to get up early. 8. He will fight like a lion. 9. You ought not (= *Vous ne devriez pas*) to get angry. 10. Don't make a mistake (use *se tromper*), stop at the corner. 11. I always rest after dinner. 12. Hasn't he yet got rid of his hens? 13. He couldn't remember it (use *se rappeler*). 14. Are you interested in stamps? (*s'intéresser à* = to be interested in). 15. I was interested in stamps when I was younger. 16. The letter got lost in the post (*s'égarer* = to get lost). 17. Let us go and have a wash. 18. Enjoy yourself, but be careful not to hurt yourself. 19. Sit down, don't stand up. 20. She has complained because you behave so badly.

G. CONVERSATION. *La Vie quotidienne*

1. A quelle heure vous levez-vous ?
2. A quelle heure vous couchez-vous habituellement ?
3. Combien de temps passez-vous d'habitude au lit ?
4. Prenez-vous le repas de midi à la maison ?
5. Comment vous rendez-vous à l'école ?
6. Y allez-vous seul ?
7. Qu'est-ce que vous faites le soir ?
8. Que faites-vous le samedi et le dimanche ?
9. Quelle partie de la journée aimez-vous le mieux ?
10. Aidez-vous quelquefois votre mère à faire le travail de la maison ?

H. MOTS À APPRENDRE, *basés sur la conversation*

1. laver—to wash (something or somebody)
    se laver—to wash (oneself)
2. habiller—to dress (somebody)
    s'habiller—to dress (oneself), to get dressed
3. s'endormir—to go to sleep
4. le sommeil—sleep
    avoir sommeil—to be sleepy
5. se brosser les cheveux—to brush one's hair
6. les vêtements (*m.*)—clothes
7. les souliers (*m.*)—shoes
8. le savon—soap
9. le robinet—tap
    ouvrir le robinet—to turn the tap on
    fermer le robinet—to turn the tap off
10. un essuie-mains—towel
    essuyer—to wipe
11. la bicyclette—bicycle
    à bicyclette—by cycle
12. le pneu—tyre
    le pneu crevé—puncture
13. se rendre (= aller)—to go
14. en autobus—by bus

15. traverser la rue—to cross the street
16. arrêter—to stop (something or somebody)
    s'arrêter—to stop (oneself)
17. courir—to run
18. la vitesse—speed
    à toute vitesse—at full speed
    vite—quickly
19. en retard—late (*i.e.*, after the appointed time)
20. tard—late (without reference to any specified time of day)
    plus tard—later

I. MOTS À APPRENDRE, *choisis dans le texte A*

1. recevoir—to receive
2. la blessure—wound
    blesser—to wound
3. attacher—to attach, to tie, to fasten
4. ensemble—together
5. pendant—during
    pendant que—while
6. la douleur—pain
    douloureux douloureuse—painful
7. reconnaître—to recognize
8. traîner—to drag
9. péniblement—painfully, with difficulty
    pénible—painful, laborious
    la peine—trouble, difficulty
10. la terre—earth, ground
11. l'aide (*f.*)—help
    aider—to help, assist
    assister—to be present
12. libre—free
    la liberté—freedom, liberty
13. la tête—head
14. entre—between
15. le rideau (les rideaux)—curtain

16. la corde—cord, rope
17. le maître—master
    la maîtresse—mistress
18. fidèle—faithful
    la fidélité—faithfulness, fidelity
19. expliquer—to explain
    l'explication (*f.*)—explanation
20. emporter—to carry off, take away (something carried)
    emmener—to take away (someone, or something
        not carried)

J. LOCUTIONS IMPORTANTES *choisies dans le texte A*

1. il avait *les* jambes liées ensemble—he had *his* legs
    tied together (Definite Article in French with
    parts of body.)
2. il était étendu—he was stretched out, lying down
3. tenu éveillé—kept awake
4. ne pouvant résister *au* désir—being unable to resist
    the desire (Note the preposition à after résister.)
5. à l'aide de ses mains—with the help of his hands
6. il parvint jusqu'à—he got as far as
    parvenir à = to reach (*after some difficulty*)
    arriver à = to reach (*ordinary word*)
    atteindre = to reach, to attain (*often useful where
        no other word seems possible for 'reach'*)
7. tu ne courras *plus* libre—you will *no longer* run free
8. il ne reviendra *plus*—he will come back *no more*
    (Note this frequent meaning of plus.)
9. ce qu'aucune langue ne pouvait lui expliquer—what
    no tongue could explain to him
10. il partit au galop—he went off at a gallop

K. PHRASES BASÉES SUR LES LOCUTIONS J ET LE VOCA-
    BULAIRE I

1. Wounded in (*à*) the leg, he had his two arms tied
    together.

2. He remained stretched out on the ground during the whole battle.

3. The pain kept her awake all the night.

4. We were unable to resist the temptation to regain our liberty.

5. With the help of a rope they got as far as the land.

6. In spite of his faithfulness, he came back no more.

7. "You will not do it any more," said the master.

8. By so doing, he did what no other man was able to accomplish.

9. The horse galloped off, carrying his mistress to freedom.

10. They took him away, with his hands tied behind his back.

L. RÉDACTION

1. Dialogue entre un cheval et un chien où chacun vante son utilité à l'homme.

2. Un jour d'école vous vous êtes levé une heure en retard. Dites ce qui s'est passé.

3. Racontez en français l'histoire sans paroles à la page 126.

CHAPTER XI

La dignité du Parlement est maintenue par la rigidité des coutumes. Le Speaker porte robe noire et perruque[1] blanche. C'est à lui seul que s'adressent les orateurs. Au pied de son fauteuil est, depuis 1649, la même Masse[2], lourd objet d'orfèvrerie, que les huissiers[3] placent ou déplacent avec respect suivant que la Chambre siège en comité ou en séance ordinaire. Chaque député[4] qui entre ou sort doit s'incliner devant "la Chaire" comme le catholique devant l'autel...

Un membre du Parlement n'a pas le droit de donner sa démission[5]... Comme cette règle créait de grandes difficultés, celles-ci ont été tournées par un compromis tout anglais. Tout député qui accepte un poste de la Couronne doit abandonner son siège; il suffisait donc de trouver un emploi sans importance que solliciterait[6] le député désirant démissionner. On l'a trouvé: c'est la *Stewardship of the Chiltern Hundreds*, qui ne comporte ni devoirs, ni droits. Depuis 1751, chaque fois qu'un député désire se retirer, il demande les *Chiltern Hundreds*; on les lui accorde et, automatiquement, il n'est plus député. Mais il n'a pas donné sa démission et la tradition est sauve.

ANDRÉ MAUROIS, *Les Anglais*

B. QUESTIONNAIRE

1. Les orateurs peuvent-ils s'adresser à n'importe qui?
2. Où se place la Masse? Y reste-t-elle toujours?
3. Comment les députés doivent-ils montrer leur respect de l'autorité de "la Chaire"?
4. Quelle comparaison Maurois fait-il entre un député anglais et un catholique?

[1] wig.   [2] mace.   [3] (In this text) Serjeants at Arms.   [4] M.P.
[5] resignation.   [6] *solliciter* = to apply for.

5. Dans quelles conditions un député doit-il abandonner son siège ?

6. Qu'est-ce qui peut porter un député à demander les *Chiltern Hundreds* ?

7. Pourquoi un député anglais doit-il adopter ce procédé tellement indirect s'il veut démissionner ?

8. Quels sont les devoirs et les droits du *Steward of the Chiltern Hundreds* ?

9. Le député qui demande les *Chiltern Hundreds* éprouve-t-il quelque difficulté à les obtenir ?

10. Quel est le résultat pratique de ce "compromis tout anglais" ?

C. DICTÉE À PRÉPARER

Les premiers jours de l'aviation

J'ai pu enfin / me lancer dans l'azur, / en plein ciel, / avec, / devant mes yeux, / la route aérienne et fluide, / par-dessus la plaine / baignée de rayons ; / les routes, / les fossés, / les talus, / les arbres, / tout galopait sous moi / dans une fantasmagorie / de songes. / Je côtoyais les villages / aux blancs clochers ; / les fermes riaient au soleil, / les laboureurs me regardaient / avec, / dans les yeux, / une stupéfaction soudaine, / le geste interrompu, / la face ébahie. / Je m'étais tracé un chemin / sur la carte / et je le suivais / avec une parfaite exactitude, / sans dévier un instant / de la ligne tracée.

LOUIS BLÉRIOT (1872–1936)

D. DIALOGUE. *Traduisez en anglais :*

Scène : L'intérieur du magasin des cycles "La Scintillante." Au lever du rideau, un prêtre se tient au milieu du magasin, et, le chapeau à la main, contemple les bicyclettes de dames.

LA PATRONNE. Monsieur l'abbé ?

L'ABBÉ. J'ai bien l'honneur de vous saluer, madame[1].

---

[1] A formal manner of greeting.

E

[*Il regarde autour de lui.*] Comme voilà de jolis
vélocipèdes !

LA PATRONNE. Monsieur l'abbé s'intéresserait-il à une
bicyclette ?

L'ABBÉ. Peut-être.

LA PATRONNE. Pour vous-même ?

L'ABBÉ. Ce serait pour moi...

LA PATRONNE. C'est le cycle de dames que nous recomman-
dons dans ce cas. Vous avez ici de charmants modèles.

L'ABBÉ. Ils doivent coûter fort cher ?

LA PATRONNE. La bonne marchandise garde toujours son
prix[1]. Mais comme nous fabriquons nous-mêmes, nous
sommes mieux placés que d'autres pour vendre au
plus juste[2].

L'ABBÉ. Ah ! Vous fabriquez vous-mêmes ?

LA PATRONNE. Vous voyez, sur tous nos articles, notre
marque "La Scintillante."

L'ABBÉ. Vous avez donc une usine ?

LA PATRONNE. Pas précisément. Mais l'usine exécute
pour nous une fabrication spéciale, sur les dessins que
mon mari lui avait fournis. Cette forme de guidon[3],
par exemple, vous ne la trouverez nulle part.

L'ABBÉ [*poliment*]. En effet.

JULES ROMAINS, *La Scintillante* (1924)

E. TRADUISEZ EN FRANÇAIS :

Do you know[4] the story of the Englishman and[5] the
Frenchman who were both trying to be polite ? Everybody
knows that Frenchmen are polite.

This Frenchman said to his English companion : "I love
and admire England. There is only my own fatherland that
I love and admire more[6]. If I were not French I should
want to be English."

---

[1] "A good article will always fetch its price." [2] at the lowest
price. [3] handle-bar. [4] Use *connaître*. [5] Repeat the preposition.
[6] *davantage*.

"I entirely agree with you[1]," said the Englishman. "If I were not English, I should want to be[2]."

Another Frenchman came to live in London, but he made no effort to[3] learn English properly, and never spoke it when he could make himself understood[4] in French. To the astonishment of his French friends he adopted English nationality[5].

"Why," they asked him one day, "have you become an[6] Englishman?"

"Well," he explained, "now I can say that we won the battle of Waterloo."

F. RÉVISION DE GRAMMAIRE. *Preposition required by verbs with a following noun* (Précis pages 62–68)

(i) *Easy ones: nouns and pronouns, direct objects in French*

(a) 1. I am looking for my hammer. 2. I am looking for it. 3. He is waiting for the aeroplane. 4. He is waiting for it. 5. She is asking for her mother. 6. She is asking for her. 7. We were listening to the music. 8. We were listening to it. 9. Have you paid for the box? 10. Have you paid for it?

(b) 1. She is waiting for the boat. 2. She is waiting for it. 3. I will ask my father. 4. I will ask him. 5. Look at my hands! 6. Look at them! 7. I am listening to the wireless. 8. I am listening to it. 9. I'll pay for your meal. 10. I'll pay for it.

(ii) *Two objects, nouns and pronouns mixed*

(a) 1. Give it to me. 2. I'll give it to you. 3. I sold a cow to the farmer. 4. I bought a cow from the farmer. 5. I bought it from him. 6. The boy told his father the

---

[1] *Je suis de votre avis.* [2] Say 'to be it.' [3] *pour.* [4] 'to make oneself understood' = *se faire comprendre.* [5] Article is necessary. [6] Omit the Article.

truth. 7. I try to teach them French. 8. He took the toy from him. 9. He took it from the boy. 10. He took it from me.

(*b*) 1. Don't hide your face from me. 2. He stole the watch from the old man. 3. She snatched the box from the boy's hand. 4. Give it back to me. 5. Will you (= *Voulez-vous*) lend me your matches? 6. Send him a book for his birthday. 7. Tell (use *raconter*) me the old story. 8. He refused him his request. 9. I wish you a happy birthday. 10. Forgive us our trespasses (= *offenses*).

(iii) *Various*

(*a*) 1. Do not trust him, gentle maiden. 2. I congratulate you on your success. 3. I thank you for your kindness. 4. The settee will serve as a bed. 5. Enter the room without knocking. 6. He has triumphed over his difficulties. 7. Fill my glass with milk. 8. I can do without it. 9. I remember the house where I was born. 10. We always think of you. 11. I've never heard of it. 12. Go and look for your books. 13. He is very like his father. 14. They paid for my seat. 15. He could not answer the question. 16. I am surprised at their success. 17. He thanked them for their advice. 18. They forgave me for my mistakes. 19. He asked me for my permission. 20. I took advantage of the opportunity.

(*b*) 1. They laughed at my ignorance. 2. We entered the old house. 3. Do you use a fountain-pen? 4. I'll wait for her at the corner. 5. We had to do without many things during the war. 6. He is interested in languages. 7. They need those books. 8. John has borrowed fifty francs from Peter. 9. We obey the laws. 10. I think of you always. 11. I think of it sometimes. 12. I'll answer the letter to-morrow. 13. She smiled at his embarrassment. 14. They complain of the English weather. 15. I enjoy a good concert. 16. She hid her secret even from her husband. 17. I play the piano, but I don't play tennis. 18. Charles X succeeded Louis

XVIII. 19. He soon perceived (use *s'apercevoir*) his error.
20. I doubt his good will.

G. CONVERSATION. *Les Repas.* (*Record: Side* 8)

1. Combien de repas faites-vous par jour?
2. A quelles heures les prenez-vous?
3. Combien de personnes se trouvent habituellement à
   table chez vos parents?
4. Prenez-vous quelquefois vos repas au restaurant?
5. Quel est votre repas préféré?
6. Que savez-vous au sujet des repas français?
7. A quel repas vous sert-on des œufs? Comment les
   préférez-vous?
8. Combien de fois par jour mangez-vous de la viande?
9. Que buvez-vous à vos repas? Préférez-vous le thé
   ou le café?
10. Comment fait-on le pain?

H. MOTS À APPRENDRE, *basés sur la conversation*

1. le repas—meal
2. le déjeuner—lunch (midday meal)
      le petit déjeuner—breakfast
3. le dîner—dinner (evening meal)
4. le goûter—afternoon snack, 'tea' (but a much less
      substantial meal than the English tea)
      le goût—taste
5. l'appétit (*m.*)—appetite
6. la faim—hunger
7. la soif—thirst
      avoir faim—to be hungry
      avoir soif—to be thirsty
8. manger—to eat
9. boire—to drink (*irregular verb—learn it!*)
10. le lait—milk
11. le café—coffee
      le café au lait—coffee with milk

12. le thé—tea
13. le vin—wine
14. le sucre—sugar
    sucré—sweet, sweetened
15. le sel—salt
    salé—salty, salted
16. remuer—to stir
17. le pain—bread
18. la farine—flour
19. le beurre—butter
20. le fromage—cheese
21. la soupe—soup
22. la viande—meat
23. le poisson—fish
    pêcher—to fish
24. l'œuf (*m.*)—egg
    un œuf à la coque—a boiled egg
    un œuf poché—a poached egg
    un œuf brouillé—a scrambled egg
    un œuf dur—a hard-boiled egg
    un œuf sur le plat—a fried egg
25. le gâteau—cake
26. la glace—ice (frozen water *or* ice-cream)
27. la pomme de terre—potato
28. le chou (les choux)—cabbage
29. le légume—vegetable
30. le mets—dish (not the utensil the food is served in,
    but the food itself)

I. MOTS À APPRENDRE, *choisis dans le texte A*

1. la dignité—dignity (*cp.* la difficul*té*—difficul*ty*; la
    liber*té* — liber*ty*; la beau*té* — beau*ty*, etc.)
    digne—worthy, dignified
2. la coutume—custom
    s'accoutumer à—to get used to, get accustomed to
3. porter—(i) to carry; (ii) to wear

4. **la robe**—dress, gown, robe
5. **blanc blanche**—white
   noir—black
6. **depuis**—since (*cf.* Chapter IX, J. 10.)
7. **lourd**—heavy
   léger légère—light (in weight)
8. **entrer** (*conj.* **être**)—to come in, go in, enter
   l'entrée (*f.*)—entrance, entry, way in
9. **sortir** (*conj.* **être**)—to go out, come out
   la sortie—exit, way out
10. **s'incliner**—to bow
11. **le droit**—right, privilege (*cp.* **Dieu et mon Droit**)
12. **la règle**—(i) rule; (ii) ruler
13. **créer** (*perfectly regular*)—to create
14. **tout toute tous toutes**—every, all
    tout (*pronoun*)—everything
15. **le poste** or **l'emploi** (*m.*)—situation, post (job)
    la poste—post (office), mail service
    le poteau—post, pole
16. **la couronne**—crown
    couronner—to crown
17. **devoir**—to have to, be to, must (see your Grammar;
    Précis page 76.)
18. **accorder**—to grant

J. LOCUTIONS IMPORTANTES *choisies dans le texte A*

1. **lui seul**—he alone, him alone
2. **les orateurs s'adressent à lui**—the speakers address him
3. **au pied de son fauteuil**—at the foot of his chair
4. **chaque député doit s'incliner**—each M.P. must bow
5. **il n'a pas le droit de**—he has not the right to
6. **tout député qui accepte un poste**—every member
   accepting a post (Notice **qui** + Indicative for an
   English Present Participle.)
7. **il suffisait donc de trouver**—so all that was necessary
   was to find

8. **ce poste ne comporte ni devoirs ni droits**—this post entails neither duties nor privileges
9. **on les lui accorde**—they are granted to him (**on** + Active for an English Passive)
10. **il n'est plus député**—he is no longer a member (*cf.* Chapter X, J. 7, 8.)

K. PHRASES BASÉES SUR LES LOCUTIONS J ET LE VOCA- BULAIRE I

1. He alone possesses the necessary dignity.
2. According to the custom, all members address the chairman.
3. At the foot of the hill there are heavy stones, and at the top there is a light mist.
4. Each girl must wear a white dress.
5. You have not the right to come in here.
6. Every man is granted a bonus (= *gratification*). (*N.B.* Avoid the Passive !)
7. So all that was necessary was to grant them the right to do it.
8. This journey entails neither danger nor fatigue.
9. All the rules were read to him. (*N.B.* Avoid the Passive !)
10. We are no longer members of the society.

L. RÉDACTION

1. Voudriez-vous émigrer aux colonies ou à un dominion ?
2. Un fleuve parle. Il décrit les paysages et les villes qu'il traverse depuis sa source jusqu'à la mer.

CHAPTER XII

A. DEUX HISTOIRES AMUSANTES

(1) *Le Moral des Londoniens*

Un matin de l'hiver dernier, une des plus grosses bombes allemandes était tombée dans un jardin public de Londres. Un reporter, envoyé par son journal pour constater le dégât[1], s'y rendit dès le matin et trouva deux hommes occupés à piqueter[2] le terrain autour du cratère.

"Que faites-vous là ?" leur demanda-t-il.

"Vous voyez bien. Ce sont ces sales moineaux. Nous plaçons des fils[3], pour les empêcher de manger la graine de gazon que nous venons de semer pour le printemps prochain."

France-Orient,
décembre 1941

(2) *Hérédité*

Hitler visite une des nouvelles écoles d'Allemagne, où les enfants reçoivent la plus pure éducation nazie. Dans une des classes, il juge bon de questionner les petits garçons sur leurs opinions politiques.

— De quel parti es-tu ? demande-t-il au premier.

— Je suis Nazi, répond l'enfant fièrement.

— Et toi ? demande Hitler au second.

— Je suis Nazi, répond l'enfant.

Chaque petit enfant ainsi questionné affirma solennellement qu'il était Nazi ; le professeur triomphait, quand le dernier, questionné, répondit timide : "Moi, je suis Républicain."

Scandale ! Le maître cherche à s'interposer. "Non, laissez-le s'expliquer," dit le Führer étonné. Et il lui demande :

---

[1] to ascertain the damage.   [2] to stake off, mark off.   [3] threads. (Do not confound with *fils* = son.)

— Pourquoi es-tu Républicain ?

— Parce que mon grand-père et mon père étaient Républicains.

— En voilà une raison ! lui dit Hitler. Suppose que ton grand-père ait été un voleur, et ton père un assassin, que serais-tu alors ?

— Eh bien ! Alors, répondit l'enfant, je serais Nazi, naturellement !

France-Orient,
décembre 1942

B. QUESTIONNAIRE

1. Who had gone to see what damage was done, and why ?
2. Was anyone there before him ? What was being done ?
3. Why did the men give an answer which was evidently not meant seriously ?
4. What is the 'point' of the story ?
5. Why was the Führer entitled to expect satisfactory answers to his questions ?
6. Why was the last child's answer unsatisfactory ?
7. Why did Hitler not allow the teacher to intervene ?
8. Was he satisfied with the boy's answer to the question "Pourquoi es-tu Républicain ? " ?
9. What reply did Hitler expect to his questions about the boy's grandfather and father ?
10. How would you explain the title of the anecdote: "Hérédité" ?

C. DICTÉE À PRÉPARER

Lettre de Jean-Corentin Carré à son instituteur

Je préférerais, / moi aussi, / être assis au coin d'un bon feu, / au lieu de prendre la garde, / de nuit / au fond d'une tranchée, / avec de la boue / jusqu'aux genoux, / au lieu d'aller à l'attaque / offrir ma poitrine / aux balles ennemies. / Mais faut-il penser à cela / lorsqu'une formidable armée / menace de ravager / et d'anéantir notre pays ? /

Je ne pourrais pas vivre / sous le joug / d'ennemis qui, / à chaque instant, / me feraient sentir / leur supériorité : / c'est pourquoi / je suis soldat. /

Eh bien ! / ce sentiment de l'honneur, / c'est à l'école / que je l'ai appris.

D. POÈME

L'Enfant et la pendule[1]

Un enfant, affligé d'une paresse extrême,
    Sur ses cahiers se lamentait.
La classe[2] allait sonner ; c'était l'heure du thème[3],
    Et le thème n'était pas fait.
Croyant tromper le maître, il se trompait lui-même !
    Il conçut un plan merveilleux,
    Et notre jeune paresseux
    De la pendule paternelle
    Arrêta l'aiguille[4], espérant,
        L'ignorant,
A son gré[5] désormais fixer l'heure cruelle.
Mais l'horloge[1] soudain : "Tu t'es mépris[6], dit-elle ;
En vain tu veux hâter ou retarder mes pas ;
Tu n'arrêteras point, dans sa course éternelle,
Le temps qui fuit rapide et qui ne revient pas."

PIERRE LACHAMBEAUDIE (1806–72)

Questionnaire

1. What was the child's affliction ?
2. Why was the child unhappy ?

[1] *l'horloge* (*f.*) = big clock, outdoor clock (*e.g.*, Big Ben); *la pendule* = indoor wall clock, mantelpiece clock. [2] *i.e.*, *l'heure de la classe*. [3] *le thème* = translation from mother tongue into foreign tongue; the reverse process is *la version*. [4] *l'aiguille* (*f.*) = (i) needle, (ii) hand (of a clock or watch), (iii) points (railway). [5] according to his will. [6] *se méprendre* = to be mistaken.

3. What time was it in the school day, and what lesson was about to begin?
4. Whom did the child deceive?
5. What wonderful plan did he conceive?
6. What did he imagine he could do as a result of this plan?
7. What was the clock's first remark to the child?
8. What, according to the clock, could the child never do?
9. Explain the words *sa course éternelle.*
10. What two characteristics of time are pointed out by the clock?

E. TRADUISEZ EN FRANÇAIS:

The Last Victories are the Best

Napoleon arrived in Paris from the island of Elba on 20th March 1815. The period from that date until the return of King Louis XVIII on 28th June is called the Hundred Days, because the King was[1] absent from the capital for 100 days. The Emperor was defeated at Waterloo on 18th June.

Some time afterwards, a newspaper pointed out that in England and on the continent of Europe, outside France, there were several dozens of public squares, streets, bridges, etc., which bore the name of Waterloo. The French comment on this fact was[1] that as the old enemies of France had only one victory to celebrate, this repetition of a name was understandable. When, on the other hand, the French had new streets to name, they could use the names of a dozen remarkable victories, and repetition would have been unpardonable.

Nevertheless, someone has said[2], it is the last battle that counts, and the last battle was Waterloo.

[1] Past Historic.   [2] Inversion of subject and verb.

F. RÉVISION DE GRAMMAIRE. *Prepositions required after verbs with a following Infinitive* (Précis pages 68–74).

(i) *Easy examples*

(*a*) 1. I have decided to try. 2. I have a letter to write. 3. I can send it. 4. I shall be able to swim one day. 5. She wants to come. 6. Come and see. 7. I hesitate to go. 8. She will succeed in reaching it. 9. I am beginning to understand. 10. I will try to be there. 11. He threatens to punish us. 12. I am obliged to protect myself. 13. He deserves to succeed. 14. I am ashamed to confess it. 15. He has finished writing. 16. We have just arrived. 17. I refuse to listen. 18. He is pretending to be asleep (=*dormir*). 19. She is able to attend the meeting. 20. His mother prevented him from falling.

(*b*) 1. I am afraid to cross the road. 2. Cease to do wrong. 3. I want to speak to the doctor. 4. I expect to arrive at eight o'clock. 5. Come and fetch it. 6. He persists in talking. 7. We are learning to skate. 8. He will not dare to refuse. 9. I see him coming. 10. They are tired of working. 11. She decided to go home. 12. I have tried to understand. 13. It is beginning to rain. 14. Will you (= *Voulez-vous*) come with me? 15. I prefer to stay at home. 16. It is necessary to eat. 17. You mustn't think of it. 18. I don't like writing letters. 19. Dare you go there alone? 20. You needn't show it to me.

(ii) *More difficult*

(*a*) 1. He thanked me for helping him (say 'for having helped him'). 2. I can't help singing. 3. I promise not to do it again (use *refaire*). 4. Try to avoid falling into the water. 5. I asked her to lend me her book. 6. What did you expect to see? 7. Are you going to have it printed? 8. What is the use of elephants? For carrying heavy loads. 9. He has promised to bring me a dozen new-laid eggs. 10. He won't be long in coming. 11. Make haste and finish. 12. You mustn't risk falling. 13. I would rather stay all night than (= *que de*) go back home now. 14. Tell him to come up. 15. I have persuaded my father to consent. 16. He has asked him to come. 17. I helped my father to do it. 18. He ordered them to go home. 19. They invited me to have tea (= *prendre le thé*) with them. 20. It had started to rain.

(*b*) 1. The soldiers have tried to enter the town. 2. We could not make up our minds to leave (use *se décider* for 'to make up one's mind'). 3. I prefer to watch him work. 4. His aunt consented to bring him up. 5. You are right to go and visit him. 6. They came to see her. 7. I had hoped to do it. 8. He was obliged to go there. 9. We wanted to set off early. 10. I hesitate to tell you it. 11. They will watch him digging. 12. The rain will not prevent me from going out. 13. We thank you for coming (say 'having come'). 14. I hear them coming in. 15. After getting home (use *rentrer*), he set about doing his homework. 16. He hasn't succeeded in finding his book. 17. You will need to learn to speak French. 18. Your sister has forgotten to feed the hens. 19. His father has allowed him to do it. 20. Our teacher has promised to take us to France.

(*c*) 1. You have no need to be anxious. 2. I am anxious to meet your German master. 3. Can she play the violin ? 4. The doctor advised him not to smoke. 5. He asked me to show him my garden. 6. What has prevented them from coming to see me ? 7. Tell him to come here at once. 8. The beast was preparing to spring. 9. He tried to do his homework. 10. I want to ask him something. 11. I have forgotten to bring you back your umbrella. 12. I beg you to pardon him. 13. I told him to send for the boy. 14. I could not help dropping the plate. 15. I am getting tired of doing these exercises. 16. He is wrong to get angry. 17. The Headmaster has forbidden us to use the front door. 18. I shall be careful not to forget. 19. I like to have enough to do. 20. I told him not to dare to think of trying to persuade them to go home early.

G. CONVERSATION. *La rue*

1. Nommez une rue que nous connaissons tous bien. Quels magasins y a-t-il dans cette rue?
2. Y a-t-il beaucoup de circulation? De quelle sorte?
3. Aimez-vous à vous promener dans cette rue? Pourquoi?
4. Pourquoi les bicyclettes ne circulent-elles pas sur le trottoir?
5. Quelles précautions sont nécessaires si on veut traverser une rue fréquentée?
6. Pourquoi voit-on de moins en moins de chevaux dans les rues?
7. Avez-vous jamais vu un accident? Donnez quelques détails (imaginaires au besoin!).
8. Dans quels véhicules publics peut-on circuler dans une grande ville?
9. Qu'entendez-vous par une avenue? par un boulevard?
10. Si un orage éclate pendant qu'on est dans la rue, où peut-on s'abriter?

H. MOTS À APPRENDRE, *basés sur la conversation*

1. le magasin—shop (especially a large one)
   la boutique—small shop
2. le boucher—butcher
   la boucherie—butcher's shop
3. le boulanger—baker
   la boulangerie—baker's shop
4. le libraire—bookseller
   la librairie—bookshop
   la bibliothèque—library
5. le tailleur—tailor
6. le bureau de poste—post-office

7. l'épicier (*m.*)—grocer
   l'épicerie (*f.*)—grocer's shop
8. le pharmacien—chemist (shopkeeper, not scientist)
   la pharmacie—chemist's shop
   le chimiste—chemist (the scientist)
9. le cordonnier—bootmaker, boot repairer
10. le marché—market
    bon marché—cheap
11. large—wide
12. étroit—narrow
13. la boue—mud
14. l'accident (*m.*)—accident
15. écraser—(i) to crush ; (ii) to run over
16. l'automobile (*f.*)—motor-car
17. la voiture—car, carriage
18. le taxi—taxi
19. le cheval (les chevaux)—horse
20. le bâtiment—building

I. MOTS À APPRENDRE, *choisis dans les textes A*

1. gros grosse—large, fat (size)
   grand grande—big, tall (height)
2. tomber (*conj.* être)—to fall
3. public publique—public
4. le journal (les journaux)—newspaper
5. le terrain—ground (considered from point of view of
   what can be done on it)
   e.g., terrain à vendre—land for sale
   terrain de récréation—sports ground
6. autour de—around (*preposition*)
7. sale—dirty (in this text : wretched)
8. le fil—thread (pronounce the l)
   le fils—son (pronounce the s, not the l)
9. empêcher—to prevent, hinder
10. la graine—seed
11. semer—to sow

12. prochain prochaine—next
    la semaine prochaine—next week
    dernier dernière—last
    la semaine dernière—last week

13. juger—to judge
    le juge—judge

14. fièrement—proudly
    fier fière—proud
    la fierté—pride

15. chaque—each (*adjective*)
    chacun chacune—each one (*pronoun*)

16. solennellement—solemnly
    solennel solennelle—solemn

17. laisser—(i) to let; (ii) to leave (*transitive*)

18. le voleur—thief
    voler—(i) to steal; (ii) to fly

19. alors—then

20. naturellement—naturally, of course

J. LOCUTIONS IMPORTANTES *choisies dans les textes A*

1. une des plus grosses bombes—one of the biggest bombs

2. il s'y rendit dès le matin—he went there that very morning (dès contains the meaning 'sooner than might be expected')

3. les hommes étaient occupés à piqueter le terrain—the men were busy marking off the ground

4. il leur demanda—he asked them

5. pour les empêcher de manger—to prevent them (from) eating
    N.B. ne pouvoir s'empêcher de—not to be able to help
    e.g., il ne pouvait s'empêcher de rire — he couldn't help laughing

6. la graine que nous venons de semer—the seed we have just sown

N.B. **venir de faire quelque chose**—to have just done something

il vient de sortir—he has just gone out

il venait de sortir—he had just gone out

7. **il juge bon de questionner**—he thinks fit to question

8. **le maître cherche à s'interposer**—the master seeks to intervene

9. **laissez-le s'expliquer**—let him explain himself

10. **en voilà une raison !**—that's a fine reason! what a reason!

K. PHRASES BASÉES SUR LES LOCUTIONS J ET LE VOCABULAIRE I

1. The tallest trees fell (*Perfect*) on the football ground.
2. I will go there this very day. (Use *dès*.)
3. We were busy rolling the cricket pitch.
4. I asked him to prevent them coming.
5. One cannot help judging other people (*les autres*).
6. The farmers had just sown their corn.
7. I think fit to let him go.
8. The thief is always seeking to excuse himself.
9. "Leave me alone," she said proudly.
10. "That's a fine explanation," said the master in (*de*) a solemn voice.

L. RÉDACTION

1. Un accident dans la rue et ses suites.
2. Une aventure de Robinson Crusoë.

CHAPTER XIII

A. LES PREMIERS SENTIMENTS NE SONT PAS TOUJOURS LES MEILLEURS

(*Record: Side 2, first part*)

Un matin Louis XIV dit au maréchal de Gramont : "Monsieur le Maréchal, lisez, je vous prie, ce petit madrigal et voyez si vous en avez jamais vu un si impertinent[1]. On sait que j'aime les vers, et on m'en apporte de toutes les façons !"

Le maréchal, après l'avoir lu, dit au roi : "Sire, Votre Majesté juge divinement bien de toutes choses : il est vrai que c'est là le madrigal le plus ridicule que j'aie jamais lu."

Le roi se mit à rire et lui dit : "N'est-il pas vrai que celui qui l'a fait est bien sot ? — Sire, il n'y a pas moyen de lui donner un autre nom. — Eh bien ! je suis ravi que vous m'ayez parlé si franchement ; c'est moi qui l'ai fait. — Ah ! Sire, quelle trahison ! Que Votre Majesté me le rende ; je l'ai lu brusquement. — Non, Monsieur le Maréchal ; les premiers sentiments sont toujours les plus naturels."

Le roi a fort ri de cette folie, et tout le monde trouve qu'il a traité son vieux courtisan d'une manière bien cruelle. Pour moi, qui aime toujours à faire des réflexions, je voudrais que le roi en fît là-dessus, et qu'il jugeât par là combien il est loin de connaître jamais la vérité.

d'après MADAME DE SÉVIGNÉ (1626–96)

B. QUESTIONNAIRE

1. Sous quel règne cet incident se passa-t-il ?
2. Qu'est-ce que le roi demanda au maréchal de faire ?
3. Pourquoi le roi lui demanda-t-il de le faire ?
4. Pourquoi apportait-on au roi des vers de toutes les façons ?

[1] absurd.

5. Le maréchal approuva-t-il le madrigal? Qu'est-ce qu'il en dit?

6. Le roi était-il vraiment d'avis que celui qui avait fait le madrigal était bien sot?

7. Pourquoi le maréchal dit-il que l'auteur du madrigal était sot, puisque le roi l'avait écrit? Voulait-il dire que le roi était sot?

8. Comment le maréchal essaya-t-il de sortir de sa situation embarrassante?

9. De quelle folie le roi a-t-il ri?

10. Quelle réflexion Madame de Sévigné fait-elle sur cette histoire?

C. DICTÉE À PRÉPARER

Sang-froid d'un Ministre

Un jour / Louis XVIII / assistait à une réunion / du Conseil des Ministres. / Un membre du Conseil, / M. de Jonquières, / plaça par mégarde / sa tabatière / sur la table. / Le roi, / désapprouvant ce manque d'étiquette, / se leva / pour montrer / sa désapprobation. / Non seulement M. de Jonquières / ne se rendit-il pas compte / de la gaffe / qu'il venait de faire, / mais il plaça son mouchoir / à côté de sa tabatière. /

Le roi, / très froissé, / interrompit la discussion / et dit / sur un ton sévère : / "Il me semble, / Monsieur, / que vous allez / vider vos poches." /

M. de Jonquières / se rendit compte alors / de sa gaffe, / et, / gardant tout son sang-froid, / répondit calmement : / "Sire, / en ma qualité de Ministre, / cela vaut mieux / que de les remplir."

D. DIALOGUE. (*Record: Side 2, second part*)

SGANARELLE.   Est-ce là la malade?

GÉRONTE.   Oui, je n'ai qu'elle ; et j'aurais tous les regrets du monde si elle venait à mourir.

SGANARELLE.   Qu'elle s'en garde bien ! il ne faut pas

qu'elle meure sans l'ordonnance du médecin. Eh
bien ! de quoi est-il question ? Qu'avez-vous ? Quel est
le mal que vous sentez ?

LUCINDE [*répond par signes, en portant sa main à sa
bouche, à sa tête, et sous son menton*]. Han, hi, hom,
han, han, hi, hom.

SGANARELLE. Quoi ?

LUCINDE. Han, hi, hom.

SGANARELLE [*la contrefaisant*]. Han, hi, hom, han, hom,
ha : je ne vous entends point. Quel diable de langage
est-ce là ?

GÉRONTE. Monsieur, c'est là sa maladie. Elle est devenue
muette, sans que jusqu'ici on en ait pu savoir la cause ;
et c'est un accident qui a fait reculer son mariage.

SGANARELLE. Et pourquoi ?

GÉRONTE. Celui qu'elle doit épouser veut attendre sa
guérison pour conclure les choses.

SGANARELLE. Et qui est ce sot-là qui ne veut pas que sa
femme soit muette ? Plût à Dieu que la mienne eût
cette maladie !

MOLIÈRE (1622–73), *Le Médecin malgré lui*

E. THÈME. *Traduisez en français :*

French literature is comparable in[1] wealth and variety
with English. One of the first remarkable works in French
was the *Chanson de Roland*, written in the eleventh century,
about[2] the time[3] of the battle of Hastings. In the twentieth
century, French literary activity is still vigorous.

But probably the most famous of all works written in
French belong to the age[3] of Louis XIV, *i.e.*, the seven-
teenth century. We have given you two brief examples :
one from Madame de Sévigné, whose letters to her daughter
and other people are full of wit, common sense, and allu-
sions of great interest to the historian ; the other is an
extract from a comic play by[4] Molière. Read for yourselves

[1] *par.*   [2] *vers.*   [3] *époque (f.).*   [4] *de.*

this play, *Le Médecin malgré lui*; it is not difficult, and it is an excellent example of seventeenth-century French wit. Molière had the gift of creating comic situations.

F. RÉVISION DE GRAMMAIRE. *The Article* (Précis pages 30–36)

(i) *Article omitted in French*

(*a*) 1. Victor Hugo, the leader of the Romantic school. 2. What a fire! 3. My father, a remarkable man. 4. We have some good apples. 5. We haven't any bananas. 6. Dover, a town in (= *du*) Kent. 7. Smith, a fourth-form boy. 8. She is a dressmaker. 9. *Le Cid*, a tragedy by Corneille. 10. Henry the Eighth.

(*b*) 1. I don't want any bread. 2. The Times, a daily newspaper. 3. George the Sixth, King of England. 4. He is a bachelor. 5. James the son of Zebedee. 6. What a mistake! 7. She has picked some pretty flowers. 8. He became a soldier. 9. My grandfather was a Frenchman. 10. The Black Prince, the hero of Crécy.

(ii) *Article needed in French*

(*a*) 1. Queen Elizabeth. 2. Open your eyes. 3. Poor George is ill. 4. If he asks for bread. . . 5. France and England. 6. French is a beautiful language. 7. On Thursdays. 8. Iron is heavy, feathers are light. 9. Courage is a great virtue. 10. Ten francs a packet. 11. Old Adam. 12. Are you learning German? 13. My sister likes cookery. 14. He touched it with (= *de*) his foot. 15. Brittany is opposite Cornwall. 16. Farmers cultivate the soil. 17. Colonel Lejeune. 18. She is ironing clothes. 19. On Wednesdays we have a half-holiday. 20. Fifty francs a metre.

(*b*) 1. Young Henry. 2. Peter studies science. 3. He is making progress. 4. Languages are not easy. 5. Esperanto is an artificial language. 6. Admiral Boisrobert has just died. 7. On Mondays we do the washing. 8. Seventy francs a pair. 9. Sicily is near Italy. 10. Don't open your mouth while eating. 11. Little Vivette was born on July 12th. 12. I already speak French; now I'm learning Spanish. 13. We don't come to school on Sundays. 14. A shilling each. 15. We all make mistakes. 16. China and Japan are very far from Europe. 17. Paper burns. 18. I write with (= *de*) my left hand. 19. Light has no weight. 20. Speak to Count Montmorency.

(iii) *Mixed*

(*a*) 1. General Montgomery, the victor of El Alamein. 2. Music hath charms. 3. Two shillings a hundred. 4. Money, the source of all evil. 5. Men are not angels. 6. Egypt is in Africa. 7. Give young Henry money for his birthday. 8. Eggs are sold (= *se vendent*) 15 francs a dozen. 9. He came in with his pipe in his mouth. 10. General Giraud, a great French soldier, escaped from Germany. 11. I'll go to Switzerland with pleasure. 12. Have you seen the street with the old houses ? 13. Winter is coming; we shall have snow. 14. Wordsworth saw ships, towers, domes, theatres and temples from Westminster Bridge. 15. Prince John has only one son, a boy of ten. 16. Old Evans, a master in our school, has just died. 17. Shoes cost twenty-five shillings a pair. 18. Cows give us milk. 19. I am hungry; bring me some bread and cheese. 20. Ingratitude in (= *chez*) children is not pleasant.

(*b*) 1. Bread and meat are foods. 2. Life is full of mysteries. 3. Big Bill doesn't wear gloves. 4. Bakers sell bread and cakes. 5. Windows were broken and men were injured. 6. Express trains often have dining-cars. 7. Mr Bohl, the Head of the School, doesn't like music. 8. Little girls like pretty clothes. 9. Little Helen likes pretty Jane. 10. What a surprise ! We came without a stop. 11. King Victor has only one brother, an old man of eighty. 12. Waiter, I should like some bread, please, and a glass of water. 13. He is eating bread without butter. 14. I have drunk champagne in Champagne and burgundy in

Burgundy. 15. Summer is coming; soon we'll be playing tennis and cricket. 16. The north wind doth blow and we shall have snow. 17. We eat fish on Fridays. 18. Jones, a boy in the third form (= *classe de quatrième*), has broken his arm. 19. Eggs are plentiful; they cost only a shilling a dozen. 20. Soldiers and sailors wear uniforms.

G. CONVERSATION. *Description d'une image: Les Bouquinistes* (page 153)

Les boîtes que vous voyez ouvertes dans notre illustration sont fixées sur le parapet de la Seine, qui coule entre les boîtes et Notre-Dame. Elles sont remplies de livres et de musique d'occasion, de timbres-poste, de tableaux, etc. On y trouve souvent des choses très utiles à bon marché.

Le mot de "bouquiniste" est dérivé de "bouquin," mot qui signifie "vieux livre."

Questions

1. Comment les gens sont-ils vêtus?
2. Qu'est-ce qui indique que la saison est probablement l'hiver?
3. Que font les deux hommes au premier plan?
4. Quel temps fait-il?
5. Si Notre-Dame fait face à l'ouest, quelle heure du jour est-il, à peu près, à en juger par les ombres?
6. Que font les vendeurs de leurs marchandises, pensez-vous, quand ils s'en vont pour la nuit?
7. Quelles sont les dimensions approximatives de chaque boîte?
8. Qu'est-ce qu'un bouquiniste?
9. Nommez quelques sortes de livres que l'on trouverait probablement dans ces boîtes, qui se trouvent près de la Sorbonne, l'Université de Paris.
10. Les étudiants fréquentent beaucoup ces boîtes. Que peuvent-ils y faire?

LES BOUQUINISTES
Office français d'information cinématographique

H. MOTS BASÉS SUR LA CONVERSATION

1. la boîte—box
2. ouvrir—to open
    ouvert—open (*adjective*), opened (*participle*)
3. l'illustration (*f.*)—illustration
    illustrer—to illustrate
4. fixer—to fix
5. couler—to flow
6. remplir—to fill
7. la musique—music
8. l'occasion (*f.*)—opportunity, occasion
    d'occasion—second-hand
9. le timbre—stamp
10. trouver—to find
11. utile—useful
    inutile—useless
    utiliser—to use, to make use of
12. le mot—word
13. signifier—to mean
14. le pardessus—overcoat
15. le béret—beret
16. le plan—plan, map (of a town)
    au premier plan—in the foreground
17. l'ombre (*f.*)—shade, shadow
    à l'ombre—in the shade
18. peu—little (*adverb*), few ⎱ (See your Grammar; Précis
    un peu—a little ⎰   page 98.)
    à peu près—about, approximately
19. approximatif approximative—approximate
20. l'étudiant (*m.*)—student

I. MOTS À APPRENDRE, *choisis dans le texte A*

1. bon—meilleur—le meilleur = good—better—best (*adjective*) (meilleur agrees like any other adjective)
    bien—mieux—le mieux = well—better—best (*adverb*)

2. jamais—(i) (in questions) ever; (ii) never (ne before
   the verb when it means 'never')
3. la façon—sort, kind, manner
   de cette façon = de cette manière—in this way
4. faire—to make, do
5. bien—(i) well; (ii) *often used as an equivalent of* très
6. ridicule—ridiculous
7. le moyen—means, way
   moyen moyenne (*adjective*)—medium, intermediate,
   average
8. le nom—name
9. ravi—delighted
10. franchement—frankly
    franc franche—frank, open
11. la trahison—treason
    le traître—traitor
    trahir—to betray
12. rendre—to give back
13. brusquement—quickly, rapidly
14. fort—(i) (*adjective*) strong: (ii) (*adverb*) very much,
    greatly, very
15. la folie—(i) madness; (ii) foolish trick
    fou folle—(i) mad; (ii) foolish
16. tout le monde—everyone, everybody
17. là-dessus—on it, thereupon
18. traiter—to treat

J. LOCUTIONS IMPORTANTES *choisies dans le texte A*

1. voyez si vous en avez jamais vu un—see if you have
   ever seen one
2. on sait que j'aime les vers—it is known that I like
   verse (Note English Passive rendered by on.)
3. le madrigal le plus ridicule que j'aie jamais lu—the
   most ridiculous madrigal I have ever read (Note
   Subjunctive after a Superlative.)
4. il se mit à rire—he began to laugh

5. **il n'y a pas moyen de donner**—there is no means of giving
6. **je suis ravi que vous m'ayez parlé**—I am delighted that you have spoken to me
7. **c'est moi qui l'ai fait**—it was I who did it
8. **que Votre Majesté me le rende**—may Your Majesty give it back to me (Note Subjunctive expressing 3rd singular Imperative.)
9. **je voudrais que le roi en fît**—I would like the king to make some (Note Subjunctive after **vouloir que**.)
10. **combien il est loin de connaître**—how far he is from knowing

K. PHRASES BASÉES SUR LES LOCUTIONS J ET LE VOCABULAIRE I

1. Look at that picture. Have you ever seen a better one?
2. Everybody is treated in this way.
3. She is the most stupid girl I have ever met.
4. They began to write verse.
5. There is no means of doing it very well.
6. He is delighted that the stamps have been given back.
7. It was he who betrayed his country.
8. May everyone do it at once.
9. He would like to treat everybody alike (= in the same way).
10. How far they are from speaking openly!

L. RÉDACTION

1. Un mauvais caractère historique.
2. Si un riche oncle vous laissait beaucoup d'argent, qu'en feriez-vous?
3. Write a piece of "Free Composition," giving in FRENCH the story of which the following is an analysis:

[The story, which must first be read to the candidates, is printed elsewhere in the book: see page 14.]

ANALYSIS

[It is not intended that this analysis should be copied; it is only meant to give an outline of the story. Candidates are cautioned not to write too much, and to REVISE very carefully what they have written before giving it up.]

The Broken Window

Une fenêtre cassée par une balle — petit garçon demande la balle à la propriétaire de la maison — homme arrive pour réparer la vitre — garçon s'enfuit avec sa balle — ouvrier réclame son paiement — la dame refuse — pourquoi?

CHAPTER XIV

A. LES ÉLÉPHANTS DE CEYLAN

En horde, les éléphants ne sont pas méchants. Mais ils deviennent dangereux dès qu'ils ont charge de leur progéniture. Le plus redoutable de tous est le solitaire, le "rogue," celui qui, pour quelque raison inconnaissable, est chassé du troupeau. Quiconque le rencontre est mort. L'éléphant ne connaît pas d'obstacles. Un convoi de charrettes, une auto, ne l'arrêtent pas plus qu'un mur ou qu'un arbre.

Des voyageurs en auto et sans armes se trouvèrent un jour, au détour de la piste, en face d'un solitaire immobile qui les regardait venir. Il était inutile de songer à faire demi-tour ou à fuir. Ils lurent dans le petit œil intelligent un long débat intérieur. Ce jeu dura plusieurs minutes. Alors l'indigène au volant se mit à chanter du plus aigu de sa voix une incantation rimée à Monsieur l'Éléphant. L'œil devint sarcastique, amusé; la trompe balança un moment à droite et à gauche, puis sans se retourner, l'éléphant s'éloigna tranquillement.

"Celui qui se vantera d'avoir traversé la jungle sans admiration et sans effroi n'est point né," dit un proverbe tamil.[1]

GUY DE POURTALÈS, *Nous, à qui rien n'appartient* (1931)

B. QUESTIONNAIRE

1. When, according to the author, are elephants dangerous?
2. Why is the "rogue" elephant ostracised?
3. The sentence "Quiconque le rencontre est mort" is not strictly true. What does the author mean?

---

[1] *Tamil:* a language spoken in parts of India and Ceylon.

4. Why were these travellers particularly vulnerable?
5. What was presumably the subject of the *long débat intérieur*?
6. What did the native driver of the car do?
7. What effect did his action have on the elephant?
8. Which phrase suggests that the elephant kept his eye on the travellers as he moved off?
9. What parts of the elephant's anatomy are mentioned?
10. How does the proverb apply to this story?

C. DICTÉE À PRÉPARER

Une Mère bretonne

Ma mère / était tout à fait / de ce vieux monde / par ses sentiments / et ses souvenirs. / Elle parlait admirablement / le breton, / connaissait tous les proverbes des marins / et une foule de choses / que personne au monde / ne sait plus aujourd'hui. / Tout était peuple en elle, / et son esprit naturel / donnait une vie surprenante / aux longues histoires / qu'elle racontait / et qu'elle était / presque seule à savoir. / Ses souffrances / ne portèrent aucune atteinte / à son étonnante gaieté; / elle plaisantait encore / l'après-midi où elle mourut. ... / Elle revoyait Tréguier[1], / Lannion[2], / tels qu'ils furent / avant la Révolution; / elle passait en revue / toutes les maisons, / désignant chacune par le nom / de son propriétaire d'alors. / J'entretenais par mes questions / cette rêverie, / qui lui plaisait / et l'empêchait / de songer à son mal.

ERNEST RENAN

[1] Renan est né à Tréguier, en Bretagne, en 1823.   [2] Petite ville près de Tréguier, dans le département des Côtes-du-Nord.

D. POÈME

Les Pêcheurs

Un petit port breton devant la mer sauvage
S'éveillait; les bateaux amarrés[1] au rivage,
Mais comme impatients de bondir sur les flots,
De sentir sur leurs bancs ramer les matelots,
Et les voiles s'enfler[2], et d'aller à la pêche,
Légers, se balançaient devant la brise fraîche.

· · · · · · ·

Bientôt les bons pêcheurs de ce havre[3] de Vannes[4],
A l'heure du reflux[5], quittèrent leurs cabanes.
Sur leurs habits pesants, tout noircis de goudron[6],
L'un portait un filet, et l'autre un aviron;
Leurs femmes les suivaient, embarquant une cruche
D'eau fraîche, un large pain qui sortait de la huche[7],
Du porc salé, du vin; et pendant les adieux
Leurs regards consultaient les vagues et les cieux.
Les chaloupes[8] enfin, se défiant entre elles,
Comme de grands oiseaux déployèrent leurs ailes.

AUGUSTE BRIZEUX (1806–58)

Questions

1. In what region, where and at what time does the
scene depicted take place?
2. What do the boats make the poet feel about them?
What, do you think, suggests this idea?
3. What do you imagine the sea was like?
4. At what time and why did the fishermen leave their
huts?
5. Describe the appearance of their clothes.
6. What people, other than the fishermen, appear in
the poem, and for what reason?
7. Of what did the fishermen's meal consist?

[1] moored. [2] to swell out. [3] port; *cp.* Le Havre. [4] Port on
south coast of Brittany; chief town of the Morbihan department.
[5] ebb-tide. [6] tar. [7] kneading-trough. [8] launches.

8. "Leurs regards consultaient les vagues et les cieux."
   Why was this so?

9. What picture is suggested to your mind by line
   fifteen: "Les chaloupes enfin, se défiant entre
   elles"?

10. What did the launches look like, and why?

E. THÈME

The Good Samaritan[1]

A certain man went down from Jerusalem to Jericho,
and was attacked by thieves, who stole his clothes and
wounded him, and departed, leaving him half[2] dead.

By chance a certain priest came that way; and when he
saw him, he passed by on the other side.

In the same way a Levite[3], having come to the same
place, looked at him, and passed by on the other side.

But a certain Samaritan, travelling along that road,
came towards this man; and on seeing him, he had pity
on him. He went up to him and bandaged his wounds,
pouring in oil and wine.

Then he set him on his own beast, and brought him to
an inn, and took care of him.

The next morning, before going away, he took two
pence[4] from his pocket, gave them to the host, and said
to him: "Give him what he needs, and if you spend any
more money, I will repay it to you when I come back[5]."

F. RÉVISION DE GRAMMAIRE. *The Interrogative.* (Précis
   pages 36–38)

(i) *Make these sentences into questions first by using 'Est-ce
   que' (that's easy!), then by using inversion. Remember never to put a noun subject after the verb (we
   do it in English: Has Jones come?)*

(a) 1. Nous avons une belle salle de classe. 2. L'élève
ne comprend pas très bien. 3. Elle ouvrit les yeux. 4. Il

[1] *Samaritain.* [2] *à demi.* [3] *Lévite.* [4] *deniers d'argent.* [5] Tense?

F

lui baisa la main. 5. Je ne l'ai pas encore vu. 6. Madame
Hix s'est cassé la jambe. 7. Il ne veut pas vous déranger.
8. Nous allons nous amuser. 9. Nous nous sommes déjà
vus. 10. Elle aurait dû le lui dire.

(*b*) 1. Vous faites des progrès. 2. Les portes se ferment.
3. Mon père n'a pas de voiture. 4. Il est arrivé en retard.
5. Le général Petit voyage beaucoup. 6. Le père et la
mère de ces deux petits enfants se querellent souvent.
7. Je suis allé me promener tout seul. 8. A ma place, tu
ne le lui aurais pas dit. 9. Vous n'en parlerez à personne.
10. Il leur a dit de s'en aller.

(ii) *Place each of the following interrogative words in front
of one of the questions you have made in Exercise* (i)

1. Pourquoi. 2. Comment. 3. Où. 4. Quand. 5. Combien de fois.

(iii) *Who? Whom? What? Which?*

(*a*) 1. Who says so? 2. Whom did you see? 3. With
whom did you travel? 4. What is happening? 5. What
did you say? 6. What answer did he make? 7. With what
did he break that window? 8. Which book have you lost?
9. Which one? 10. Which of the two books do you want?
(*b*) 1. What is the date? 2. For what reason do you
say that? 3. For whom is that essay? 4. Who has dared
to open the window in (= *en*) my absence? 5. Whom did
he want to see? 6. Which apple is sweeter, the red one or
the green one? (Don't translate 'one.') 7. Which do you
want? 8. What is burning? 9. What can I smell? 10. What
did he hit you with?

(iv) *Miscellaneous*

(*a*) 1. What are you looking at? 2. How many times
must I call you? 3. Who is knocking at the door? 4. What
is coming down the street? 5. Is Mr Smith there? 6. What
makes you say that? 7. What are you doing now? 8. Why

are you standing? 9. What is the difference between *revenir* and *retourner*? 10. Haven't you ever been to London? 11. Which of the two books do you want? 12. Who is coming to see you? 13. Is there a house to let? 14. Which are the pictures you want to see? 15. How did you succeed in escaping?

(b) 1. What is happening? 2. Do your pupils work hard? 3. Were there any soldiers in the town? 4. You are coming, aren't you? 5. What are you writing on? 6. With whom do you live? 7. I have tea and coffee; which do you prefer? 8. What is that over there? 9. Why do you ask me? 10. Have you any vegetables to-day? 11. What kinds have you? 12. When did you speak to him? 13. Whose is this exercise-book? 14. What can I show you? 15. Wasn't there anyone at home?

G. CONVERSATION. *Les Vêtements*

1. Portez-vous les mêmes vêtements en hiver qu'en été?
2. Quand et pourquoi mettez-vous votre pardessus?
3. A quoi servent les pantoufles?
4. Quelle différence y a-t-il entre les vêtements d'un homme et ceux d'un petit garçon?
5. Avez-vous une robe de chambre? Quand vous en servez-vous, ou quand vous en serviriez-vous si vous en aviez une?
6. Décrivez le complet (ou la robe) que vous portez actuellement: couleur, âge, etc.
7. Pouvez-vous me recommander un tailleur (ou une couturière) dans cette ville?
8. Aimez-vous les couleurs vives?
9. A quoi servent les boutons?
10. Dans quelle poche portez-vous votre mouchoir?

H. MOTS À APPRENDRE, *basés sur la conversation*

1. le pantalon—trousers
2. le veston—jacket, coat (of a suit)

3. le gilet—waistcoat
4. le bas—stocking
   la chaussette—sock
5. le complet—suit
6. le cache-nez—scarf, muffler
7. la pantoufle—slipper
8. le chapeau—hat
9. la casquette—cap
10. le gant—glove
11. la cravate—tie
12. la jupe—skirt
13. le col—collar
14. la chemise—shirt
15. le mouchoir—handkerchief
16. la poche—pocket
17. mettre—to put; to put on (clothes)
18. ôter
    enlever } —to take off
19. porter—(i) to carry; (ii) to wear (clothes)
    user—to wear out
    des vêtements usés—worn-out clothes
20. plier—to fold

I. MOTS À APPRENDRE, *choisis dans le texte A*

1. l'éléphant (*m.*)—elephant
2. méchant—wicked; (of animals) vicious
3. dangereux dangereuse—dangerous
   le danger—danger
4. dès que—as soon as (= aussitôt que)
5. redoutable—formidable, to be feared
   redouter—to dread
6. inconnaissable—unknowable
7. chasser—to drive away, drive out, chase away
   Also means to hunt
8. l'obstacle (*m.*)—obstacle
9. la charrette—cart

10. les armes (*f.*)—arms, weapons
11. faire demi-tour—to turn about, right round
        to face the opposite direction
12. le débat—debate
13. la minute—minute } time
        la seconde—second
14. l'indigène (*m.* or *f.*)—native
        The word is also used as an adjective: native
15. le volant—steering wheel (of a car)
        prendre le volant—to take the wheel, drive
16. aigu aiguë—shrill, piercing (sound).
        Note the feminine
17. rimer—to rhyme
        la rime—rhyme
        le rythme—rhythm (*note spelling*)
18. balancer—to swing, to sway
        to balance = être en équilibre, *or other expressions*
            introducing "équilibre"
19. la jungle—jungle
20. le proverbe—proverb

J. LOCUTIONS IMPORTANTES, *choisies dans le texte A*

1. le plus redoutable de tous—the most formidable
        of all
2. celui qui est chassé du troupeau—the one which is
        driven out of the herd
3. quiconque le rencontre—whoever meets him, anyone
        who meets him
4. il ne connaît point d'obstacles—he knows no obstacle;
        nothing stands in his way
5. en auto—in a car, by car
6. sans armes—unarmed
7. l'indigène au volant—the native at the wheel, who
        was driving
8. à droite et à gauche—to the right and to the left

9. **l'éléphant s'éloigna tranquillement**—the elephant moved quietly off
10. **Celui qui se vantera d'avoir traversé la jungle sans effroi n'est point né**—he who boasts of crossing the jungle without terror has not yet been born.

> *Notice the tense of se vantera (future), used because the man has not yet existed: his only possible existence is in the future.*
>
> *Notice also avoir traversé, not traverser, because the boasting can only take place after crossing the jungle.*

K. PHRASES BASÉES SUR LES LOCUTIONS J ET LE VOCABULAIRE I

1. The bravest of them all was unarmed.
2. He boasts of crossing the Sahara in a car.
3. The native in the cart was swinging his arms.
4. Whoever takes the wheel to-morrow will have no difficulties.
5. An animal's thoughts are unknowable.
6. The native was driven out of the village.
7. He was balancing on one foot for a whole minute.
8. Proverbs are sometimes quoted in debates.
9. Whoever goes into the jungle unarmed runs great risks.
10. We could hear the shrill voice of the native standing in the cart.

L. RÉDACTION

(*a*) Racontez la parabole de l'Enfant Prodigue.
(*b*) Racontez la parabole de la Multiplication des Pains (*The Feeding of the Five Thousand*).
(*c*) Racontez l'histoire du Petit Chaperon Rouge.

STORY FOR REPRODUCTION

For the Supervisor only

[The analysis of the following narrative is printed elsewhere : see page 14. The Master or Mistress will read this
narrative aloud twice, once at the ordinary rate, and once
more slowly. No notes are to be taken, but the candidates
will keep the analysis before them while doing their
Composition.]

Une Leçon mal commencée

Un professeur de géographie, ayant une idée en tête, et
voulant profiter de l'expérience personnelle de ses élèves
comme point de départ pour sa leçon, entra un jour dans
la salle de classe et commença la leçon par poser une
question inattendue.

"Qu'avez-vous pris au petit déjeuner ce matin ?"

"Du bacon, monsieur," répondit un élève.

"Et vous ?" dit le professeur, en s'adressant à un autre
élève.

"Un œuf," répondit celui-ci.

"Oui," dit le professeur, "et après cela ?"

"Du pain, monsieur, avec de la confiture aux oranges
dessus," dit un autre membre de la classe.

"Oui, oui," dit le professeur, quelque peu déçu par ces
réponses, "mais qu'est-ce que vous avez bu ?"

"Du thé, monsieur," répondit un élève.

"Du lait," dit un autre.

"Du cacao," ajouta un troisième.

Le professeur, se trouvant dans l'impossibilité d'avoir la
réponse voulue, et quelque peu agacé, observa sèchement :

"Eh bien ! ce que vous avez pris au petit déjeuner n'a
aucune espèce d'importance. Moi, je vais vous parler
du café."

CHAPTER XV

A. SI J'ÉTAIS RICHE...

Sur le penchant de quelque agréable colline bien ombragée, j'aurais une petite maison rustique; et quoique une couverture de chaume soit en toute saison la meilleure, je préférerais, non la triste ardoise, mais la tuile, parce qu'elle a l'air plus propre et plus gaie que le chaume, et que cela me rappellerait un peu l'heureux temps de ma jeunesse. J'aurais pour cour une basse-cour, et pour écurie une étable avec des vaches. J'aurais un potager pour jardin, et pour parc un joli verger. Les fruits, à la discrétion des promeneurs, ne seraient ni comptés ni cueillis par mon jardinier....

Là, tous les airs de la ville seraient oubliés, et, devenus villageois du village, nous nous trouverions livrés à des foules d'amusements divers qui ne nous donneraient chaque soir que l'embarras du choix pour le lendemain. La salle à manger serait partout, dans le jardin, dans un bateau, sous un arbre; on aurait le gazon pour table et pour chaises, et le dessert pendrait aux arbres. S'il passait près de nous quelque paysan retournant au travail, ses outils sur l'épaule, je lui réjouirais le cœur par quelques bons propos, par quelques coups de bon vin qui lui feraient porter plus gaiement sa misère: et moi j'aurais aussi le plaisir de me dire en secret: "Je suis encore homme."

Si quelque fête champêtre rassemblait les habitants du lieu, j'y serais des premiers; si quelques mariages se faisaient à mon voisinage, on saurait que j'aime la joie, et j'y serais invité... Je souperais avec ces braves gens au bout de leur longue table, et je danserais dans leur grange de meilleur cœur qu'au bal de l'Opéra.

JEAN-JACQUES ROUSSEAU (1712–78), *Émile*

B. QUESTIONNAIRE

1. Quel genre d'habitation Rousseau aurait-il s'il était riche, et où la ferait-il construire ?

2. Quelle espèce de toit Rousseau considère-t-il comme la meilleure ?

3. Par quoi Rousseau voudrait-il remplacer sa cour, son écurie, son jardin et son parc ?

4. Pourrait-on considérer Rousseau comme un propriétaire avare ?

5. Quel genre de vie Rousseau voudrait-il oublier et par quoi voudrait-il le remplacer ?

6. Où, d'après Rousseau, prendrait-on les repas ?

7. Comment Rousseau chercherait-il à faire plaisir à "quelque paysan retournant au travail" ?

8. Que ferait Rousseau à l'occasion d'une fête champêtre ?

9. Pourquoi serait-il invité aux mariages ?

10. Quelle part Rousseau prendrait-il à ces réunions villageoises ?

C. DICTÉE À PRÉPARER

Ma Maison

J'ai passé toute la matinée / étendu sur l'herbe / devant ma maison. / J'aime la maison / où j'ai grandi. / De mes fenêtres je vois la Seine / qui coule / tout le long de mon jardin, / couverte de bateaux qui passent. / A gauche, / là-bas, / Rouen, / la vaste ville aux toits bleus, / sous le peuple pointu / de ses clochers. / Ils sont innombrables, / dominés par la flèche / de la cathédrale / et pleins de cloches / qui sonnent dans l'air bleu / des belles matinées.

MAUPASSANT (1850–93)

D. DIALOGUE

Personnages : La caissière, le garçon, puis Eugène

LA CAISSIÈRE. Charles, comment se fait-il que l'interprète ne soit pas arrivé ?

LE GARÇON. Monsieur Spork? Vous ne vous rappelez
pas qu'il ne vient pas aujourd'hui? C'est le divorce
de sa sœur. Toute la famille dîne au restaurant, à
Neuilly. Mais Monsieur Spork a fait envoyer un
remplaçant. Il vient d'arriver. Il est dans le vestibule.

LA CAISSIÈRE. Dites-lui de venir. [*Eugène entre lentement et salue.*] C'est vous qui venez remplacer Monsieur Spork? On vous a dit les conditions? Six francs
pour la journée. C'est un bon prix. Le patron tient
absolument à ce qu'il y ait un interprète sérieux.
Vous n'avez rien d'autre à faire qu'à rester ici et à
attendre les étrangers. Vous avez compris?

> [*La caissière sort à gauche.*

EUGÈNE [*au garçon*]. Est-ce qu'il vient beaucoup
d'étrangers ici?

LE GARÇON. Comme ci comme ça. Cela dépend des
saisons. Il vient pas mal d'Anglais.[1]

EUGÈNE [*inquiet*]. Ah!... Est-ce qu'il en vient beaucoup en ce moment?

LE GARÇON. Je ne peux pas dire.... Je vais vous donner
votre casquette.

> [*Il lui apporte une casquette avec l'inscription
> "Interpreter."*

EUGÈNE [*lisant l'inscription*]. In-ter-pre-ter!... [*Il met
la casquette sur sa tête.*] Voilà! Je souhaite qu'il n'en
vienne pas, d'Anglais! Je ne sais pas un mot d'anglais,
pas plus que d'allemand... d'italien, d'espagnol... de
tous ces dialectes... Seulement je désire vivement
qu'il ne vienne pas d'Anglais, parce que notre
conversation manquerait d'animation.

TRISTAN BERNARD, *L'Anglais tel qu'on le parle* (1899)

E. TRADUISEZ EN FRANÇAIS:

My raft[2] was now strong enough to bear a reasonable
weight. Next I wondered what I should load it with, and

[1] "A good many English people come."   [2] 'raft' = *le radeau.*

how I could[1] prevent the sea-water from spoiling my goods.
I first laid on it all the planks that I could[1] find; then I
got three chests[2], which I had managed to open and had
emptied, and placed them carefully upon my raft; these
I filled with provisions. Then I looked for tools that I
could[1] use on shore[3], and after searching for some time I
found the carpenter's chest, which was indeed very valuable[4] to me, much more valuable than a heap of gold
would have been. I did not waste time looking into it, for
I knew in general[5] what it contained.

I soon began to wonder how I should land with my
loaded raft, for I had neither sail, nor oar, nor rudder[6].
I hoped to find some creek[7] or river which I might[8] make
use of as a port.

Adapted from Robinson Crusoe

F. RÉVISION DE GRAMMAIRE. *Phrases conditionnelles* (Précis
  pages 40–42)

(*a*) 1. If you sing I shall leave the room. 2. If you sang
I should leave the room. 3. If you had sung I should have
left the room. 4. We shall not miss the train if we hurry.
5. We should not have missed the train if we had hurried.
6. I'll be glad if you will lend me five pounds. 7. He said
he would be glad if I would lend him five pounds. 8. If
she talked less we should listen to her more willingly.
9. If you should meet my father, tell him I shall not be
at home for tea. 10. Could you tell me the way to the
station? 11. If he had been in good health he would
certainly have come. 12. I should not like to have to do
without the telephone. 13. He couldn't do it even if he
worked all day. 14. I couldn't come by car as I had lost
my driving licence (= *permis de conduire, m.*). 15. If he
is weary he takes a bath.

[1] 'could': tense? Is the meaning 'was able,' or 'should be able'?
[2] *le coffre.* [3] *à terre.* [4] 'valuable' = *d'une grande valeur.* [5] *à
peu près.* [6] *le gouvernail.* [7] *la crique.* [8] *je pusse* (Imperfect Subjunctive: relative clause with indefinite antecedent).

(b) 1. If she pays attention she will not make this mistake. 2. If she had paid attention she would not have made that mistake. 3. If she paid attention she would not make so many mistakes. 4. I'll ask him for his opinion, but he won't say anything. 5. I often asked him for advice, but he would never say anything. 6. If I were richer I should buy a new house. 7. I shall stay at home if it rains. 8. If you want to see him, come with me. 9. If it were warm enough I should sleep (= *coucher*) in the garden. 10. Every winter they would leave for the south of France. 11. If you knew where he was, you should have said so. 12. She would not tell them what she had done. 13. He wouldn't do it even if he could (*le* before the verb). 14. If I couldn't do that I'd kick myself. 15. I wouldn't have sent that letter if I'd been in his place.

G. CONVERSATION. *Si…*

1. Que feriez-vous si le lycée prenait feu ?
2. Que feriez-vous si vous ne deviez pas venir au lycée ?
3. Que feriez-vous si un camarade vous proposait de faire l'école buissonnière (= *play truant*) ?
4. Que feriez-vous si un voleur pénétrait dans votre maison pendant la nuit ?
5. Que feriez-vous si vous vouliez apprendre une autre langue étrangère ?
6. Que feriez-vous si vous aviez mal aux dents ?
7. Que ferais-je si je me coupais le doigt avec mon canif ?
8. Que feriez-vous si vous vous égariez dans une ville étrangère ?
9. Que feraient les professeurs si tous les élèves étaient absents ?
10. Que feraient les élèves si tous les professeurs étaient absents ?

H. MOTS À APPRENDRE, *suggérés par la conversation*

1. prendre feu—to catch fire
2. un incendie—fire (a big one, like a house on fire)
3. le pompier—fireman
4. téléphoner—to telephone
5. la police—police
   l'agent de police—policeman
6. s'amuser—to have a good time
7. refuser—to refuse
8. consentir—to consent
9. être content—to be pleased, satisfied
10. le cambrioleur—burglar
11. pénétrer—to penetrate
    pénétrer dans une maison—to enter a house
12. la classe du soir—evening class
13. la correspondance—correspondence (Note spelling.)
    correspondre—to correspond
14. la leçon particulière—private lesson
15. le dentiste—dentist
16. le canif—penknife
    le couteau—knife (any other sort)
17. le sang—blood
18. inconnu—unknown
    un inconnu (une inconnue)—stranger
19. le jour de congé—day's holiday
20. casser—to break

I. MOTS À APPRENDRE, *choisis dans le texte A*

1. la couverture—cover, covering
   couvrir—to cover
   couvert de—covered with
2. propre—clean, neat
3. le jardin—garden
   le jardinier—gardener
4. compter—to count
5. devenir *(conj.* être)—to become

6. livrer—to give up, deliver
7. la foule—crowd
8. le choix—choice
    choisir—to choose
9. partout—everywhere
    nulle part—nowhere
10. le bateau (les bateaux)—boat
11. l'arbre (*m.*)—tree
12. pendre—to hang
13. l'outil (*m.*)—tool
14. le cœur—heart
15. la misère—wretchedness, misery
    misérable—wretched. miserable
16. le plaisir—pleasure
17. rassembler—to bring together, assemble
18. l'habitant (*m.*)—inhabitant
    habité—inhabited
    inhabité—*un*inhabited
19. la joie—joy
    joyeux joyeuse—joyful
20. les gens (*m.*)—people

J. LOCUTIONS IMPORTANTES *choisies dans le texte A*

1. quelque agréable colline—some pleasant hill (*not* quelqu'）
2. elle a l'air plus propre—it looks cleaner
3. cela me rappellerait le temps de ma jeunesse—that would remind me of my youth, of my young days
4. les fruits ne seraient ni comptés ni cueillis—the fruit would be neither counted nor picked
5. l'embarras du choix—too much to choose from
6. s'il passait près de nous quelque paysan—if there passed close to us some peasant (Note the impersonal il in French, *there* in English.)
7. ses outils sur l'épaule—*with* his tools on *his* shoulder
8. je lui réjouirais le cœur—I should cheer him up

9. quelques coups de bon vin—a few drinks of good wine
   cp. coup de pied—kick
       coup de fusil—gun-shot, rifle-shot
       coup de téléphone—telephone call
10. de bon cœur—willingly, gladly
    de meilleur cœur—more willingly, more gladly

K. PHRASES BASÉES SUR LES LOCUTIONS J ET LE VOCA-
   BULAIRE I

1. Although the ground was covered with snow, we
   went on. (to go on = *continuer son chemin*)
2. The garden looks neater now that we have a gardener.
3. Counting cherry stones (*noyaux de cerises*) reminds
   me of a story I read in my youth.
4. What would become of him (say 'What would he
   become') if he had neither money nor health?
5. The prisoners were everywhere given up to the
   crowd.
6. As for pleasures, the inhabitants have more than
   enough to choose from.
7. He came in with his hands behind his back.
8. To have the pleasure of seeing you would cheer
   him up.
9. A rifle-shot rang out among the trees.
10. People work more willingly when they are not
    wretched.

L. RÉDACTION

1. Racontez en français l'histoire sans paroles à la
   page 175.
2. Si j'étais riche.
3. Dialogue où un homme et sa femme discutent les
   avantages et les inconvénients d'un tunnel sous la
   Manche.

CHAPTER XVI

A. LES ANGLAIS VUS PAR UN FRANÇAIS

Quelle est la première impression qu'éprouve un étranger en arrivant en Angleterre ? C'est d'abord la difficulté d'y pénétrer. Au débarqué, on commence par l'arrêter, lui poser un tas de questions qui lui donnent immédiatement une idée tout à fait fausse de l'hospitalité des naturels de ce pays. Combien d'étrangers se rendent compte de la vraie raison ? Pour ainsi dire aucun ! Heureusement, moi, je l'ai découverte — par un pur hasard d'ailleurs. Il y a quelques années, à Douvres, comme je faisais un brin de causette[1] avec l'employé des passeports qui m'avait pris pour un Anglais, il me quitta à brûle-pourpoint[2]. "Excuse me," dit-il, "I must go and examine those blinking foreigners !" "Blinking !" Ce fut pour moi un trait de lumière ! Si on examine avec tant de soin les étrangers, c'est tout simplement pour s'assurer qu'ils ne vont point importer ici quelque maladie des yeux, celles-ci étant, comme on sait, des plus contagieuses. Est-il précaution plus naturelle, plus raisonnable ?

La seconde impression — quand ce n'est pas la première ex-æquo[3] — c'est la difficulté de votre langue. Avant-hier un de mes collègues français, qui pratique votre idiome depuis un quart de siècle et le connaît fort bien, vient me voir. Ensemble, nous montons dans l'autobus. Je demande au receveur, que je connais depuis longtemps, quel est le prix du trajet — je l'ignore, car nous allons plus loin qu'à l'ordinaire. Il me répond : "Two d !" Mon ami ouvre des yeux ronds. Je donne mes deux pence. Le receveur remercie : "Ta !" Mon ami ouvre des yeux encore plus ronds. Quand nous descendons, le receveur me dit amicale-

---

[1] I was having a little chat.   [2] point-blank, suddenly.   [3] if it doesn't tie for first place.

ment: "Ta-ta!" A ce moment, les yeux de mon ami sont complètement désorbités.[1]

FÉLIX DE GRAND'COMBE,
Conférence faite à la radio de Londres, le 13 janvier 1937

B. QUESTIONNAIRE

1. What is the first thing which strikes a foreigner on his arrival in England?
2. To what must the newly-arrived foreigner submit?
3. What undesirable effect has this on the foreigner's first impressions of English people?
4. What do hardly any foreign visitors realize?
5. Did M. de Grand'Combe come to realize it as a result of thought and enquiry?
6. In what language was M. de Grand'Combe talking with the passport officer, and what did the latter suddenly do?
7. Can you explain the sudden revelation, the *trait de lumière*?
8. In paragraph two, did the author's colleague speak English? How well did he speak it? How long had he been learning?
9. Why did M. de Grand'Combe have to ask the fare?
10. Why did the conductor take the liberty of saying "Ta-ta!" to M. de Grand'Combe?

C. DICTÉE À PRÉPARER

La Conversation en Angleterre

Tant que / tu n'auras pas / "trouvé ta profondeur," / parle peu. / En France / c'est une impolitesse / que de laisser tomber / la conversation; / en Angleterre / c'est une imprudence / que de la relever. / Personne ici / ne te reprochera / ton silence. / Quand, / pendant trois ans, / tu n'auras pas ouvert la bouche, / ils penseront: / "Ce Français / est un agréable / et tranquille garçon..." /

[1] start right out of his head.

Règle d'or : / Ne pose jamais de questions. / J'ai vécu six mois, / pendant la guerre, / sous la même tente qu'un Anglais / dont je partageais le tub[1] / sans qu'il m'ait demandé / si j'étais marié, / ce que je faisais / en temps de paix, / et quels étaient les livres / que je lisais.

ANDRÉ MAUROIS

D. FABLE

Le Chêne et le Roseau
(Record: Side 1, first part)

Le Chêne un jour dit au Roseau :
"Vous avez bien sujet d'accuser la Nature ;
Un roitelet[2] pour vous est un pesant fardeau ;
    Le moindre vent qui d'aventure
    Fait rider la face de l'eau,
    Vous oblige à baisser la tête,
Cependant que mon front, au Caucase pareil,
Non content d'arrêter les rayons du soleil,
    Brave l'effort de la tempête.
Tout vous est aquilon[3], tout me semble zéphyr.
Encor si vous naissiez à l'abri du feuillage
    Dont je couvre le voisinage,
    Vous n'auriez pas tant à souffrir :
    Je vous défendrais de l'orage ;
    Mais vous naissez le plus souvent
Sur les humides bords des royaumes du vent[4].
La Nature envers vous me semble bien injuste.
—Votre compassion, lui répondit l'arbuste,
Part d'un bon naturel ; mais quittez ce souci :
    Les vents me sont moins qu'à vous redoutables ;
Je plie, et ne romps pas. Vous avez jusqu'ici
    Contre leurs coups épouvantables
    Résisté sans courber le dos ;

[1] This word may be written on the blackboard. Pronounce [tœb].
[2] wren. [3] strong north wind. [4] *royaumes du vent:* open spaces, rivers, marshes, etc.

Mais attendons la fin." Comme il disait ces mots,
Du bout de l'horizon accourt avec furie
    Le plus terrible des enfants
Que le Nord eût portés jusque-là dans ses flancs.
    L'arbre tient bon ; le Roseau plie.
    Le vent redouble ses efforts,
    Et fait si bien qu'il déracine
Celui de qui la tête au ciel était voisine,
Et dont les pieds touchaient à l'empire des morts.

LA FONTAINE (1621–95)

Questions

1. What attitude does the Oak adopt towards the Reed ?
2. Why does the Oak pity the Reed ?
3. What does the Oak think about itself ?
4. What does the Oak blame the Reed for ?
5. How would you sum up the character of the Oak ?
6. What is the central idea of the Reed's reply ?
7. As the Reed finished speaking, what happened ?
8. What was "Le plus terrible des enfants…" ?
9. What are the reactions of the Oak and the Reed to the wind ?
10. Why do you think La Fontaine gives this grandiose description of the Oak in the last two lines ?

E. TRADUISEZ EN FRANÇAIS :

Two Blunders

Here are two more anecdotes told by Félix de Grand'-Combe in the talk he gave[1] on the radio. He is talking about a French friend of his who is constantly making *faux pas*.

This friend was invited by a lieutenant-colonel to his country house, and had to admire his pigs, his gardens and his lawns. "As I knew," said the Frenchman, "that the English are very fond[2] of flowers, I said to him, pointing to

---

[1] Use *faire*.   [2] Use *aimer*.

his lawn, 'Oh, what a lot of lovely daisies !' I saw that he appreciated the compliment, for he blushed with pleasure."

Later during the same day, the lieutenant-colonel's wife came in loaded with all the paraphernalia[1] of golf. The Frenchman at once asked her how she had played, and to show that he knew the ropes[2], he asked her who had won the monthly cup. She replied: "Well, I'm afraid I did[3]." Since she was afraid, he could only reply, still in his most amiable way[4], "Never mind[5], cheer up[6], I hope it won't happen to you again." He declared that it was easy to see that he had pleased her.

F. RÉVISION DE GRAMMAIRE. *Le passif et les moyens de l'éviter* (Précis pages 74–76)

(i) *Traduisez, aussi littéralement que possible :*

(*a*) 1. I have seen. 2. I have been seen. 3. I have been seeing. 4. I was seen. 5. I was seeing. 6. I would have been seen. 7. The book was wrapped in brown paper. 8. The boy was wrapping the book in brown paper. 9. He was told to go home. 10. French is spoken here.

(*b*) 1. They are prepared. 2. They are preparing. 3. They have been prepared. 4. They were being prepared (use *on*). 5. They will have prepared. 6. They will have been prepared. 7. The door was open. 8. The door was opened (Past Historic). 9. The door was opening itself. 10. The boy was opening the door.

(ii) *Traduisez, de la meilleure façon (avec le passif, avec 'on,' ou avec un verbe réfléchi) :*

(*a*) 1. The building will be demolished. 2. The pupils are being examined. 3. I am not astonished at that. 4. This work will never be finished. 5. All the flowers had been gathered. 6. They have been told so. 7. The car was stopped several times. 8. If I had been there, the

---

[1] *tout un attirail.* [2] *les ficelles.* [3] Don't translate this quotation.
air. [5] *N'importe.* [6] *reprenez courage.*

lesson would have been explained to me. 9. She had been told not to go away. 10. Such things are not done here.

(*b*) 1. The fruit will have been picked. 2. Those faults will soon be forgotten. 3. That is easily done. 4. Her name was Jean. 5. The window had been broken. 6. The coast was fortified. 7. In France, stamps are sold at tobacconists'. 8. In spring the trees are covered with new leaves. 9. Will he be asked to speak? 10. We'll be seeing you!

G. CONVERSATION. *Les Vacances*

1. Combien de semaines de vacances avez-vous en tout par an?
2. Quelles vacances sont les plus longues? Combien durent-elles?
3. Expliquez, si vous pouvez, la raison d'être des vacances.
4. Qu'est-ce que vous avez fait pendant les dernières vacances?
5. Que comptez-vous faire pendant celles qui viennent?
6. Allez-vous quelquefois en vacances au bord de la mer? en montagne? dans une ferme?
7. Vous levez-vous tard pendant les vacances? Pourquoi (ou pourquoi pas)?
8. Dites pourquoi vous êtes (ou vous n'êtes pas) allé à l'étranger pendant les dernières vacances.
9. Quelles sont les vacances les plus intéressantes que vous ayez jamais passées?
10. Êtes-vous content de revenir à l'école après les vacances? Pourquoi?

H. MOTS À APPRENDRE, *basés sur la conversation*

1. les vacances (*f.*)—holidays
2. le jour de congé—day's holiday
3. le compagnon (la compagne)—companion
   la campagne—country

4. la montagne—mountain
5. la ferme—farm
   le fermier—farmer
6. la maison—house
   à la maison—at home, home
7. au bord de la mer—to (*or* at) the seaside
8. la raison d'être—reason for its existence
9. intéressant—interesting
10. s'intéresser à—to be interested in
11. durer—to last
12. agréable—pleasant
13. nager—to swim
14. le sport—sport
15. la balle—ball
16. se promener à pied—to go for a walk
    se promener en auto—to go motoring
    se promener à bicyclette—to go cycling
17. rendre visite à quelqu'un—to visit someone
18. le jardin—garden
    le jardinage—gardening
19. jouer au tennis—to play tennis
20. aller voir—to go and see

I. MOTS À APPRENDRE, *choisis dans le texte A*

1. quel quelle—what, which (*adjective*)
2. éprouver—to experience, feel
3. l'étranger (l'étrangère *f.*)—foreigner, stranger
   étranger étrangère—foreign
4. d'abord—firstly, at first
5. immédiatement—immediately
6. le pays—land, country
7. combien (de)—how many, how much
8. se rendre compte de—to realize, grasp, understand
9. aucun aucune (ne)—not one, none, not any
10. le hasard—chance, stroke of luck
    par hasard—by chance

11. **quitter**—to quit, leave (*N.B.* **quitter** requires a direct object; *e.g.*, **quitter la maison**)
12. **la lumière**—light
13. **avant-hier**—the day before yesterday
    après-demain—the day after to-morrow
14. **le quart**—quarter (fraction)
    le quartier—quarter, district
15. **le siècle**—century
16. **monter dans**—to get into (a vehicle)
    descendre de—to get out of (a vehicle)
17. **le receveur**—conductor
    le conducteur—driver (of a bus)
    le chauffeur—driver (of a car)
18. **le prix**—(i) price; (ii) prize
19. **ignorer**—not to know
    l'ignorance (*f.*)—ignorance (not knowing)
20. **amicalement**—in a friendly way
    l'ami (**l'amie** *f.*)—friend
    amical—friendly

J. LOCUTIONS IMPORTANTES *choisies dans le texte A*

1. **la première impression qu'éprouve un étranger**—the first impression that a foreigner receives (*Note the word order.*)
2. **on commence par l'arrêter**—they begin by stopping him
3. **on lui pose un tas de questions**—he is asked a heap of questions
4. **combien se rendent compte de la raison ?**—how many grasp the reason?
5. **par un pur hasard**—by sheer chance
6. **il y a quelques années**—a few years ago
7. **il m'avait pris pour un Anglais**—he had taken me for an Englishman
8. **c'est tout simplement pour s'assurer**—it is simply to make sure

9. il *pratique* l'idiome depuis un quart de siècle—he *has been* using the tongue for a quarter of a century (*N.B.* Tense in French and English constructions; *cf.* Chapter IX, J. 10.)

10. nous allons plus loin qu'à l'ordinaire—we are going farther than usual

K. PHRASES BASÉES SUR LES LOCUTIONS J ET LE VOCABULAIRE I

1. What was the first feeling you experienced?
2. They began by arresting all foreigners.
3. He was at once asked many questions about the country.
4. No one realizes how many prizes he has won.
5. He left his house several years ago.
6. He speaks German so fluently (*couramment*) that he was taken for a German the day before yesterday.
7. I got into the carriage simply to make sure of a seat.
8. He has been living abroad for twenty-five years.
9. By a stroke of pure luck he realized his mistake.
10. I don't know why we are going farther than usual.

L. RÉDACTION

1. Indiquez à un ami français, qui apprend l'anglais depuis quatre ou cinq ans et qui s'intéresse à la littérature anglaise, quelques livres anglais qu'il pourrait lire avec intérêt et profit.
2. Le lycée idéal.
3. Expand the following outline to about 200 words: Pour passer la douane belge sans payer: paysan français porte un chien dans un sac — le douanier belge lui fait ouvrir le sac — le chien s'échappe — le paysan le poursuit — revient après quelque temps avec un cochon dans le sac — il passe sans le montrer. Les cochons doivent payer la douane, les chiens non.

CHAPTER XVII

A. FRÈRE ET SŒUR

Les deux enfants s'aimaient de tout cœur; mais ils étaient trop différents pour vivre ensemble. Chacun allait de son côté, et poursuivait ses chimères[1]. A mesure qu'Antoinette grandissait, elle devenait plus jolie; on le lui disait, et elle le savait: elle en était heureuse, elle se forgeait des romans pour l'avenir. Olivier, malingre[2] et triste, se sentait constamment froissé[3] par tous ses contacts avec le monde extérieur; et il se réfugiait dans son absurde petit cerveau: il se contait des histoires. Il avait un besoin ardent et féminin d'aimer et d'être aimé; et, vivant seul, en dehors de tous ceux de son âge, il s'était fait deux ou trois amis imaginaires: l'un s'appelait Jean, l'autre Étienne, l'autre François; il était toujours avec eux. Aussi[4] n'était-il jamais avec ceux qui l'entouraient. Il ne dormait pas beaucoup, et rêvassait sans cesse. Le matin, quand on l'avait arraché de son lit, il s'oubliait, ses deux petites jambes nues pendant hors de son lit, ou, bien souvent, deux bas enfilés sur la même jambe. Il s'oubliait, ses deux mains dans sa cuvette. Il s'oubliait à sa table de travail, en écrivant une ligne, en apprenant sa leçon; il rêvait pendant des heures; et après, il s'apercevait soudain, avec terreur, qu'il n'avait rien appris. A dîner, il était ahuri[5] quand on lui adressait la parole; il répondait deux minutes après qu'on l'avait interrogé; il ne savait plus ce qu'il voulait dire, au milieu de sa phrase. ...

ROMAIN ROLLAND (1866–1944), *Jean-Christophe*

---

[1] imaginings, fancies [2] sickly, puny [3] hurt. *Aussi* followed by inversion of verb and subject = so, therefore, consequently. [5] dazed, stupefied.

B. QUESTIONNAIRE

1. Comment s'appelaient les deux enfants?
2. Qu'est-ce qui rendait Antoinette heureuse?
3. Qu'entendez-vous par "elle se forgeait des romans pour l'avenir"?
4. Olivier avait-il de bons amis de son âge?
5. Que passait-il tout son temps à faire?
6. Quels deux exemples l'auteur nous donne-t-il du fait qu'Olivier s'oubliait le matin?
7. Pourquoi n'était-il "jamais avec ceux qui l'entouraient"?
8. Qu'est-ce qui le remplissait de terreur à sa table de travail?
9. Quelle était sa réaction lorsqu'on lui parlait pendant le dîner?
10. Comment répondait-il aux questions qu'on lui posait?

C. DICTÉE À PRÉPARER. (*Record: Side* 6)

George Washington

Washington n'avait point / ces qualités brillantes / qui frappent, / au premier aspect, / l'imagination humaine. / Ce n'était point / un de ces génies ardents, / entraînés par la grandeur / de leurs pensées / ou de leurs passions... / Étranger / à toute agitation intérieure, / à toute ambition / spontanée et superbe, / Washington n'allait point / au-devant des choses, / n'aspirait point / à l'admiration des hommes; / cet esprit si ferme / était profondément calme / et modeste. /

Mais quand l'occasion s'offrit, / quand la nécessité arriva, / sans effort de sa part, / le sage planteur / fut un grand homme.

FRANÇOIS GUIZOT (1787–1874)

D. *Traduisez en anglais:*

23 RUE VICTOR HUGO
LILLE (NORD)
le 15 *juin* 1947

Monsieur Henri Lacroix
   Négociant en gros[1]
      16 Boulevard Magenta
         LILLE

Monsieur,

  Je me permets de vous écrire pour vous demander s'il vous serait possible d'employer mon fils dans votre maison de commerce. Il vient d'avoir quinze ans et aura fini ses études dans un mois. C'est un garçon sérieux et dévoué, plein de bonne volonté. Il a toujours eu de bonnes notes à l'école, ses professeurs n'en disent que du bien, et je pourrais vous faire voir ses bulletins trimestriels.

  Mon fils a déjà quelques connaissances de la langue anglaise, et se mettrait à étudier la sténographie et la dactylographie si elles étaient susceptibles de lui être utiles. Il serait très heureux d'apprendre un métier intéressant, en commençant même par un emploi modeste.

  Si vous le permettez, je serai très heureux de vous le présenter au jour et à l'heure qui vous conviendront le mieux, et vous pourrez vous rendre compte par vous-même de l'emploi que mon fils serait capable de tenir dans votre maison.

  Dans l'attente de votre réponse je vous prie de recevoir, Monsieur, l'assurance de mes respectueux sentiments[2].

JEAN LEBREUIL

[1] wholesale merchant.   [2] = I am, sir, yours very truly.

Réponse :

HENRI LACROIX
Négociant en gros
16 Boulevard Magenta
LILLE[1] (NORD)[2]

le 18 *juin* 1947

Monsieur Jean Lebreuil
   23 rue Victor Hugo
      Lille

Monsieur,

Je vous remercie de votre lettre du 15 juin qui m'est parvenue hier.

Je pourrais facilement trouver une situation de début dans ma maison pour un jeune homme de l'âge de votre fils. D'après ce que vous me dites il conviendrait bien à mes besoins, et je serais très heureux de vous voir avec votre fils demain matin 19 juin à dix heures ou dix heures et demie.

Son travail consistera à aider les commis[3], à porter le courrier à la poste, à faire des courses dans le quartier ou parfois plus loin, et à se rendre généralement utile. Il aura quelques jours de vacances avant la fin de l'année, et ensuite quinze jours chaque année au mois de juin ou de juillet.

Nous travaillons ici de 9 heures à midi et de 14 à 18 heures. Votre fils aura donc tout le temps de rentrer chez lui pour déjeuner.

Je ne puis lui offrir un salaire très élevé pour commencer, mais les perspectives[4] dans notre maison sont bonnes s'il a le sens des affaires.

A demain donc, et en attendant le plaisir de vous connaître je vous prie d'agréer, Monsieur, l'assurance de ma meilleure considération[5].

                        H. LACROIX

---

[1], [2] Lille is the *chef-lieu* (county town) of the Nord *département*.
[3] clerks. [4] prospects. [5] = yours faithfully. (See section on letter-writing, page 22.)

E. TRADUISEZ EN FRANÇAIS:

The inhabitants of Normandy have the reputation of being very miserly, and many amusing tales are told about them[1]. Many of these stories are invented by the Normans themselves. Here is one.

A certain Norman was walking one day along a road in the country. He heard a bus approaching behind him. He raised his hand and the bus stopped. The conductor opened the door[2], but instead of getting in, the man asked him:

"How much is a single ticket to Falaise?"

"Seven francs fifty," replied the conductor.

"How often do the buses pass?"

"Every half-hour."

"Thank you very much. I am not in a hurry, so I'll walk a little further."

The conductor burst out laughing, and the bus went on its way.

Half an hour later another bus came. The man raised his hand to stop the bus, and the conductor opened the door.

"How much is it to Falaise?" asked the Norman.

"Nine francs," replied the conductor.

"Nine francs?" repeated the man in astonishment[3]. "Half an hour ago it was only seven francs fifty, and since then I have walked[4] at least three kilometres!"

"That seems very probable," replied the conductor. "Falaise is in the other direction."

F. RÉVISION DE GRAMMAIRE. *Les pronoms possessifs et démonstratifs* (Précis pages 42–44)

(i) (*a*) 1. My books, yours, and my brother's. 2. Our friends and theirs. 3. My hand and yours. 4. My hair and his. 5. This exercise and the one I wrote yesterday. 6. Your own house and this one. 7. My pencil, yours, and

[1] *à leur sujet.*   [2] *la portière.*   [3] *étonné.*   [4] 'to walk' = *faire ... à pied.*

this one. 8. This coat is mine, that is yours. 9. This dress
is blue, my sister's is green, yours is red. 10. That idea is
the one I was speaking of.

(*b*) 1. His house, theirs, and that one. 2. Our apples and
theirs are better than these. 3. Her books and her brothers'.
4. My car and the one you drive. 5. My place, yours and
hers. 6. These flowers and those. 7. Their reasons and
ours. 8. These mistakes, those, and mine. 9. My brothers
and his. 10. This book is not the one I lent you.

(ii) *Cela, ceci, ce, ce qui, etc.* (Précis page 44)

(*a*) 1. You didn't listen to what I said. 2. I said this:
"My book is under yours." 3. Those who understand
should say so. 4. We don't punish him who does his best.
5. My stamps are in this desk, yours are in that. 6. My
eyes are blue; my sister's are brown like yours. 7. This
would not have happened if you had not done that. 8. This
watch is better than that. 9. This house is better than
that of our neighbour. 10. Caesar and Napoléon: the
former was a Roman, the latter was a Frenchman.

(*b*) 1. The sensible boys are those who do their work
first. 2. If you can't see through that window, try this
one. 3. Look, it is snowing. That will make him angry.
4. I know what you want. 5. Their guns are bigger than the
enemy's. 6. What has happened will make no difference.
7. My bicycle, yours, and your brother's are all newer than
the Headmaster's. 8. That book and mine were destroyed.
9. Three horses: yours, John's, and his father's. 10. My
dog fetches his bone; does yours fetch his?

G. CONVERSATION. *La Correspondance et les communications*

1. Écrivez-vous souvent des lettres?
2. Quelle a été la dernière lettre que vous avez reçue?
3. Toutes les lettres portent-elles le même affranchisse-
    ment? Pourquoi pas?
4. Écrivez-vous toujours vos lettres à la main, ou les

tapez-vous quelquefois à la machine ? Vous servez-vous d'un stylo ?

5. Que faut-il faire pour envoyer un colis par la poste ?
6. Comment commence-t-on une lettre ?
7. Les Français commencent-ils et terminent-ils une lettre comme nous ?
8. Dit-on "Mon cher ami" à n'importe qui ?
9. Avez-vous le téléphone chez vous ? A quoi sert-il ?
10. Quand envoie-t-on un télégramme ?

H. MOTS À APPRENDRE, *suggérés par la conversation*

1. souvent—often
2. la lettre—letter
3. écrire—to write
   l'écriture (*f.*)—writing
4. coller—to stick
   la colle—gum, glue
5. l'adresse (*f.*)—address (Note the spelling.)
6. l'enveloppe (*f.*)—envelope (Note the spelling.)
7. le papier à lettres—writing-paper
8. l'encre (*f.*)—ink
   à l'encre—in ink
9. le crayon—pencil
   au crayon—in pencil
10. le stylo—fountain pen
11. la machine à écrire—typewriter
12. se servir de quelque chose—to use something, make use of something
13. servir à (+ *Infinitive*)—to serve for –ing
    à quoi sert... ?—what is the use of . . . ?
14. le téléphone—telephone
15. le colis—parcel, package
16. n'importe—it doesn't matter
    n'importe qui—anybody, it doesn't matter who
    n'importe comment—anyhow
    n'importe où—anywhere

17. commencer—to begin, start, commence
    le commencement—beginning
18. terminer—to end, terminate
    la terminaison—ending
19. remercier quelqu'un de quelque chose—to thank
      someone for something
    merci—thank you
20. la boîte aux lettres—letter-box

I. MOTS À APPRENDRE, *choisis dans le texte A*

1. aimer—to love, like
    s'aimer—to love one another, like one another
2. poursuivre—to pursue, follow
    la poursuite—pursuit
3. joli—pretty
4. le roman—novel, romance
5. l'avenir (*m.*)—future (time to come)
    à l'avenir—in future
    le futur—future tense
6. constamment—constantly, continually
    constant—constant
7. le monde—world
8. extérieur—outside (*adjective*)
    à l'extérieur—outside (*adverb*)
    l'extérieur (*m.*)—the outside
    l'intérieur (*m.*)—the inside
9. le cerveau—brain (considered as organ of *thought*)
    la cervelle—brain (considered as part of *physical*
      body)
    cf. se brûler la cervelle—to blow out one's brains
10. conter (= raconter)—to relate, tell (a story)
    le conte—short story
11. le besoin—need
    avoir besoin de—to need, have need of
12. s'appeler—to be called, named
    appeler—to call (*transitive*)

13. entourer—to surround
    entouré de—surrounded by
14. dormir—to sleep
    s'endormir—to fall asleep
15. rêver—to dream
    le rêve—dream
16. s'apercevoir de—to notice (with the mind's eye)
    apercevoir—to notice, perceive (with the senses)
17. soudain (*adjective* or *adverb*)—sudden, suddenly
18. la parole—word (spoken)
19. au milieu de—in the middle of
20. la phrase—sentence

J. LOCUTIONS IMPORTANTES *choisies dans le texte A*

1. ils s'aimaient de tout cœur—they loved one another
   with all their hearts
2. ils étaient trop différents pour vivre ensemble—they
   were too different to live together
3. chacun allait de son côté—each one went his own way
4. à mesure qu'elle devenait plus jolie—as she became
   prettier
5. l'un s'appelait Jean, l'autre Étienne—one was called
   John, the other Stephen
6. aussi n'était-il jamais seul—so he was never alone
7. le matin—in the morning
   dix heures du matin—ten o'clock in the morning
8. il n'avait rien appris—he had learned nothing
9. quand on lui adressait la parole—when he was spoken
   to (Note French way of avoiding Passive.)
10. il ne savait plus ce qu'il voulait dire—he no longer
    knew what he meant

K. PHRASES BASÉES SUR LES LOCUTIONS J ET LE VOCA-
   BULAIRE I

1. They love one another so much that they cannot
   live apart.

2. She was too pretty not to have a future (*de l'avenir*).
3. In future each one of us will go his own way.
4. As the world gets older, brains become constantly more inventive.
5. One of the novels is called *Notre-Dame de Paris*, the other *Les trois Mousquetaires*.
6. Maupassant was a born story-teller (*conteur né*), so he was never short of subjects. (to be short of = *manquer de*)
7. I always go to bed about eleven in the evening, and I fall asleep almost at once.
8. He dreamed such a lot in class that he learned nothing.
9. He suddenly noticed that he was being spoken to.
10. When he reached the middle of the sentence, he no longer knew what it meant.

L. RÉDACTION

1. L'électricité.
2. Ma première pipe.
3. Les travaux domestiques.
4. Mon premier bal.

STORY FOR REPRODUCTION

For the Supervisor only

[The analysis is printed elsewhere : see page 14.]

La Fenêtre cassée

Madame qui travaillait paisiblement dans sa salle à manger entendit tout à coup un fracas ; une balle venait d'entrer par la fenêtre fermée. Elle ramassa la balle et sortit chercher le malfaiteur. Bientôt un petit garçon se présenta et demanda si elle avait trouvé la balle.

— Mais oui, je l'ai trouvée, dit-elle furieuse. C'est à toi qu'elle appartient ?

— Oui, madame, répondit l'enfant très poliment. Voulez-vous me la rendre ?

— Te la rendre, petit insolent ! Je te la rendrai quand la fenêtre sera réparée.

— Eh bien, madame, j'ai demandé à papa de venir remettre la vitre cassée. Il doit venir dans quelques instants.

A ce moment-là arriva le monsieur portant ce qu'il fallait — une vitre et ce qui s'ensuit. Il se mit en devoir de remettre le carreau cassé. En le voyant à l'œuvre, la dame remit la balle au petit garçon avec un bon sourire, et le garçon s'enfuit.

Son travail achevé, le monsieur frappa à la porte, et dit à la dame :

— Voilà, madame, c'est soixante francs.

— Comment, soixante francs ? demanda la dame. Vous demandez que je paie la vitre que votre fils a cassée ?

— Mon fils ? Je n'ai pas de fils, déclara le monsieur.

— Mais le garçon qui vous a amené m'a dit que vous étiez son père !

— Il est venu à ma boutique me demander de venir réparer une vitre cassée pour sa mère. Vous êtes sa mère, n'est-ce pas ?

CHAPTER XVIII

A. L'ARRIVÉE D'UN NOUVEAU

Nous étions à l'étude quand le Proviseur[1] entra, suivi d'un nouveau habillé en bourgeois et d'un garçon de classe[2] qui portait un grand pupitre. Ceux qui dormaient se réveillèrent et chacun se leva comme surpris dans son travail.

Le Proviseur nous fit signe de nous rasseoir; puis se tournant vers le maître d'études[3]: "Monsieur Roger, lui dit-il à demi-voix, voici un élève que je vous recommande, il entre en cinquième. Si son travail et sa conduite sont méritoires il passera dans les grands[4] où l'appelle son âge."

Resté dans l'angle, derrière la porte, si bien qu'on l'apercevait à peine, le nouveau était un gars de la campagne, d'une quinzaine d'années environ, et plus haut de taille qu'aucun de nous. Il avait les cheveux coupés droit sur le front, comme un chantre[5] de village, l'air raisonnable et fort embarrassé. Quoiqu'il ne fût pas large des épaules, son habit de drap vert à boutons noirs devait le gêner... Ses jambes, en bas bleus, sortaient d'un pantalon jaunâtre très tiré par les bretelles. Il était chaussé de souliers forts, mal cirés, garnis de clous.

GUSTAVE FLAUBERT (1821–80), *Madame Bovary*

B. QUESTIONNAIRE

1. What was going on when the Headmaster came in?
2. What effect did this unexpected appearance have on the pupils?
3. In what class was the new boy to be put, and was it suitable to his age?

[1] Headmaster. [2] caretaker, cleaner. [3] master supervising 'prep.' [4] upper forms. [5] choir-boy, singer.

4. On what conditions was he to be transferred to an upper form ?

5. From where did the new boy come, and how old was he ?

6. How did he compare physically with his school-fellows ?

7. How did the choir-boys wear their hair ?

8. What did the new pupil's coat look like ?

9. What does the author say about his legs and trousers ?

10. Where would one be likely to find the sort of footwear which the new boy had ?

C. DICTÉE À PRÉPARER

Aux Écoliers de France

Chacun de vous, / quelle que soit sa profession, / fera de son mieux / la besogne / qui lui sera dévolue. / Et puis, / tous ensemble, / vous aurez conscience / que vous travaillez pour la Patrie. / Écoliers de France, / comprenez bien ceci : / vos aînés ont eu le jour de gloire, / votre jour à vous / sera le jour de labeur. / Si vous voulez, / ce jour sera glorieux, / lui aussi. / Le relèvement rapide / de notre pays / par le travail / succédant à l'éclatante victoire / de nos armes / attestera, / devant le monde entier, / la grandeur morale de la France / et sa puissance indestructible.

ERNEST LAVISSE (1842–1922)

D. POÈME

Joujoux

A l'heure où s'ouvrent les écoles,
Oubliant les pensums[1], les colles[2]
Et les leçons[3],
En riant, en jetant des billes,
On voit se bousculer les filles,
Et les garçons !

. . . .

[1] impositions.   [2] school slang = detention.   [3] learning homework.

Avant de gagner leurs demeures,
Ils regardent pendant des heures
          Les beaux joujoux.
C'est leur plaisir, à ces mioches[1]
Qui n'ont pas au fond de leurs poches
          Des petits sous.

. . . .

Ils comptent les ballons, les balles,
Par un clown jouant des cymbales
          Très étonnés ;
Et ce sont des heures d'extase
Devant cette vitre où s'écrase
          Leur petit nez.

Ils en ont oublié qu'il gèle.
Ils ne battent plus la semelle[2],
          Mais, quelquefois,
Leur souffle ayant terni[3] la glace,
Pour mieux voir, ils essuient la place
          Avec leurs doigts !

EDMOND ROSTAND (1868–1918), *Les Musardises*

Questionnaire

1. At what time of the day do these scenes take place ?
2. What do the schoolchildren forget and why ?
3. What do the children do as soon as they come out of school ?
4. Why do the children not go straight home ?
5. "Ils *regardent* les beaux joujoux." Why is this all they can do ?
6. In what mood are the children as they contemplate the toys ?
7. "Devant cette vitre où s'écrase leur petit nez." Where and how are the children standing ?

[1] brats, urchins. [2] literally = beat the sole, *i.e.*, stamp their feet.
[3] *ternir* = to tarnish ; here : "steam over with their breath."

8. What time of year is it?
9. What makes it difficult sometimes for the children to see the toys?
10. How do they get over this difficulty?

E. TRADUISEZ EN FRANÇAIS:

Last week a dozen of the girls in our class went[1] to London to see *Les Femmes savantes*, a play by Molière, acted. They came to school as usual in the morning, but left at half-past eleven in order to have time for lunch[2] before catching the 1.5 train for London. They had the luck to miss a mathematics test during the afternoon.

They say they reached the theatre about a quarter of an hour before the start of the show, and had time to study the programme before the curtain rose. The play was magnificently acted, and the parts of Chrysale and Henriette especially seemed to them well done. They found Bélise the most amusing character[3] of all, although she thinks herself so clever and charming. The way in which the *Savantes* praise Trissotin's worthless sonnet pleased them very much, because they had read that scene very carefully. They had read the whole play beforehand, which explains why they enjoyed it so much.

All went well until they were on the platform at Charing Cross; then it was suddenly discovered that one girl was missing! The mistress and one other girl decided to stay behind, while the others went home by themselves[4]. The girl caught the next train, and the mistress asked her where she had been. She had been into a shop to buy some buns, had had to wait for some time, had taken a wrong turning[5], and had reached the station just at the moment when the train was leaving the station.

---

[1] The narrative tense for events so recent as last week must be the Perfect, not the Past Historic.   [2] *avoir le temps de déjeuner.*
[3] *le personnage.*   [4] *toutes seules.*   [5] 'to take a wrong turning' = *se tromper de rue.*

F. RÉVISION DE GRAMMAIRE. *'C'est'* and *'il est'*; Impersonal verbs (Précis pages 44–48)

(i) *'C'est'* or *'il est'*?

(*a*) 1. It is true that two and two make four. 2. It is I, be not afraid. 3. He is lazy, isn't he? 4. Yes, it's sad, but it's like that. 5. It was Mr Jones that I saw. 6. It's easy to say, but it's not easy to do. 7. It is late; let's go home. 8. It is important to answer quickly. 9. Answer quickly! It's important. 10. It is probable that he understands at last.

(*b*) 1. He is a carpenter by trade (= *de son état*). 2. It is easy to make that mistake. 3. It's an easy mistake to make. 4. The windows haven't been cleaned.—It's obvious! 5. He's a Scotsman. 6. It is not always possible to understand what he says. 7. Where's Henry?—He's in bed. 8. Who is it?—It's William.   9. What is it?—It's a spider in the ink-well. 10. They are ridiculous mistakes.

(ii) (*a*) 1. It was very warm here yesterday. 2. There are only a dozen people here. 3. What is it all about? (use *il s'agit*). 4. It is thundering and lightening. 5. There must be a post-office in this street (use *devoir*). 6. There are only a few apples left (use *il reste*). 7. If it rains I shall not go out. 8. During the holidays the weather was fine. 9. There was nothing fresh (= *de nouveau*) this morning. 10. It often happens that he can't find his pencil. 11. It now seems certain that he is dead. 12. I want to speak to you; it's about your uncle (use *il s'agit de*). 13. It is sometimes better to say nothing. 14. Will there be a reward? 15. Is there a cup of tea left? (use *il reste*).

(*b*) 1. Was there anyone at home? 2. We must see the doctor. 3. She will have three pounds left. 4. In October it is often very mild weather. 5. It appears that he has been taken prisoner. 6. There will be a lot of work to do. 7. It is a question of choosing the right (= *bon*) moment. 8. There was once upon a time a beautiful princess. .

9. In winter it is dark early. 10. There still exist traces
of it. 11. There were five horses in the field. 12. It was
cool in the shade of the trees; it is hot here in the sun.
13. It was raining ten minutes ago; now the sun is shining.
14. It would be better to ask your father first. 15. I shall
have nothing left.

G. CONVERSATION *sur deux images: En Province*

Première image: Tarbes (page 203)

Tarbes est une petite ville de quelque 30.000 habitants,
située dans le département appelé les Hautes-Pyrénées.
Si dans le nord de la France les paysages et le climat
ressemblent à ceux de l'Angleterre, dans le sud tout est
très différent. C'est ainsi que dans notre photographie nous
voyons un chariot traîné par des bœufs. Il est quand même
intéressant de remarquer l'influence anglaise tout à fait
dans le Midi, sur l'enseigne de l'hôtel !

1. Les bœufs sont-ils attelés comme des chevaux ?
2. De quoi le chariot est-il chargé ?
3. Décrivez le costume du charretier.
4. Où est Trie ?
5. Pourquoi les volets des fenêtres sont-ils presque tous
   fermés ?
6. Voyez-vous deux bicyclettes ? Où sont-elles ?

Deuxième image: Un Village français (page 205)

Notre deuxième image représente un village français
typique des pays montagneux. C'est probablement le dimanche ; les élèves et les religieuses d'un couvent semblent
revenir de l'église.

7. D'où cette photo est-elle probablement prise ?
8. Décrivez la construction de la maison à gauche,
   celle qui a la cheminée blanche.
9. Pouvez-vous imaginer pourquoi il n'y a pas de
   circulation dans les rues du village ?
10. Tous les gens marchent-ils dans la même direction ?

ATTELAGE DE BŒUFS TRAVERSANT TARBES

Photo New York Times

H. MOTS À APPRENDRE *et à utiliser dans la conversation*

1. situé—situated
   la situation—situation
2. le département—department (England is divided for administrative purposes into counties, France into départements)
3. nord—north
   sud—south
4. est—east
   ouest—west
5. le paysage—landscape, scenery
6. le climat—climate
7. différent—different
   la différence—difference
8. ainsi—thus, in this way
9. le chariot—cart, waggon
10. le bœuf—(i) ox; (ii) beef (Pronounce the f in the singular, not in the plural)
11. l'influence (*f.*)—influence
12. le Midi—south (especially the south of France)
13. le village—village
14. l'église (*f.*)—church
15. atteler—to harness
16. charger—to load
    la charge—load
17. le volet—shutter
18. décrire—to describe
    la description—description
19. la cheminée—(i) chimney; (ii) fireplace
20. même—(*adjective*) same; (*adverb*) even

I. MOTS À APPRENDRE, *choisis dans le texte A*

1. suivre—to follow
   suivi de—followed by
2. le pupitre—desk (pupil's)
   le bureau—desk (master's)

UN VILLAGE FRANÇAIS
By courtesy of "La France Libre"

3. surprendre—to surprise
4. le signe—sign
     faire signe—to beckon, motion
5. la conduite—conduct
     se conduire—to behave oneself
     conduire—(i) to lead, conduct; (ii) to drive (vehicle)
6. l'âge (*m.*)—age
7. derrière—behind
8. la porte—(i) door (of a room); (ii) gate
     la portière—door (of a vehicle)
9. à peine—hardly
10. une quinzaine—(i) about fifteen; (ii) a fortnight
     (The ending -aine, after a numeral, corresponds
     to the English 'about' followed by a numeral;
     e.g., une dizaine—une douzaine—une centaine.
     But un millier = about a thousand.)
11. environ—about, roughly, approximately
12. raisonnable—reasonable
13. couper—to cut
14. l'air (*m.*)—aspect, appearance
     avoir l'air—to look, appear
15. vert—green
16. le bouton—button
17. gêner—to inconvenience
18. jaunâtre—yellowish (The ending -âtre often corre-
     sponds to English '-ish' after names of colours.)
19. bleu—blue
20. le clou (les clous)—nail

J. LOCUTIONS IMPORTANTES *choisies dans le texte A*

1. suivi d'un nouveau habillé en bourgeois—followed by
     a new boy in middle-class clothes
     cp. habillé en soldat—dressed as a soldier
2. il se leva comme surpris—he got up as if surprised
3. il nous fit signe de nous rasseoir—he motioned to us
     to sit down again

4. se tournant vers le maître—turning to the *maître*
5. on l'apercevait à peine—he could hardly be seen
6. c'était un garçon d'une quinzaine d'années environ—
   he was a boy of about fifteen
7. plus haut de taille qu'aucun de nous—taller than any
   of us
   cp. un homme de haute taille—a tall man
8. il avait *les* cheveux coupés droit sur *le* front—he
   had *his* hair cut straight on *his* forehead
9. il avait l'air fort embarrassé—he looked very self-
   conscious
10. il était chaussé de souliers forts—he was wearing
    stout shoes

K. PHRASES BASÉES SUR LES LOCUTIONS J ET LE VOCA-
   BULAIRE I

1. The king was followed by three men dressed as
   officers.
2. When the Headmaster came in, the pupils stood up
   in their places as if surprised.
3. The policeman beckoned him to drive the car through
   the gate.
4. Hardly had he turned (tense?) towards the door
   when (= *que*) the master entered.
5. Some fifty soldiers could just (= *à peine*) be seen in
   the darkness.
6. The mountain was about three thousand feet high.
7. He appears taller than any of his schoolfellows.
8. His brownish hair fell over his face.
9. When the judge turned to him, the man looked very
   awkward.
10. In the mountains the guides wear very strong hob-
    nailed boots (*bottines garnies de gros clous*).

L. RÉDACTION

1. Continue the story started in section A of this chapter ;

say what happened when the Headmaster went out,
and, later, in the playground.

2. La bibliothèque du lycée.

3. Rip van Winkle s'était endormi en 1815, juste après
la bataille de Waterloo, et il s'est réveillé hier.
Vous avez été le premier à lui parler. Imaginez
votre conversation avec lui.

4. Write a piece of "Free Composition," giving in FRENCH
the story of which the following is an analysis:

[The story, which must first be read to the candidates,
is printed elsewhere in the book: see page 14.]

ANALYSIS

[It is not intended that this analysis should be copied;
it is only meant to give the outline of the story. Candidates
are cautioned not to write too much, and to REVISE very
carefully what they have written before giving it up.]

The Model Courtier

Louis XIV voudrait voir abattre un bois — courtisan
s'arrange pour le faire faire en quelques instants — le
lendemain, le roi se montre fâché en voyant toujours le
bois — son désir se réalise presque aussitôt.

CHAPTER XIX

A. LE COLLIER PERDU

Madame Loisel connut la vie horrible des nécessiteux. Elle prit son parti, d'ailleurs, tout d'un coup, héroïquement. Il fallait payer cette dette effroyable. Elle payerait. On renvoya la bonne; on changea de logement: on loua sous les toits une mansarde.

Elle connut les gros travaux du ménage, les odieuses besognes de la cuisine. Elle lava la vaisselle, usant ses ongles roses sur les poteries grasses et le fond des casseroles. Elle savonna le linge sale, les chemises et les torchons, qu'elle faisait sécher sur une corde; elle descendit à la rue, chaque matin, les ordures, et monta l'eau, s'arrêtant à chaque étage pour souffler. Et, vêtue comme une femme du peuple, elle alla chez le fruitier, chez l'épicier, chez le boucher, le panier au bras, marchandant, injuriée, défendant sou à sou son misérable argent.

Il fallait chaque mois payer des billets, en renouveler d'autres, obtenir du temps.

Le mari travaillait, le soir, à mettre au net[1] les comptes d'un commerçant, et la nuit, souvent, il faisait de la copie à cinq sous la page.

Et cette vie dura dix ans. Au bout de dix ans, ils avaient tout restitué, tout.

Madame Loisel semblait vieille, maintenant. Elle était devenue la femme forte, et dure, et rude, des ménages pauvres.

MAUPASSANT (1850–93), La Parure

B. QUESTIONNAIRE

1. Pourquoi Madame Loisel dut-elle montrer de l'héroïsme?

---

[1] to copy out; to write up (business books).

2. Expliquez l'allusion à la bonne de Madame Loisel.

3. Dans quelle partie de la maison se trouvait l'appartement des Loisel?

4. Nommez trois des "odieuses besognes" que dut faire Madame Loisel.

5. Pourquoi allait-elle elle-même chez les fournisseurs (*tradesmen*)?

6. Pourquoi les Loisel devaient-ils renouveler certains billets tous les mois?

7. Quelle tâche était accomplie au bout de dix ans?

8. Pourquoi Madame Loisel semblait-elle vieille?

9. Quels changements physiques s'étaient produits en Madame Loisel?

10. Quels changements le nouveau genre de vie avait-il produits dans les habitudes de Madame Loisel?

C. DICTÉE À PRÉPARER

La vraie liberté

On n'est libre / que si on n'est pas / esclave de son corps / et de ses passions. / Quand nous pourrons, / sans mauvaise humeur, / interrompre notre sommeil / pour prendre un train matinal, / ou allumer le feu, / au milieu de la nuit, / pour la maman malade, / alors nous serons libres. / Quand nous nous mettrons / courageusement au travail, / quand nous ne nous laisserons abattre / ni par la pauvreté, / ni par la douleur, / ni par le chagrin, / alors nous serons libres.

JULES PAYOT

D. DIALOGUE. *Suite du passage A.* (*Record: Side* 3, *second part*)

[*Note.* Madame Loisel's troubles had been caused by her losing a long diamond necklace she had borrowed from a friend. She and her husband had borrowed money to buy another, and it had taken them ten years to pay the debt.

Then one day she met the friend, Madame Forestier, from whom she had borrowed the necklace.]

— Bonjour, Jeanne.

— Mais ... madame ! ... Je ne sais ... Vous devez vous tromper.

— Non. Je suis Mathilde Loisel.

— Oh ! ... ma pauvre Mathilde, comme tu es changée ! ...

— Oui, j'ai eu des jours bien durs, depuis que je ne t'ai vue ; et bien des misères ... et cela à cause de toi ! ...

— De moi ... Comment ça ?

— Tu te rappelles bien cette rivière de diamants que tu m'as prêtée pour aller à la fête du Ministère.

— Oui. Eh bien ?

— Eh bien, je l'ai perdue.

— Comment ! puisque tu me l'as rapportée.

— Je t'en ai rapporté une autre toute pareille. Et voilà dix ans que nous la payons. Tu comprends que ça n'était pas aisé pour nous, qui n'avions rien ... Enfin c'est fini, et je suis rudement contente.

— Tu dis que tu as acheté une rivière de diamants pour remplacer la mienne ?

— Oui. Tu ne t'en étais pas aperçue, hein ! Elles étaient bien pareilles.

Madame Forestier, fort émue, lui prit les deux mains.

— Oh ! ma pauvre Mathilde ! Mais la mienne était fausse. Elle valait au plus cinq cents francs ! ...

d'après MAUPASSANT, *La Parure*

E. TRADUISEZ EN FRANÇAIS :

Every Sunday, then, for five years, my wife and I have spent the day at Poissy. We both like fishing with rod and line ; it is a habit which has become a second nature, as they say.

Three years ago I found a place in the river, in the shade, eight feet of water, absolutely full of fish, a paradise for a

fisherman. That hole, my lord,[1] I considered it as mine,
seeing that I was, so to speak, the Christopher Columbus
of it. Everybody knew it, and nobody else ever came to
fish there.

So, sure of my place, I returned to it every week. We
used to go to Poissy every Saturday evening, to be able to
start fishing at dawn on Sunday. Well, one time, we went
to Poissy to dinner. The weather was good, and everything promised well for the next day. I was pleased, I was
thirsty. I said to my wife: "Mélie, suppose[2] I drank a
nightcap[3]?" That is a drink which sends you to sleep
if you don't drink too much. You understand.

She answered me: "Do as you like, but you'll drink too
much, as last time, and then you'll be ill or you won't be
able to wake up in the morning." That was very true, it
was wise, it was prudent, I confess it. Nevertheless, I
could not contain myself, and I drank a whole bottle.

After MAUPASSANT, *Le Trou*

F. RÉVISION DE GRAMMAIRE. *Le subjonctif après une con-
jonction* (Précis pages 50–52)

(i) (*a*) 1. before you depart. 2. until I come. 3. for
fear you miss the train. 4. although he is poor. 5. although
he was wounded. 6. in order that they might be able to
see him. 7. until the light goes out. 8. before it is daylight. 9. unless I make a mistake. 10. warm enough for
me to go out.

(*b*) 1. for fear he should die. 2. until you stop me.
3. although he is able to do it. 4. without his appearing.
5. unless he is afraid. 6. before he goes away. 7. so that
I may take it. 8. provided that he promises. 9. lest he
die. 10. before he came.

(ii) (*a*) 1. Although she is six, she cannot yet read.
2. She is too ill to make the journey. 3. I shall stay in

---

[1] *monsieur le président.*   [2] Here 'suppose' = *si.*   [3] *le grog.*

bed until you call me. 4. Unless you are willing to help me,
I am lost. 5. He was punished without being listened to.
6. He'll give it to you without your asking for it. 7. I
shall not do it until he has given me his permission. 8. I
will put it in writing (= *par écrit*) so that you have no
excuse. 9. I'll speak before you get there, in order that
you may stay until she has finished. 10. Although he is
here, he is not listening.

(*b*) 1. Don't move before I come back. 2. Although we
see him every day, he never speaks to us. 3. Think before
you write. 4. I shall continue working until ten o'clock
strikes. 5. He won't do it unless you help him. 6. Write
the letter before he comes. 7. I shall leave without her
knowing anything of it. 8. I am sending you this book so
that you may read it yourself. 9. He made a list for fear
he might forget something. 10. If he comes while I am out,
tell him to come back.

G. CONVERSATION. *Les Sports du lycée*

1. Avez-vous une partie spéciale de la semaine consacrée
   aux sports ?
2. Quels sports se pratiquent à ce lycée ?
3. Combien d'équipes de rugby (d'association, de
   hockey, etc.) y a-t-il ?
4. Êtes-vous bon en athlétisme ?
5. Savez-vous les records établis dans le lycée : saut en
   longueur, saut en hauteur, lancement du disque,
   etc. ?
6. La natation est-elle organisée dans ce lycée ? Comment ?
7. Dans quelle piscine allez-vous nager ?
8. Quelle distance pouvez-vous faire à la nage ? Combien de longueurs ?
9. Y a-t-il des trophées à ce lycée pour les différents
   sports ?
10. Jouez-vous au cricket ? Dans quelle équipe ?

H. MOTS À APPRENDRE, *suggérés par la conversation*

1. le rugby—rugger
2. le football association (l'assoc., pronounced [asɔs])—
   soccer
3. le but—goal
4. l'arbitre (*m.*)—referee. umpire
5. l'équipe (*f.*)—team
6. consacrer—to devote (time, etc., to something)
7. le record—record (best speed. time. distance. ever
   achieved)
   le disque—(i) (gramophone) record; (ii) discus (for
   throwing)
8. la course—race (running)
   la race—race (of mankind), breed (of animals)
9. établir—to establish
10. sauter—to jump
    le saut—jump
11. la longueur—length
    long longue—long
12. la hauteur—height
    haut—high
13. la profondeur—depth
    profond—deep
14. la largeur—width, breadth
    large—wide, broad
15. la distance—distance
16. lancer—to throw (with aim)
    jeter—to throw (anyhow)
17. attraper—to catch
18. la natation—swimming (the sport)
19. traverser à la nage—to swim across
20. plonger—to dive, plunge

I. MOTS À APPRENDRE, *choisis dans le texte A*

1. le collier—necklace
2. d'ailleurs—moreover, besides

3. tout d'un coup—all at once
    tout de suite—at once, immediately
4. héroïquement—heroically
    héroïque—heroic
    le héros—hero
5. payer—(i) to pay; (ii) to pay for
6. la dette—debt
7. renvoyer—(i) to send back; (ii) to dismiss
8. louer—(i) to rent, hire; (ii) to let; (iii) to praise
9. le ménage—household, domestic arrangements
    faire le ménage—to do the housework
    la femme de ménage—charwoman
10. la besogne—work, task, job
11. la vaisselle—dishes, crockery
    laver la vaisselle—to wash up
12. rose—pink
13. gras grasse—(i) fat; (ii) greasy
14. le linge—linen (to be washed)
15. le torchon—floor-cloth, dish-cloth, duster
16. sécher—to dry
    sec sèche—dry
17. descendre—to take down (*transitive*)
    monter—to bring up, take up (*transitive*)
    (*N.B.* Both conjugated with **avoir** when transitive.)
18. renouveler—to renew
19. obtenir—to obtain
20. dur—hard, harsh

J. LOCUTIONS IMPORTANTES *choisies dans le texte A*

1. elle prit son parti—she took her decision, made up her mind
2. il fallait payer cette dette—this debt had to be paid
3. on changea *de* logement—they changed their abode, dwelling-place
4. elle alla chez le fruitier—she went to the greengrocer's

5. le panier au bras—*with* a basket on *her* arm
6. sou à sou—halfpenny by halfpenny
   cf. petit à petit—little by little
      un à un—one by one
7. le soir—in the evening
   la nuit—at night
8. à cinq sous *la* page—at five sous *a* page
   cf. trois francs *la* livre—three francs *a* pound
9. au bout de dix ans—after ten years
10. elle était devenue—she had become

    N.B. qu'est-ce qu'elle était devenue?—what had
       become of her?

       je ne sais pas ce qu'elle était devenue—
       I don't know what had become of her

K. PHRASES BASÉES SUR LES LOCUTIONS J ET LE VOCA-
   BULAIRE I

1. Moreover, he immediately made up his mind to act
   heroically.
2. The charwoman had to be suddenly dismissed.
3. All at once they decided to change houses.
4. She went to the grocer's and paid for the goods.
5. With a dish-cloth in her hand, she was washing up.
6. The housework is getting on (*se faire*) little by little.
7. We take the baby's cradle (*le berceau*) up in the
   evening and bring it down in the morning.
8. Baskets of apples are being sold at two francs a kilo.
9. After a few years' hard work he obtained the post.
10. He didn't know what had become of them.

L. RÉDACTION

1. Vous passez des vacances dans une ferme — Rex, le
   chien, mange tous les soirs à six heures — un soir
   il ne vient pas quand on l'appelle. Racontez cette
   histoire avec quelques détails, et finissez-la.
2. Une tempête sur mer.

CHAPTER XX

Le dîner suit rapidement, de très bonne heure, car il faudra repartir vers trois heures du matin vers Aghel'hoc.

Mais le ciel en a décidé autrement. Spectacle ahurissant[1] dans cette région, un orage survient pendant le repas et se prolonge si tard dans la nuit qu'il emporte avec lui tout espoir de partir; la piste complètement détrempée serait impraticable. Nous y gagnons du moins une nuit de fraîcheur et de repos relatifs.

Au matin j'escalade la tour du phare. Elle est plus haute que je ne pensais. C'est du moins, si je puis dire, l'opinion de mes jambes qui tremblent quelque peu lorsque j'émerge sur la plate-forme supérieure.

Le cercle d'horizon le plus parfait qu'on puisse imaginer: un immense disque de sable, et un sentiment d'infinie petitesse. Ce jouet à mes pieds, notre camion, est le seul fragile lien qui nous rattache au monde civilisé, le seul moyen de le retrouver. Cependant, si, je puis voir autre chose: les traces de l'orage nocturne. L'eau s'est accumulée dans les imperceptibles creux de ce sol tellement plat. Et c'est par douzaines que je vois briller de minces flaques d'eau dans le soleil levant. . . . Peu de voyageurs, j'en suis sûr, ont été témoins d'une pluie à Bidon Cinq[2].

FRANÇOIS NATTAGES, *Par le libre désert* (1943)

B. QUESTIONNAIRE

1. Why was the traveller's dinner served early?
2. What changed the traveller's plans?
3. When did the storm take place, and how long did it last?
4. What were the advantageous results of the rain?

[1] astounding.   [2] the name of a halt in the middle of the Sahara.

5. What did the author do on the following morning, and what physical effect did he feel?
6. What did the author see from his new vantage point and what feeling did it arouse in him?
7. What were his thoughts on seeing the lorry?
8. What traces remained of the previous night's storm?
9. What reflection does the author make on his experience?

C. DICTÉE À PRÉPARER

L'Averse

De larges gouttes tièdes / tombent de plus en plus pressées; / le jeune feuillage / se courbe / sous leur poids / et gémit / avec un doux bruit. / La pluie augmente / et cache tout le paysage; / la terre / sèche et poudreuse / des champs / la boit avec avidité; / les herbes se relèvent / et reverdissent à vue d'œil / et les bourgeons / qui n'osaient pas s'ouvrir / sous les brillants rayons / du soleil / se développent / et déplient / leurs petites feuilles tendres. / La vache, / sur le sentier / rempli d'eau, / lève lentement ses pieds lourds / et choisit son chemin; / par moments, / elle dresse la tête / et dilate ses naseaux / pour aspirer la fraîcheur.

D. POÈME

Pluie

Il pleut. J'entends le bruit égal[1] des eaux;
Le feuillage, humble, et que nul vent ne berce,
Se penche et brille en pleurant sous l'averse;
Le deuil[2] de l'air afflige les oiseaux.

La bourbe[3] monte, et trouble[4] la fontaine;
Et le sentier montre à nu ses cailloux.

[1] Here = 'regular.' [2] mourning. [3] mire. [4] makes muddy.

Le sable fume[1], embaume[2] et devient roux;
L'onde à grands flots le sillonne[3] et l'entraîne.

Tout l'horizon n'est qu'un blême[4] rideau;
La vitre tinte et ruisselle de gouttes;
Sur le pavé sonore et bleu des routes
Il[5] saute et luit des étincelles d'eau.

Le long d'un mur, un chien morne à leur piste[6],
Trottent, mouillés, de grands bœufs en retard;
La terre est boue, et le ciel est brouillard,
L'homme s'ennuie: oh! que la pluie est triste!

SULLY PRUDHOMME (1839–1907), *Tendresses et Solitudes*

Questionnaire

1. What facts do the first two lines of the poem reveal to us about the weather?
2. What do you understand by "*pleurant* sous l'averse" in line three?
3. Why are the birds sad?
4. What is the fountain water like, and why?
5. What are the effects of the rain on the path?
6. Why does the poet describe the horizon as *un blême rideau*?
7. What seems to be happening on the pavements?
8. What is the dog doing?
9. What are the two striking features of the earth and the sky?
10. What is the effect of the scene on man, and what reflection does the poet make on the subject of his poem?

---

[1] steams. [2] scents the air. [3] Verb formed from *un sillon* = 'furrow.' [4] pale, colourless. [5] *il* is the grammatical subject; the real subject is *étincelles*. [6] following them.

E. TRADUISEZ EN FRANÇAIS :

Switzerland

Early the next morning our train reached the Swiss frontier and, after crossing the fertile plains of the north of the country, we began to see the mountains, of which the summits were covered with snow. On each side, below the snow, could be seen[1] green pastures, where cattle[2] were eating the grass. These pastures are useless in the winter, because they are entirely covered with snow, and the cattle go down to the valleys.

Our train stopped at a little town beside a lake. There were innumerable hotels[2], for the 'tourist industry' is of great importance[2] to the Swiss. We left the train to look at the town. In the shops we saw all sorts of articles made[3] in Switzerland—for instance, watches[2], clocks, and pretty toys.

Soon we were in the train again on the way to[4] Italy[2]. The journey was most interesting, and the scenery was beautiful. At one place there is a circular tunnel; the line makes a complete circle inside[5] the mountain, rising all the time, and comes out directly above the entrance, but much higher. After some time we stopped at the mouth of another tunnel, the St Gotthard. It was raining, and dark clouds hid the mountains. After a quarter of an hour we came out at the southern extremity of the tunnel. What a contrast! Here we saw blue skies and a brilliant sun.

F. RÉVISION DE GRAMMAIRE. *Le subjonctif après certains verbes* (Précis pages 52–58)

(a) 1. I want you to come to-morrow. 2. I wanted you to come the next day. 3. He will never consent for me to come. 4. He would never consent for me to come. 5. My mother prefers me to stay at home. 6. She would prefer me to stay at home. 7. I am very glad you are well. 8. I

[1] Avoid the Passive.   [2] Article?   [3] Use *fabriquer*.   [4] *en route pour*.   [5] *à l'intérieur de*.

was glad you were well. 9. I am vexed that your work is so bad. 10. He was vexed that your work was so bad. 11. It is probable that the aeroplane is lost. 12. It was likely that the aeroplane was lost. 13. I don't say he is stupid, but . . . 14. I didn't say he was stupid. 15. I doubt whether he has been able to do it. 16. I doubted whether he had been able to do it. 17. We are glad to be able to help you. 18. We were glad to be able to help you. 19. The judge will order him to be sent to prison. 20. The judge would have ordered him to be sent to prison.

(b) 1. It was impossible that he should know the result so soon. 2. It is impossible that he should know the result already. 3. He wants his children to behave well. 4. He wanted his children to behave well. 5. She would like her best friend to be present at her wedding. 6. She would have liked her best friend to be present at her wedding. 7. The weather prevents her going out. 8. The weather prevented her going out. 9. I am sorry you have not succeeded. 10. I was sorry you had not succeeded. 11. It is a pity you have not seen him. 12. It was a pity you had not seen him. 13. They say they don't want to do it. 14. They said they didn't want to do it. 15. I am surprised he has not telephoned. 16. I was surprised he had not telephoned. 17. Do you think we can reach the town before it is dark? 18. Did you think we could reach the town before it was dark? 19. We expect the war to end this year. 20. We expected the war to end that year.

G. CONVERSATION. *Géographie*

1. Décrivez la situation de votre ville.
2. Votre ville a-t-elle beaucoup souffert de la guerre?
3. Quelles sont les principales occupations des habitants de votre ville?
4. De quels pays pouvez-vous me dire la capitale?
5. Décrivez la situation de la Suisse par rapport à la France.

6. Que pensez-vous du climat de l'Angleterre ?
7. Donnez une définition : une île ; une péninsule ; un canal ; un désert ; un océan ; un lac ; la côte.
8. Quelle est la plus grande ville du monde ? Combien d'habitants a-t-elle ?
9. Où est la Méditerranée ?
10. La France est-elle aussi grande que l'Angleterre ?

H. MOTS À APPRENDRE, *suggérés par la conversation*

1. la capitale—capital town
2. le fleuve—large river
   la rivière—smaller river
3. la rive droite—right bank (of a river)
4. lointain (*adjective*)—distant
5. la côte—coast (*other meanings :* rib, hillside)
6. la plage—beach
7. la Tamise—Thames
8. Douvres—Dover
9. Londres—London
10. Édimbourg—Edinburgh
11. l'Écosse (*f.*)—Scotland
    écossais—Scottish
12. l'Allemagne (*f.*)—Germany
    allemand—German
13. l'Espagne (*f.*)—Spain
    espagnol—Spanish
14. la France—France
    français—French
15. l'Angleterre (*f.*)—England
    anglais—English
16. l'Europe (*f.*)—Europe
    européen européenne—European
17. le Pays de Galles—Wales
    gallois—Welsh
18. l'Irlande (*f.*)—Ireland
    irlandais—Irish

19. la **Belgique**—Belgium
   belge—Belgian
20. la **Russie**—Russia
   russe—Russian

I. MOTS À APPRENDRE, *choisis dans le texte A*

1. **rapidement**—rapidly
   rapide—rapid, swift
2. **le ciel**—sky, heaven
3. **autrement**—otherwise, differently
4. **prolonger**—to prolong
   se prolonger—to be prolonged, extended
5. **l'espoir** (*m.*)—hope
   espérer—to hope
6. **complètement**—completely
   complet complète—(i) complete; (ii) full up (of
      public vehicles)
7. **gagner**—(i) to gain; (ii) to earn; (iii) to win; (iv)
      to reach
8. **la fraîcheur**—coolness
   frais fraîche—cool, fresh
9. **le repos**—rest
10. **la tour**—tower
   le tour—(i) round journey; (ii) trick
   faire le tour de—to go round
   jouer un tour à—to play a trick on
11. **penser**—to think
   la pensée—thought
12. **le cercle**—(i) circle; (ii) club
13. **parfait**—perfect
14. **le sable**—sand
15. **le moyen**—means
   au moyen de—by means of
16. **la trace**—trace
17. **le sol**—soil, earth
   le soleil—sun

le soleil levant—rising sun

le soleil couchant—setting sun

18. briller—to shine

brillant—shining, brilliant

19. mince—thin, slender

20. sûr—sure, certain

J. LOCUTIONS IMPORTANTES *choisies dans le texte A*

1. de très bonne heure—very early

de bonne heure—early

de meilleure heure (*or* plus tôt)—earlier

2. il faudra repartir—we (he, you, they, etc.) shall have to start off again

3. vers trois heures du matin—about three in the morning

4. elle est plus haute que je *ne* pensais—it is higher than I thought (*N.B.* Redundant **ne** in comparison.)

5. tard dans la nuit—late, far, into the night

6. le plus parfait qu'on puisse imaginer—the most perfect that can be imagined (*N.B.* Subjunctive after a superlative expression.)

7. le seul moyen de le retrouver—the only means of finding it again (Note prefix **re** as a means of translating English 'again.')

8. j'en suis sûr—I am sure (Note the **en.**)

9. je vois briller des flaques d'eau—I see pools of water shining (Note the Infinitive in French, and its position.)

10. peu de voyageurs—few travellers

quelques voyageurs—a few travellers

K. PHRASES BASÉES SUR LES LOCUTIONS J ET LE VOCABULAIRE I

1. He drove so quickly that we arrived earlier than I expected. (to expect = *s'attendre à.* See also J.4.)

H

2. They will have to catch an early train, otherwise the journey will be prolonged indefinitely.
3. We hope to reach our destination about two in the afternoon.
4. We cannot rest (*se reposer*) in the garden because it is cooler than I thought.
5. By working far into the night, he has completely realized his hopes.
6. A beautiful sunset is one of the loveliest sights one can behold.
7. The only way of getting into that club is by means of an introduction.
8. He has been three times round the world, I'm sure.
9. I could see the rising sun shining through the windows.
10. Few people have been round the world. A few people have done so.

L. RÉDACTION

1. L'ascension d'une montagne — les préparatifs — la montée — l'arrivée au sommet.
2. La première fois que vous avez voyagé seul.
3. Racontez en français l'histoire sans paroles à la page 225.

CHAPTER XXI

A. PAUL VERLAINE

Nous avions à peine dépassé la vingtième année quand nous nous sommes connus, Paul Verlaine et moi. Je revois, en ce moment, nos deux fronts penchés fraternellement sur la même page ; je ressens par le souvenir, dans toute leur ardeur première, nos enthousiasmes d'alors, et j'évoque nos anciens rêves. Nous étions deux enfants ; nous allions, confiants, vers l'avenir. Mais Verlaine n'a pas rencontré l'expérience. Il est resté un enfant, toujours.

Faut-il l'en plaindre ? Il est si amer de devenir un homme et un sage, de ne plus courir sur la libre route de sa fantaisie par crainte de tomber. Heureux l'enfant qui fait des chutes cruelles, qui se relève tout en pleurs, mais qui oublie aussitôt l'accident, et ouvre de nouveau ses yeux encore mouillés de larmes sur la nature et sur la vie ! Heureux aussi le poète qui, comme notre pauvre ami, conserve son âme d'enfant ; qui pèche sans perversité, a de sincères repentirs, croit en Dieu et le prie humblement dans les heures sombres, et qui dit naïvement tout ce qu'il pense et tout ce qu'il éprouve !

Heureux ce poète, j'ose le répéter, tout en me rappelant combien Paul Verlaine a souffert. Hélas ! comme l'enfant, il était sans défense aucune, et la vie l'a souvent et cruelle-ment blessé. Mais la souffrance est la rançon du génie, et ce mot peut être prononcé en parlant de Verlaine, car son nom éveillera toujours le souvenir d'une poésie absolument nouvelle.

FRANÇOIS COPPÉE (1842–1908)

B. QUESTIONNAIRE

1. Quel âge avaient les deux poètes quand ils se sont connus ?

2. Que faisaient les deux amis "penchés fraternellement"?
3. Qu'est-ce que les deux poètes avaient en commun
   aux premiers temps de leur connaissance?
4. Comment Verlaine différa-t-il de son ami par la
   suite?
5. La plupart des enfants veulent grandir. Pourquoi
   Coppée dit-il qu'il est "si amer de devenir un
   homme"?
6. Comment un enfant qui fait des chutes cruelles
   peut-il être "heureux"?
7. D'après ce que dit Coppée au deuxième paragraphe
   de l'extrait, quelles sortes de poèmes vous at-
   tendriez-vous à trouver dans un recueil de poèmes
   de Verlaine?
8. En quoi consiste ce bonheur dont parle Coppée
   ("Heureux ce poète... ")?
9. Qu'entendez-vous par: "Mais la souffrance est la
   rançon du génie"?
10. Qu'est-ce qui indique que Verlaine était un homme
    religieux?

C. DICTÉE À PRÉPARER

Confessions d'un poète

Comme je ne sais pas / écrire en prose, / faute d'habitude,/
j'écris en vers. / Je passe quelques heures / assez douces /
à épancher sur le papier / les idées, / les souvenirs, / les
tristesses, / les impressions dont je suis plein : / je me relis
plusieurs fois à moi-même / ces harmonieuses confidences /
de ma propre rêverie ; / la plupart du temps / je les laisse
inachevées, / et je les déchire / après les avoir écrites. / Tout
ce que l'homme sent et pense / de plus fort et de plus beau, /
ne sont-ce pas / les confidences qu'il fait / à l'amour / ou
les prières qu'il adresse / à voix basse / à son Dieu? / Les
écrit-il? / Non, / sans doute ; / l'œil ou l'oreille de l'homme /

les profanerait. / Ce qu'il y a de meilleur / dans notre
cœur / n'en sort jamais.

LAMARTINE (1790–1869)

D. DIALOGUE

Le Retour au pays natal

[*Le jeune Perdican, qui était allé faire ses études à Paris,
vient de rentrer au château paternel. Le Chœur est composé
de paysans et de valets.*]

PERDICAN. Bonjour, mes amis, me reconnaissez-vous ?

LE CHŒUR. Seigneur, vous ressemblez à un enfant que
    nous avons beaucoup aimé.

PERDICAN. N'est-ce pas vous qui m'avez porté sur votre
    dos pour passer les ruisseaux, vous qui m'avez fait
    danser sur vos genoux, qui m'avez pris sur vos chevaux,
    qui vous êtes serrés autour de vos tables pour me faire
    une place au souper de la ferme ?

LE CHŒUR. Nous nous en souvenons, Seigneur. Vous
    étiez bien le plus mauvais garnement et le meilleur
    garçon de la terre.

PERDICAN. Et pourquoi donc ne m'embrassez-vous pas,
    au lieu de me saluer comme un étranger ?

LE CHŒUR. Que Dieu vous bénisse ! Chacun de nous
    voudrait vous prendre dans ses bras ; mais nous
    sommes vieux, Monseigneur, et vous êtes un homme.

PERDICAN. Oui, il y a dix ans que je ne vous ai vus. Je
    me suis élevé de quelques pieds vers le ciel, et vous
    vous êtes courbés de quelques pouces vers le tombeau ;
    vous ne pouvez plus soulever de terre votre enfant
    d'autrefois.

LE CHŒUR. Votre retour est un jour plus heureux que
    votre naissance. Il est plus doux de retrouver ce qu'on
    aime que d'embrasser un nouveau-né.

ALFRED DE MUSSET (1810–57),
On ne badine pas avec l'amour

E. TRADUISEZ EN FRANÇAIS:

A man once went to consult a doctor. "Doctor," he said, "I'm not very well, and I'm getting fat."

The doctor examined him and saw what was the matter —he ate too much.

"Yes," he said, "I think I can cure you."

"Well, what must I do?" asked the patient. "I'll willingly obey all your orders."

"Attack a policeman or steal something."

"What extraordinary advice!" exclaimed the man. "You're joking, aren't you?"

"Attack a policeman," repeated the doctor. "Then you will be put in prison and the food will be exactly what you need."

CAMBRIDGE SCHOOL CERTIFICATE, *December* 1943

F. RÉVISION DE GRAMMAIRE

(i) *Le subjonctif dans les propositions relatives* (Précis page 58)

(*a*) 1. The baker is the only man I know in the village. 2. I want a book I can read in the train. 3. I have said nothing that is not true. 4. Blériot was the first man who flew over the English Channel. 5. He wanted to know if there was anyone there who could speak Portuguese. 6. I will show you a book that will suit you. 7. I believe that Shakespeare is the greatest poet who has ever lived. 8. The brown hen is the only one that has not laid to-day. 9. *La Chèvre de Monsieur Seguin* is the most charming story I have ever read. 10. That is (= *C'est là*) the only gold coin I have ever seen.

(*b*) 1. He is looking for a grammar which has some good exercises. 2. Here it is! A grammar which has some good exercises. 3. There is no reason which can persuade me. 4. Tom was the only son to whom his father left money. 5. That bicycle was the best present I had ever received.

6. The first time he ever spoke to me. 7. The worst mistake I ever made. 8. I want a house which is large enough for my family. 9. Who is there?—Nobody that you know. 10. This is the last sentence I intend to do.

(ii) *Le subjonctif dans les propositions concessives*

(*a*) 1. Whatever those men may be, you will have to live with them. 2. Young as he is, he has read a great deal. 3. Whatever I say, I cannot satisfy that master. 4. Whomever you may have deceived, I know what happened. 5. I will not see him, whoever he is. 6. However big he is, I will fight him. 7. I shall punish him, whatever excuses he makes. 8. Wherever you are you can buy cigarettes. 9. Whoever you may be you have not the right to say that. 10. Whatever name he boasts, he is a fool.

(*b*) 1. Whoever he is. 2. Whatever he says. 3. Wherever you look. 4. However large the garden is. 5. Whatever hat he wears. 6. Whatever the weather is. 7. Whoever may have said it. 8. Whatever you found on the table. 9. Whatever his salary may be. 10. Whatever you may have written.

G. CONVERSATION. *Autres sports*

1. Quel est votre sport favori?
2. Préférez-vous les sports d'hiver ou les sports d'été? Pourquoi y a-t-il des sports différents pour les différentes saisons?
3. Connaissez-vous le sport de l'aviron (= *rowing*)? Décrivez-le.
4. Avez-vous un vélo? Est-il vieux? En bon état?
5. Vous intéressez-vous aux courses cyclistes?
6. Savez-vous quelque chose du cyclisme en France?
7. Les Français en général ne connaissent pas le cricket. Pourriez-vous leur donner une petite idée de ce jeu?
8. Quelles différences y a-t-il entre le rugby et l'association?

9. Il y a des gens qui disent que le tennis est un jeu indigne des hommes. Qu'en pensez-vous?

10. Avez-vous jamais pêché? (Non, je ne dis pas "péché"!)

H. MOTS À APPRENDRE *et à utiliser dans la conversation*

1. le patinage—skating
   patiner—to skate

2. le vélo—bicycle (More usual, more familiar word for bicyclette.)

3. l'aviron (*m.*)—(i) oar; (ii) rowing (the sport)

4. le canot—small open boat, rowing-boat

5. indigne (*opposite of* digne)—unworthy, undignified

6. la lutte—(i) wrestling; (ii) struggle
   lutter—to wrestle, to struggle

7. la raquette—racquet (tennis, etc.)

8. le filet—net (any kind)

9. le match—match (game)
   l'allumette (*f.*)—match (to light)

10. marquer un but—to score a goal

11. un essai—a try (rugby)
    essayer—to try

12. la pêche—(i) peach; (ii) fishing
    pêcher—to fish
    le pêcher—peach-tree

13. la ligne—line

14. flotter—to float

15. la chasse—hunting
    chasser—(i) to hunt, chase; (ii) to drive away

16. le fusil—rifle, gun

17. la canne—walking-stick
    la canne à pêche—fishing-rod

18. l'oiseau (*m.*)—bird

19. le lapin—rabbit

20. sauvage—wild
    la fleur sauvage—wild flower

I. MOTS À APPRENDRE, *choisis dans le texte A*

1. vingtième—twentieth (except for **premier** = 'first,' the ending **-ième** changes a cardinal number into an ordinal. See your Grammar; Précis page 95.)

2. fraternellement—in a brotherly manner
   fraternel fraternelle—brotherly

3. le souvenir—memory (thing remembered)
   la mémoire—memory (faculty of mind)

4. l'enthousiasme (*m.*)—enthusiasm

5. ancien ancienne—old, former

6. l'expérience (*f.*)—(i) experience; (ii) experiment

7. rencontrer—to meet

8. il faut (*Infinitive* falloir)—it is necessary

9. plaindre quelqu'un de quelque chose—to pity someone for something
   se plaindre de quelque chose—to complain about something

10. le sage—wise man
    sage (*adjective*)—wise; (of a child) good, well-behaved

11. la route—road, main road

12. la fantaisie—imagination, fancy

13. la chute—fall
    la chute d'eau—waterfall

14. cruel cruelle—cruel
    cruellement—cruelly

15. de nouveau—afresh, again

16. mouillé—wet
    mouiller—to wet

17. l'âme (*f.*)—soul, mind

18. conserver—to preserve, keep

19. pécher—to sin
    le péché—sin
    le pécheur (la pécheresse)—sinner
    le pêcheur—fisherman

20. sincère—sincere
21. croire—to believe
22. humblement—humbly
    humble—humble
23. naïvement—simply, ingenuously
    naïf naïve—simple, ingenuous
24. sombre—dark, gloomy
25. répéter—to repeat
26. oser—to dare
27. souffrir—to suffer
    la souffrance—suffering
28. prononcer—to pronounce, utter
29. la poésie—(i) poem ; (ii) poetry
30. absolument—absolutely
    absolu—absolute

J. LOCUTIONS IMPORTANTES *choisies dans le texte A*

1. nous avions à peine dépassé la vingtième année—we
   had hardly passed our twentieth year
2. quand nous nous sommes connus—when we became
   acquainted
3. nos fronts **penchés** sur la même page—our foreheads
   bending over the same page
   Note French use of Past Participle where English
   uses a Present :
   agenouillé—kneeling
   couché—lying
   assis—sitting
   appuyé—leaning (on)
   penché—leaning (out of the vertical)
4. faut-il l'en plaindre ?—must he be pitied for it ?
5. il est amer de ne plus courir—it is distressing no
   longer to run (*N.B.* Plus, like pas, precedes the
   Infinitive.)
6. par crainte de tomber—for fear of falling
7. son âme d'enfant—his childish soul

8. il croit en **Dieu**—he believes in God

    cp. croire *aux* fées, *aux* revenants—to believe in fairies, in ghosts

9. il dit tout ce qu'il pense—he says everything he thinks
10. il était sans défense—he was without any defence, defenceless

K. PHRASES BASÉES SUR LES LOCUTIONS J ET LE VOCABULAIRE I

1. She was just over twenty when she left the university.
2. I have a vivid memory of the date when they made one another's acquaintance.
3. He was lying in the grass with his head bending over the water.
4. The wise man does not complain about the disagreeable experiences of life.
5. Most grown-up people (*grandes personnes*) can no longer take refuge in the realm of fancy.
6. It is always useful to have a map, for fear of mistaking the road.
7. For the child-like mind, imagination is more real than reality.
8. For those who believe in God, suffering may be a blessing.
9. I should never dare to say all I know.
10. He uttered the words without emotion.

L. RÉDACTION

1. Écrivez un nouveau conte de fées.
2. Vous avez un petit frère très méchant, qui va passer ses vacances chez votre oncle Georges. Écrivez une lettre à votre oncle pour l'avertir de ce qui l'attend.

CHAPTER XXII

A. LOGIS DE SAVANTS[1] (*Record: Side 4, first part*)

Les fenêtres de l'appartement du 24 rue de la Glacière, où s'installe le jeune ménage en octobre, donnent sur les arbres d'un vaste jardin. C'est le seul charme d'un logis qui manque singulièrement de confort.

Marie et Pierre n'ont rien fait pour orner ces trois chambres exiguës.[2] Ils ont même refusé les meubles offerts par le docteur Curie. Chaque canapé, chaque fauteuil serait un objet de plus à épousseter le matin, à astiquer[3] les jours de nettoyage. Marie ne peut pas. Elle n'a pas le temps ! D'ailleurs, à quoi bon un canapé, un fauteuil, puisque d'un commun accord les Curie ont supprimé les réunions et les visites ? L'importun[4] qui grimpe quatre étages et vient troubler les époux dans leur repaire est définitivement rebuté[5] en pénétrant dans le bureau conjugal aux murs nus, meublé d'une bibliothèque et d'une table en bois blanc. Au bout de la table se trouve la chaise de Marie. A l'autre bout, la chaise de Pierre. Sur la table, des traités de physique, une lampe à pétrole[6], un bouquet de fleurs. Rien de plus. Devant les deux chaises dont aucune n'est pour lui, devant les regards poliment étonnés de Pierre et de Marie, le plus audacieux ne peut que fuir.

EVE CURIE, *Madame Curie* (1938)

B. QUESTIONNAIRE

1. Who made their new home at 24 rue de la Glacière, and in what town is this street situated ?

[1] Il s'agit du grand physicien français, Pierre Curie, professeur de physique à la Faculté des Sciences de Paris, et de sa femme, Marie Curie, Polonaise de naissance, et une de ses anciennes étudiantes. Ensemble ils ont été les premiers à découvrir le radium. [2] tiny. [3] to polish, furbish. [4] intruder, nuisance. [5] disheartened, discouraged. [6] Not 'petrol'!

2. What was the only charm of the dwelling?
3. What sort of decorations had Marie and Pierre in their room?
4. Why did they refuse the furniture offered by Dr Curie, Pierre's father?
5. Why had M. and Mme Curie decided not to have any parties or visits?
6. What sort of impression did the unwanted visitor receive?
7. How was the young couple's study furnished?
8. What light do the objects on the table throw on the characters of Pierre and his wife?
9. For whom were the two chairs, and why were there only two?
10. How did Pierre and Marie receive the unwelcome visitor, and what was the only thing the latter could do?

C. DICTÉE À PRÉPARER

Victor Hugo et Pasteur

Deux hommes, / à la fin du dix-neuvième siècle, / ont rayonné / comme de purs foyers / de lumière. / L'un représente la poésie, / Victor Hugo; / l'autre la science, / Pasteur. / Ce qui distingue ces deux hommes / de plusieurs autres personnages illustres, / c'est qu'ils n'ont pas / une goutte de sang sur leurs mains, / c'est qu'ils n'ont pas fait couler / une seule larme, / c'est qu'ils n'ont pas causé / un seul désastre, / c'est que leur travail a profité / à l'œuvre de la civilisation / du monde. / Ces deux hommes / dont la gloire n'est ornée / que de bienfaits / ont pour Patrie la France.

D. POÈME

Ceux qui vivent

Ceux qui vivent, ce sont ceux qui luttent; ce sont
Ceux dont un dessein ferme emplit[1] l'âme et le front,

[1] *emplit = remplit.*

Ceux qui d'un haut destin gravissent l'âpre cime[1],
Ceux qui marchent pensifs, épris[2] d'un but sublime,
Ayant devant les yeux sans cesse, nuit et jour,
Ou quelque saint labeur ou quelque grand amour.
C'est le prophète saint prosterné devant l'arche,
C'est le travailleur, pâtre[3], ouvrier, patriarche,
Ceux dont le cœur est bon, ceux dont les jours sont pleins,
Ceux-là vivent, Seigneur ! les autres, je les plains.
Car de son vague ennui le néant[4] les enivre[5],
Car le plus lourd fardeau[6], c'est d'exister sans vivre.

VICTOR HUGO (1802–85), *Les Châtiments*

Questionnaire

1. What does the first line tell us about the poet's conception of a real life ?
2. What sort of people are referred to in the second line ?
3. By means of what image does Victor Hugo describe in the third line those who really live ? Can you give any examples of such people ?
4. To what sort of people does the poet refer in line six ?
5. Which of the first six lines do you think best describes (i) Pierre and Marie Curie, (ii) Victor Hugo, (iii) Pasteur ? (See sections A. and C. in this chapter.)
6. What do you understand by *le prophète saint prosterné devant l'arche* in line seven ?
7. For what reasons does the poet include *le travailleur, le pâtre, l'ouvrier, le patriarche*, among those who can be said really to live ?
8. Can you describe in a word the people whom the poet pities ?

---

[1] In translating, mind the word order. It is the climb that is difficult, not the summit: *âpre* is a transferred epithet. [2] in love with. [3] = *berger*. [4] nothingness. [5] intoxicates. [6] burden; *cp.* Hamlet: "Who would fardels bear ?"

9. Why does he pity them, and how does he describe their unhappy state?

10. What is the usual meaning of the word *vivre*? What further meaning does the poet give the word in his poem?

E. TRADUISEZ EN FRANÇAIS:

One day Margaret and Anne were walking in the wood when they heard a noise behind them. They turned round and saw a bear who was following them as though he were a dog. They were afraid, but they did not run. Margaret did not know what to do, but Anne remembered the advice which an old friend of their father had given them. One evening, while this friend was chatting with the father of the two girls, he said: "Bears are not wicked and they do not attack you except when they are hungry. When I meet one in the woods I stop and look at him quietly. The bear stops and does the same. After a few moments his curiosity is satisfied and he goes away." This is what happened now. The bear, seeing that the two girls did nothing, left the path and went into the woods to rejoin his companions.

OXFORD SCHOOL CERTIFICATE, *July* 1943

F. RÉVISION DE GRAMMAIRE. *Devoir, pouvoir, vouloir, savoir, connaître* (Précis pages 76–80)

(i) *Translate into French, using the correct part of 'devoir':*

(*a*) 1. You are sunburned; you must have been in the open air. 2. You ought to eat less. 3. I am to take my oral to-morrow. 4. He ought to have been careful. 5. She has had to stay in bed. 6. You should have known. 7. I must have gone to sleep. 8. He will have to do the exercise again. 9. They were to wait for me here. 10. I don't owe that man anything.

(*b*) 1. You ought not to have said it. 2. You must not play with the fire. 3. She was to come at twelve o'clock.

4. I don't remember it; I must have been out. 5. You
will have to read the whole chapter. 6. The enemy has
had to withdraw. 7. What ought he to have said? 8. They
are to leave this afternoon. 9. You ought to listen to him.
10. I had to start again.

(ii) *Use the correct part of 'pouvoir':*

(*a*) 1. I looked for my pencil, but I could not find it.
2. He has not been able to help me at all. 3. Could you
come next week?—I don't know, I may be abroad. 4. I
could have come last week. 5. I could not do this exercise
even if I tried.

(*b*) 1. May I see your father, please?—I can't say. He
may be out. 2. Couldn't Mr Brown have brought them in
his car? 3. Have you been able to get me a tyre? 4. May
I spend all this money?—You can try. 5. Could you tell
me where the post-office is?

(iii) *Use 'vouloir':*

(*a*) 1. He would not do his homework; he said he was
tired. 2. What does this word mean? 3. He does not want
to get married. 4. I should like to know what he wants.
5. I should have liked to know what he wanted.

(*b*) 1. What do you want? 2. We don't want you to be
unhappy. 3. Would you like to go up in an aeroplane?
4. He would not accept the post that was offered to him.
5. My mother would have liked to see you.

(iv) *Use 'savoir,' or 'pouvoir,' or 'connaître':*

(*a*) 1. Does he know who I am? 2. You don't know my
father! What could he say? 3. He said he could not play
bridge. 4. He said he could not eat his dinner. 5. She fell
into the river, but fortunately she can swim.

(*b*) 1. I did not know it was raining. 2. You could have
done it in half an hour. 3. You know you can't smoke here.

4. He does not know our school. 5. Can you ride a bicycle?
—I can't ride a bicycle that has no tyres.

(v) *Mixed examples*

(*a*) 1. We don't know anybody in this town. 2. Will
you come out?—No, I don't want to. 3. Didn't you know
the room was occupied? 4. Could you wait until I am
ready, please? 5. You must have broken it. You ought
not to be so careless. 6. I would give you one if I could.
7. They did not know the man to whom they were talking.
8. I ought to have done it better. I'll have to try again.
9. You won't know what hit you. 10. What do you mean?
—I should like to tell you!

(*b*) 1. He may have set out already. 2. He must have
made a mistake. 3. They would not do it even if they
could. 4. If you knew Susie as I know Susie . . .! 5. Do
you know what he means? 6. I asked him to make me
one, but he would not try. 7. Will you be able to start it
to-morrow? 8. They should not have said that. 9. I don't
want to see him again. 10. You ought to be ashamed.

G. CONVERSATION. *A propos de meubles.* (*Record: Side* 9)

1. Quels sont les meubles de la salle à manger?
2. Décrivez les meubles d'une chambre à coucher, et
   dites à quoi ils servent.
3. Pourquoi recouvre-t-on de tapis les planchers?
4. A quoi sert un miroir?
5. Mange-t-on les mêmes choses avec une cuiller et une
   fourchette?
6. A quoi servent les couteaux?
7. Est-ce qu'on boit le vin dans une tasse?
8. Expliquez la différence entre une chaise, un fauteuil,
   et un canapé (= *settee*).
9. Chez vous, dans quelle pièce se trouvent les plus
   beaux meubles?
10. Quels meubles remarque-t-on dans une cuisine?

H. MOTS À APPRENDRE, *suggérés par la conversation*

1. la table—table
2. le tiroir—drawer
3. mettre le couvert—to lay the table
4. la pendule—indoor clock
5. la fourchette—fork
6. la cuiller (*or* cuillère—*same pronunciation*)—spoon
   le couteau (les couteaux)—knife
7. l'assiette (*f.*)—plate
8. briser—to break, smash
9. la casserole—saucepan
10. le bol—bowl
11. plein—full
    remplir—to fill
12. le plat—dish (the food, or the vessel that contains it)
    le mets—dish, food (contained in the vessel)
13. la cruche—jug
14. verser—(i) to pour; (ii) to spill
15. renverser—to upset, overturn
16. la bouteille—bottle
17. le seau—bucket, pail
18. le poêle (*pronounced as* poil)—stove
    la poêle (*same pronunciation*)—frying-pan
19. le rayon—shelf
20. la serviette—(i) towel; (ii) serviette; (iii) portfolio

I. MOTS À APPRENDRE, *choisis dans le texte A*

1. l'appartement (*m.*)—flat, rooms
2. le charme—charm
   charmer—to charm
3. manquer de—to lack, be lacking in
4. orner—to decorate, adorn
5. offrir—to offer
6. puisque—since, seeing that
7. l'accord (*m.*)—agreement, consent

    d'accord—in agreement

      s'accorder—to agree, be in agreement

8. supprimer—to suppress, do away with, dispense with

9. la réunion—party, meeting

    se réunir—to meet together

10. la visite—visit

    rendre visite à quelqu'un—to visit someone

11. grimper—to climb

12. les époux—married couple

    l'époux—husband

    l'épouse—wife

13. le bois—wood

14. la lampe—lamp

15. le pétrole—paraffin-oil

    l'essence (*f.*)—petrol

16. le bouquet—bunch

17. la fleur—flower

18. devant—in front of, before (position)

    avant—before (time)

19. poliment—politely

    poli—(i) polite; (ii) polished

20. fuir—to flee, take flight

    la fuite—flight

    prendre la fuite—to take flight

J. LOCUTIONS IMPORTANTES *choisies dans le texte A*

1. les fenêtres donnent sur un vaste jardin—the windows look out on to a huge garden

2. un logis qui manque de confort—a dwelling lacking in comfort

3. ils n'ont rien fait pour orner les chambres—they have done nothing to decorate the rooms

4. ce serait un objet de plus—it would be an additional object

5. à quoi bon un fauteuil?—what is the use of an armchair?

6. **le bureau aux murs nus**—the bare-walled study
7. **une lampe à pétrole**—an oil-lamp
   cp. **une tasse à thé**—a tea-cup
8. **rien de plus**—nothing more, nothing else
9. **dont aucune n'est pour lui**—of which neither is for him
10. **il ne peut que fuir**—he can only flee, take flight

K. PHRASES BASÉES SUR LES LOCUTIONS J ET LE VOCA-
   BULAIRE I

1. These charming six-storey flats look out on to a beautiful park.
2. Since the house was entirely comfortless, the landlord and tenant could not agree.
3. Nothing was done at the meeting to suppress the matter.
4. To call (*convoquer*) a meeting now would only be an additional difficulty.
5. What is the use of a car without petrol?
6. The present-day fashion is to have rooms with bare walls and one or two bunches of flowers.
7. He politely offered her a cup of tea.
8. The army did nothing more than take to flight.
9. Before us were two roads, neither of which was lacking in charm.
10. "You can only take one," he said in (*de*) a polite tone.

L. RÉDACTION

1. *The Beggar at the Ball.* Mendiant — vêtu de haillons (= *rags*) — faim — décide d'aller à un bal costumé (= *fancy-dress ball*) sans invitation — mange bien — découvert — mis à la porte.
2. Une anecdote montrant l'intelligence des animaux, ou l'intelligence d'un animal.

CHAPTER XXIII

A. LA REMPLAÇANTE[1] (*Record: Side* 4, *second part*)

Une heure trente. La porte du fond s'ouvre et, dans une rafale[2] d'applaudissements, madame Curie gagne la chaire[3]. Elle incline la tête. C'est un mouvement sec qui voudrait être un salut[4]. Debout, ses mains serrant fortement la longue table chargée d'appareils, Marie attend que l'ovation cesse. Elle cesse d'un coup; devant cette femme blême, qui tente de se composer un visage[5], une émotion inconnue réduit au silence la foule venue pour du spectacle.

Marie regarde droit devant elle, et elle dit :

"Lorsqu'on envisage les progrès qui ont été accomplis en physique depuis une dizaine d'années, on est surpris du mouvement qui s'est produit dans nos idées sur l'électricité et la matière... "

Madame Curie vient de reprendre le cours, à la phrase précise où l'avait laissé Pierre Curie.

Que peuvent-ils recéler[6] de si poignant, ces mots glacés : "Lorsqu'on envisage les progrès qui ont été accomplis en physique... "? Des larmes montent aux yeux, coulent sur les visages.

De la même voix unie, presque monotone, la savante fait jusqu'au bout sa leçon de ce jour-là. Elle parle des théories nouvelles sur la structure de l'électricité, sur la désintégration atomique, sur les corps radioactifs. Ayant atteint sans faiblir la fin de l'aride exposé, elle se retire par la petite porte, aussi rapidement qu'elle était entrée.

EVE CURIE, *Madame Curie* (1938)

[1] Il s'agit ici de Madame Curie, veuve de Pierre Curie écrasé par un camion dans une rue de Paris. Elle a remplacé son mari comme professeur de physique à la Faculté des Sciences de Paris sur ordre spécial du Ministère de l'Instruction publique. Elle fut la première femme à être nommée professeur de l'Enseignement Supérieur. [2] storm. [3] professor's chair, desk. [4] intended as a greeting. [5] trying to look composed. [6] to hide, conceal.

B. QUESTIONNAIRE

1. Qu'est-ce qui s'est passé à une heure et demie ?
2. Par où madame Curie est-elle entrée dans la salle ?
3. Comment madame Curie a-t-elle salué ses auditeurs ?
4. Qu'a-t-elle fait en attendant le silence ?
5. Comment la foule des auditeurs a-t-elle été réduite au silence ?
6. Où madame Curie a-t-elle repris le cours de son mari ?
7. Pourquoi les mots "Lorsqu'on envisage les progrès qui ont été accomplis en physique" ont-ils fait monter des larmes aux yeux de ses auditeurs ?
8. De quelle voix la savante a-t-elle fait sa leçon ce jour-là ?
9. De quoi a-t-elle parlé dans sa première leçon ?
10. Par où, et comment, madame Curie a-t-elle quitté la salle ?

C. DICTÉE À PRÉPARER

Pasteur écrit à un enfant[1] qu'il a soigné

Pourquoi ne m'envoies-tu pas / de tes nouvelles / comme tu me l'avais promis ? / Je crains / que tu ne saches pas écrire. / Si tu as besoin de quelque argent / pour te donner / quelques loisirs, / et payer un instituteur, / fais-le-moi savoir. / Ta bonne physionomie / m'a inspiré pour toi / un grand intérêt. / Je suis persuadé / que tu peux fort bien apprendre / et que tu pourrais / par la suite / te placer convenablement. / Enfin / mets-moi au courant / de ta famille.

LOUIS PASTEUR (1822–95)

D. DIALOGUE

MADAME DE RÉNAT. Je vois que vous n'avez pas le sens commun, mon pauvre capitaine.

[1] Il s'agit du petit Joseph Meister, mordu par un chien atteint de la rage, et que Pasteur, grâce à ses découvertes scientifiques, a pu arracher à la mort.

RAOUL. En quoi? je vous prie.

MADAME DE RÉNAT. En quoi? En quoi? D'abord Antoinette est trop jeune.

RAOUL. Elle a dix-huit ans, j'en ai vingt-sept; il me semble que...

MADAME DE RÉNAT. Elle n'a pas le sou.

RAOUL. Eh bien! ni moi non plus.

MADAME DE RÉNAT. C'est une orpheline recueillie[1] par le général, élevée par charité, la fille d'un fermier.

RAOUL. Vous lui avez donné l'éducation[2], je lui donnerai le nom; que lui manque-t-il?

MADAME DE RÉNAT. Voyons, Raoul, vous n'êtes pas sérieux.

RAOUL. Ah! pas sérieux. C'est cela, oui, je connais le refrain. Pour vous je suis toujours l'étudiant militaire qui assistait à votre mariage.

MADAME DE RÉNAT. Votre femme! Antoinette! Allons, allons, avouez que c'est une plaisanterie.

RAOUL. Mais non, mais pas du tout! Vous vous faites de ma gaîté une opinion exagérée.

MADAME DE RÉNAT. Et d'ailleurs, vous avez un rival.

RAOUL. Qu'est-ce que cela me fait, puisqu'elle ne l'aime pas? Elle n'aime personne.

ÉDOUARD PAILLERON (1834–99)

LONDON GENERAL SCHOOL EXAMINATION, *Midsummer* 1928

E. TRADUISEZ EN FRANÇAIS:

Then the young man who had landed first walked rapidly towards the thick woods which surrounded the village. He looked for the house hidden among the trees where the king was living, and found it without much difficulty. All was quiet there, but a big brown dog, one of those which the peasants attach to small carts to carry their fish to the

---

[1] taken in.   [2] upbringing; English 'education' = French *instruction*.

neighbouring markets, began to bark when he heard the steps of a stranger. The noise did not alarm the sailor, who hoped it would awake the sleeping inhabitants. He waited near the door and listened carefully. Someone spoke to the dog, which stopped barking. Then the same voice asked: "What do you want?"

LONDON GENERAL SCHOOL EXAMINATION, July 1943

F. RÉVISION DE GRAMMAIRE

(i) *Chaque, chacun, quelque, quelqu'un, quelques, quelques-uns, plusieurs, la plupart* (Précis pages 80–82)

(*a*) 1. Some girls are better than the boys: some of the girls are better than the boys. 2. Several pupils are absent: several of the pupils are absent. 3. "Each for all and all for each"; that is our motto. 4. Some people think most children are noisy. 5. Several boys came, and each one received a present. 6. A few seats remained, but most of them had been reserved. 7. Have you seen anyone? No, nobody. 8. Each soldier had a rifle. 9. He will have left the letter in some book. 10. The mayor spoke to each boy: he spoke to each of the girls.

(*b*) 1. Most boys have good intentions. 2. Each peasant spoke for himself. 3. Somebody is asking for you on the telephone. 4. She has several books about France. 5. Some of our old boys have done well (use *se distinguer*) at the University. 6. Here are a few pencils for those girls. 7. Give one of them to each. 8. There must be some mistake somewhere. 9. Several of my books have been lost. 10. Have you made many mistakes? No, a few only.

(ii) *Tenses with 'quand,' 'depuis,' etc.* (Précis pages 86–88)

(*a*) 1. This house has been occupied since last year. 2. We have been trying to do it for a long time. 3. They have already been here for two years. 4. Come and see us when you are on holiday. 5. They have been married for over ten years. 6. I would not do it even if I could. 7. I have been waiting for you for an hour. 8. Hardly had he left the house when his friend telephoned. 9. I will go for a walk when I have finished this letter. 10. As soon as he had finished his homework he listened to the wireless.

(b) 1. I have worn this suit every day for six months. 2. The war had lasted for nearly six years. 3. When you see him, tell him I am waiting. 4. Scarcely had the boat left the port when a storm arose. 5. I will come when I am ready. 6. I had been looking for you for ten minutes. 7. He wanted to know where I would be when he came. 8. After they had gone, his father spoke severely to him. 9. When you have washed your neck you can come down. 10. The class used to cease talking as soon as the history master came into the room.

G. CONVERSATION. *Paris*

(a) *Le Fruitier* (page 251).

Voici une boutique parisienne. Notre image s'explique toute seule: le marchand qui attend d'être payé, et la cliente qui porte ses achats dans un filet. Sur la vitrine de la boutique voisine on voit les mots: "Frites et Friture, Bouillon et Bœuf à emporter." On peut y acheter un repas tout cuit et l'emporter tout chaud à la maison.

1. Que fait la femme?
2. Comment le propriétaire est-il habillé?
3. Quelles sortes de choses vend-il?
4. Dans quoi enveloppe-t-il les choses qu'il vend? (Cherchez bien sur l'image!)
5. Voyez-vous le marchand de la boutique voisine? Où est-il? Que fait-il?
6. Comment savez-vous que ce n'est pas l'hiver?

(b) *Fantôme* (page 253).

Cette photographie fait un contraste frappant avec l'autre, *Le Fruitier*.

    7. Quel est le "fantôme"?
    8. Quel temps fait-il?
    9. Regardez les arbres. En quelle saison est-on probablement?
   10. Pourquoi les réverbères ne sont-ils pas allumés?

H. MOTS À APPRENDRE *et à utiliser dans la description des images*

    1. le tablier—apron
    2. le sac—bag, sack
       le sac à main—(lady's) hand-bag
    3. le fruit—fruit
       le fruitier—greengrocer
    4. l'orange (*f.*)—orange
    5 le citron—lemon
    6. le raisin (*singular!*)—grapes
       les raisins secs—raisins
    7. la pomme—apple
       le pommier—apple-tree
    8. la cerise—cherry
       le cerisier—cherry-tree
    9. la prune—plum
       le prunier—plum-tree
       le pruneau—prune
   10. la poire—pear
       le poirier—pear-tree
   11. mûr—ripe
   12. la carotte—carrot
   13. la tomate—tomato
   14. la salade—salad (especially lettuce)
   15. la vitrine—shop-window
   16. le brouillard—fog

LE FRUITIER
Office francais d'information cinématographique

17. la feuille—leaf
18. le tronc—trunk (of a tree)
19. la branche—branch
20. nu—bare

I. MOTS À APPRENDRE, *choisis dans le texte A*

1. le remplaçant—substitute
   remplacer—to replace
2. le fond—back (of a room), bottom (of sea), depths
   (of forest)
3. les applaudissements (*m.*)—applause, clapping
   applaudir—to applaud, clap
4. le salut—bow, greeting
   saluer—to bow to, greet
5. serrer—to clasp, grip
   serrer la main à quelqu'un—to shake hands with
   someone
6. l'appareil (*m.*)—(i) apparatus; (ii) camera
7. attendre que (+ *Subjunctive*)—to wait until
8. cesser—to cease, finish
9. tenter de—to try to, attempt to
   tenter—to tempt
10. réduire—to reduce
11. venir (*conj.* être)—to come
12. lorsque—when (*not in questions*)
13. les progrès (*m.*)—progress (*N.B.* Plural in French.)
14. accomplir—to accomplish
15. produire—to produce
    se produire—to occur, happen
16. le cours—course (of lectures, lessons, etc.)
17. précis—precise
    le précis—summary
18. uni—uniform, regular, smooth
19. atteindre—to reach, attain
20. se retirer—to withdraw, retire

FANTÔME
By courtesy of "La France Libre"

J. LOCUTIONS IMPORTANTES *choisies dans le texte A*

1. la porte du fond s'ouvre—the door at the back opens
   (Note use of the Reflexive in French.)
2. elle incline *la* tête—she bows *her* head
3. la table était chargée d'appareils—the table was
   loaded with apparatus
4. une émotion réduit la foule au silence—an emotion
   reduces the crowd to silence
5. elle regarde droit devant elle—she looks straight in
   front of her
6. depuis une dizaine d'années—for ten years or so
7. elle vient de reprendre le cours—she has just resumed
   the course (*cf.* Chapter XII, J. 6.)
8. de la même voix—in the same voice
   d'une voix forte—in a loud voice
   But à haute voix—aloud
   à voix basse—in a low voice
9. elle fait sa leçon jusqu'au bout—she gives her lesson
   right to the end
10. ayant atteint sans faiblir—having reached without
    weakening

K. PHRASES BASÉES SUR LES LOCUTIONS J ET LE VOCA-
   BULAIRE I

1. The window at the back has been replaced by a door.
2. He greeted me by slightly bowing his head.
3. She was loaded with parcels, which she clasped in
   her arms.
4. After attending his lectures, my difficulties were
   considerably reduced.
5. When you reach the top of the hill, go straight ahead.
6. The scientific progress which has been made in the
   last twenty years or so is remarkable.
7. He had just retired from business when a marked
   rise in prices (*forte hausse des prix*) occurred.
8. "Wait till I catch you," he shouted in a loud voice.

9. They came with me right to the end of the road.
10. It is impossible to make a good summary without
   knowing one's subject thoroughly.

L. RÉDACTION

1. Surpris par la marée.
2. Votre père vous donne un appareil photographique—
   vous prenez des vues — lesquelles ? — l'avantage
   d'avoir un appareil.
3. Une journée (pique-nique, promenade à bicyclette,
etc.) gâtée par la pluie.

STORY FOR REPRODUCTION

For the Supervisor only

[The analysis of the following narrative is printed elsewhere: see page 14. The Master or Mistress will read this narrative aloud twice, once at the ordinary rate, and once somewhat more slowly. No notes are to be taken, but the candidates will keep the analysis before them while doing their Composition.]

To the Teacher: Write on blackboard: *scier* = to saw.

Le Modèle des Courtisans

Un jour, pendant qu'il était à Fontainebleau, le duc d'Antin entendit le roi Louis XIV exprimer le désir de voir abattre un petit bois. Immédiatement, il fit scier presque entièrement chacun des arbres, et, en même temps, fit poster des hommes, prêts à les abattre dès que le signal serait donné.

Le lendemain, comme le roi se promenait du côté du bois, il se montra fâché en voyant les arbres, et renouvela son désir.

"Sire," dit le duc, "ils seront abattus dès que Votre Majesté donnera l'ordre."

"Vraiment," répondit le roi. "Alors, je voudrais les voir enlever sur-le-champ."

A peine eut-il fini sa phrase que le duc siffla, et en quelques instants le bois avait disparu comme par enchantement.

CHAPTER XXIV

A. L'ATTENTE DANS LA NEIGE

Le temps était noir et froid — il faisait déjà nuit. Je sonnai à la petite porte avec la tranquillité d'un homme résolu. Dès que la servante timide m'eut ouvert, je lui glissai une pièce d'or dans la main et lui en promis une autre si elle parvenait à me faire voir mademoiselle Alexandre. Sa réponse fut : "Dans une heure, à la fenêtre grillée." Et elle me ferma la porte au nez si rudement que mon chapeau en tomba dans le ruisseau.

J'attendis une longue heure dans les tourbillons de neige; puis je m'approchai de la fenêtre. Rien ! Le vent faisait rage et la neige tombait dru. Les ouvriers qui passaient près de moi, leurs outils à l'épaule, tête basse sous les flocons épaissis, me heurtaient rudement. Je craignis qu'on ne me remarquât. Un quart d'heure se passa. Rien. Enfin la fenêtre s'entr'ouvrit.

"C'est vous, monsieur Bonnard ?

— C'est vous, Jeanne ? Que devenez-vous ?

— Je vais très bien !

— Mais encore ?

— On m'a mise dans la cuisine et je balaye les salles."

d'après ANATOLE FRANCE (1844–1924),
Le Crime de Sylvestre Bonnard

B. QUESTIONNAIRE

1. What did Monsieur Bonnard want when he rang at the door ?
2. What state of mind was he in when he rang the door-bell ?
3. What was the young lady's full name ?
4. How did he succeed in obtaining the servant's help ?
5. What did he say to the servant, and what did she answer ?

6. What knocked his hat into the gutter?
7. In what sort of weather did Monsieur Bonnard wait outside for Jeanne?
8. How long did he have to wait? (Be careful! Not just a "long hour.")
9. Where did Jeanne come to speak to Monsieur Bonnard?
10. What task was assigned to her?

C. DICTÉE À PRÉPARER

La Neige

Un vent âpre / s'était levé, / faisant tourbillonner / la neige qui tombait. / La campagne déserte / était toute blanche, / les coteaux semblaient couverts / d'un grand linceul triste. / Les arbres, / aux formes bizarres, / marquaient leurs branches / par une ligne blanche. / Les fougères / poudrées de neige / penchaient vers la terre. / Un silence de mort / planait sur la terre désolée / et l'on n'entendait même pas / le bruit des pas, / amorti par la neige épaisse.

EUGÈNE LE ROY (1836–1907)

D. POÈME

Il neigeait. On était vaincu par sa[1] conquête.
Pour la première fois l'aigle[2] baissait la tête.
Sombres jours! l'empereur revenait lentement,
Laissant derrière lui brûler Moscou fumant.
Il neigeait. L'âpre hiver fondait en avalanche.
Après la plaine blanche une autre plaine blanche.
On ne connaissait plus les chefs ni le drapeau.
Hier la grande armée, et maintenant troupeau.
On ne distinguait plus les ailes ni le centre.
Il neigeait. Les blessés s'abritaient dans le ventre
Des chevaux morts; au seuil des bivouacs désolés
On voyait des clairons[3] à leur poste gelés,

[1] Refers to *on*.   [2] The Napoleonic eagle.   [3] buglers.

Restés debout, en selle et muets, blancs de givre[1],
Collant[2] leur bouche en pierre aux trompettes de cuivre.
Boulets, mitraille, obus[3], mêlés aux flocons blancs,
Pleuvaient ; les grenadiers, surpris d'être tremblants,
Marchaient pensifs, la glace à leur moustache grise.
Il neigeait, il neigeait toujours ! La froide bise
Sifflait ; ...

VICTOR HUGO (1802–85), Les Châtiments

Questionnaire

1. What great event in Napoleon's military career is referred to in the poem?
2. How would you explain the words : "On était vaincu par sa conquête"?
3. Why does the poet say that the eagle bowed its head *pour la première fois*?
4. What impression does the poet suggest by the line : "Après la plaine blanche une autre plaine blanche"?
5. Give two illustrations of the disorganization of the army.
6. What thoughts are suggested to the reader by the words *grande armée* and *troupeau* in line eight?
7. What had happened to the buglers?
8. Why were the grenadiers *surpris d'être tremblants*?
9. What effect did the poet intend to produce by the words : "La froide bise sifflait"? What is the effect of the alliteration?
10. Which line suggests that the retreating army was being attacked?

E. TRADUISEZ EN FRANÇAIS :

1. "Good morning. I see that the postman has brought us some letters ; two for you and one for me. From whom are yours?"

---

[1] hoar-frost.   [2] gluing ; *la colle* = glue.   [3] shells.

"I have not read them yet . . . This one is from my uncle. He wants me to go and spend the day with him on Thursday."

2. Robert's mother was always saying to him, "Close the door, my son. Polite boys never forget to close doors after them."

One day he saw a neighbour, who was waiting in front of her door. She seemed a little anxious. "I am glad to see you, Robert," she said.

"I want to open this door," she went on, "and I think I have lost my key. But you will perhaps be able to get in by the dining-room window, which is open."

Robert was proud of his agility. He jumped on to the window-ledge, entered the house, and ran to the door, which he opened. He came out—and shut it gently behind him.

CENTRAL WELSH BOARD SCHOOL CERTIFICATE, *July* 1942

F. RÉVISION DE GRAMMAIRE. *Mots anglais difficiles à traduire en français :* about, as, before, few and little, for (Précis pages 96–98)

about. 1. I think he has about three pages to write. 2. What are you talking about? 3. There are about a hundred people in the room. 4. I shall come about eight o'clock. 5. The man was about forty. 6. Brighton is about fifty miles from London. 7. He was about to speak when the telephone rang. 8. About what time shall I come? 9. He gave a lecture about pacifism. 10. He wants to speak to me about it.

as. 1. Is your house as near the town as mine? 2. He became more generous as he grew older. 3. He was walking as if he were tired. 4. I will help John; as for his brother, he can do it himself. 5. He disguised himself as a monk. 6. I have already packed my bags, as I want to be ready as soon as possible. 7. As I no longer need the book, you can have it. 8. He appeared on the stage dressed as a sailor. 9. As we climbed the mountain, the view became more beautiful. 10. It is in doing such things as this that he shows his generosity. 11. Bring me the book as soon as you have read it. 12. As she was walking in the park she saw the aeroplane. 13. Books such as those are not worth anything. 14. As I was going to St Ives I met a man. 15. They can have as many of them as they can carry. 16. He bowed several times, as if to show he was pleased. 17. Young people are not so good as their parents were. 18. He jumped as if he had been pricked with a pin. 19. Speak softly, as the child is asleep. 20. I do it as often as possible.

before. 1. She came and saw us before she went back to Canada. 2. Have you read this book before ? 3. He came to see me the day before his departure. 4. You have told me that story before. 5. He made his will two days before his death. 6. Before you go to bed, drink something hot. 7. You must do it before you are twenty-five. 8. I like to be at the station ten minutes before the train arrives. 9. I find this game difficult, as I have never played it before. 10. You must dress before they come. 11. The car stopped before our house. 12. He finished his tea just before six o'clock. 13. You may leave ten minutes before the end of the lesson. 14. She is generally asleep before her father reaches home. 15. He was warming himself before the fire.

few and *little.* 1. Come a little nearer. 2. She has made very little progress. 3. The little boys and girls are playing together. 4. A little bird told me so. 5. We have a few new foreign stamps. 6. Little things are sometimes very important. 7. A few people turned up. 8. I would like a little bread, please. 9. He has few chances of succeeding. 10. Few people can sing well.

for. 1. I worked in a bank for six years. 2. Exercise is necessary for health. 3. He had been ill only for a few days when he died. 4. I have been a member of the Association for over ten years. 5. "Do it for Mummy,"

she said. 6. We shall bring our macs, for it may rain.
7. He has not written for a month. 8. I use this rag for
cleaning my bicycle. 9. He had been the only Englishman
living there for several years. 10. A pound will be enough
for your expenses. 11. He had been living in Berlin for a
year when I met him. 12. Life is not easy for us. 13. It
had been raining for more than an hour. 14. I have been
getting up early every morning for a fortnight. 15. That
will occupy you for a long time. 16. This book is too easy
for him. 17. He had only been away for a few days when
he was sent for. 18. Will you do something for me?
19. He was punished for talking in class. 20. I had been
reading for about half an hour when the bell rang. 21. What
are you doing that for? 22. They said nothing for a few
minutes. 23. Will you help me, please, for I find it difficult.
24. I am going to France, for I want to see Paris. 25. That
word is not good enough for this context. 26. He was
shot for having betrayed his country. 27. I am looking for some fruit-trees for my garden. 28. He was
travelling for a large London firm. 29. They have been
working here for a long time. 30. We are going away for
a fortnight.

G. CONVERSATION. *Le Temps et les saisons; la ville et la
    campagne.* (*Record: Side* 10)

1. Quel temps fait-il aujourd'hui? Quel temps a-t-il
   fait hier?
2. Quelle saison de l'année aimez-vous le mieux?
3. Quelle différence avez-vous remarquée dans les arbres
   au printemps et en automne?
4. En quelle saison les jours sont-ils le plus courts, et
   pour quelle raison?
5. Préféreriez-vous vivre dans une ville ou à la campagne?
6. En traversant un bois, que voit-on?
7. En quoi consiste le travail du paysan?

8. Quels changements l'automobile a-t-elle apportés à la campagne ?
9. La pluie a moins d'importance pour un citadin que pour un paysan. Comment expliquez-vous ce fait ?
10. Décrivez une chaumière que vous connaissez bien.

H. MOTS À APPRENDRE, *basés sur la conversation*

1. la saison—season
2. le printemps—spring
   l'été (*m.*)—summer
   l'automne (*m.*)—autumn
   l'hiver (*m.*)—winter
3. il fait chaud, froid—it (the weather) is hot, cold
   avoir chaud—to be hot (bodily feeling)
   être chaud—to be hot (things)
4. il fait du vent—it is windy
5. pleuvoir—to rain
   il pleut—it is raining
6. le soleil—sun
   la lune—moon
   au soleil—in the sunshine
   il fait du soleil—it is sunny, the sun is shining
7. le nuage—cloud
8. le crépuscule—twilight
9. l'éclair (*m.*)—flash of lightning
10. le tonnerre—thunder
11. préférer—to prefer
12. le paysan (la paysanne)—peasant
13. l'ouvrier—workman
    l'ouvrière (*f.*)—woman worker
14. le blé—wheat
15. la récolte—harvest
16. la colline—hill
17. le chêne—oak
18. le hêtre—beech
19. grimper dans un arbre—to climb a tree

20. la forêt—forest
21. la feuille—leaf
    la feuille de papier—sheet of paper
22. le verger—orchard
23. la haie—hedge
24. l'herbe (*f.*)—grass
25. le nid—nest
26. la mouche—fly
27. l'abeille (*f.*)—bee
28. le chien de berger—sheep-dog
    le berger—shepherd
29. aboyer—to bark
30. le troupeau—flock, herd
31. le bétail *or* les bestiaux (*m.*)—cattle
32. la vache—cow
33. la chèvre—goat
34. le mouton—(i) sheep; (ii) mutton
35. l'agneau (*m.*)—lamb
36. la poule—hen
37. le cochon—pig
38. le canard—duck
39. l'âne (*m.*)—ass, donkey
40. la patte—leg (of animal or bird)

I. MOTS À APPRENDRE. *choisis dans le texte A*

1. la neige—snow
   neiger—to snow
2. le temps—weather
3. déjà—already
4. sonner—to ring
   la sonnette—bell (electric)
5. résolu—resolute, determined
   résoudre—to resolve, decide
   j'ai résolu de—I have resolved to . . .
6. dès que—as soon as
   aussitôt que—as soon as

7. la servante—servant (female)
   le serviteur—servant (male)
8. timide—shy, timid
9. glisser—(i) to slip; (ii) to glide; (iii) to slide
10. la pièce—(i) coin: (ii) room; (iii) play
11. l'or (m.)—gold
12. promettre—to promise
    promettre *à* quelqu'un *de* faire quelque chose—to promise someone to do something
    la promesse—promise
13. parvenir à (+ *Infinitive*)—to manage to
14. fermer—to shut
15. rudement—harshly, roughly
    rude—harsh, rough
16. le ruisseau—(i) stream; (ii) gutter
17. le tourbillon—whirlwind, eddy
18. puis—then, next
19. épaissir—to thicken
    épais épaisse—thick
20. enfin—at last. finally

J. LOCUTIONS IMPORTANTES *choisies dans le texte A*

1. le temps *était* noir et froid—the weather was dark and cold
   N.B. *il faisait* noir et froid—it was dark and cold
2. dès que la servante m'eut ouvert—as soon as the servant had opened (the door) to me. (*N.B.* Tense: Past Anterior after dès que. Same tense after aussitôt que, après que, lorsque, quand. See Grammar.)
3. dans une heure—in an hour (at the end of)
   en une heure—in an hour (within)
4. elle me ferma la porte au nez—she shut the door in my face
5. j'attendis une longue heure—I waited a full hour
6. le vent faisait rage—there was a violent wind

7. **leurs outils à l'épaule**—with their tools on their shoulders

  cp. la pipe à la bouche, les mains dans les poches
  (Note the singular **épaule** and the plural 'shoulders.')

8. **je craignis qu'on ne me remarquât**—I was afraid I should be noticed. (*N.B.* Construction after verbs of fearing: Subjunctive + **ne**.)

9. **que devenez-vous?**—what is happening to you? (*cf.* Chapter XIX, J. 10.)

10. **je vais très bien**—I am very well

  cp. comment ***allez***-vous?—how are you?
  aller mieux—to be better

K. PHRASES BASÉES SUR LES LOCUTIONS J ET LE VOCA-
  BULAIRE I

1. The weather was very bad; it was very windy and soon it was snowing.
2. As soon as he had rung, the maid opened the door.
3. We have promised to see them in an hour.
4. She was so shy that she closed the door in our faces.
5. I had already been waiting two full hours.
6. The wind was violent, and we could hardly shut the window.
7. Then he came in with his hands behind his back.
8. We were afraid the weather was too bad for (*pour que* + Subjunctive) us to go on.
9. "What has become of your friends?" he said.
10. I hope your mother will soon be better.

L. RÉDACTION

1. Conversation entre Jean et Henri, dans laquelle Jean expose les avantages de la vie à la campagne, Henri ceux de la vie dans une grande ville.
2. Vous passez la nuit chez un ami à la campagne — un incendie pendant la nuit.

CHAPTER XXV

A. LA JEUNESSE DE J.-F. MILLET[1]

Bientôt, il fallut abandonner les leçons, parce que le père eut besoin que Jean-François revînt au travail de la terre. Mais le goût de l'étude ne changea pas. Au retour des champs, J.-F. Millet lisait les deux livres que j'ai déjà nommés, et aussi les volumes que le grand-oncle et la grand'mère avaient introduits sous le toit de chaume de Gruchy... Quelquefois aussi, et même dans le chaud de la moisson, quand les autres travailleurs dormaient sur leur lit..., il dessinait ce qu'il voyait autour de lui.

Or, un jour, un dimanche, Jean-François, qui était le second des enfants et l'aîné des fils, venait d'avoir dix-huit ans, lorsque, rentrant de la messe, il prit un charbon dans le foyer, et dessina, de souvenir, un bonhomme qu'il avait rencontré sur la place. La ressemblance, la vigueur du dessin, révélaient autre chose qu'un goût enfantin de la caricature. Le père rentra à son tour, considéra la feuille de papier, puis son grand fils, et il dit, lui qui parlait rarement : "Mon pauvre François, je vois bien que tu es tourmenté de cette idée-là ; j'aurais bien voulu t'envoyer te faire instruire dans ce métier de peintre qu'on dit si beau, mais je ne le pouvais : tu es l'aîné des garçons et j'avais trop besoin de toi ; maintenant tes frères grandissent, et je ne veux pas t'empêcher d'apprendre ce que tu as tant envie de savoir. Nous irons bientôt à Cherbourg[2], nous saurons si tu as vraiment des dispositions dans ce métier pour y gagner ta vie."

RENÉ BAZIN, *La douce France* (1911)

---

[1] Peintre paysagiste, 1815–75. [2] Town on the north coast of France. See endpaper.

B. QUESTIONNAIRE

1. Comment le père de Millet gagnait-il sa vie ?
2. Les goûts de Millet s'accordaient-ils avec son travail quotidien ?
3. A quoi Millet consacrait-il ses loisirs ?
4. Où Millet était-il allé un certain dimanche ?
5. Millet avait-il un frère aîné ou une sœur aînée ?
6. Pourquoi le père de Millet, contrairement à son habitude, a-t-il parlé longuement à son fils ?
7. Le père de Millet voulait-il obliger son fils à être fermier ?
8. Pourquoi le père s'était-il trouvé dans la nécessité d'obliger son fils à l'aider dans son travail ?
9. Pourquoi, à la longue (*in course of time*), le père put-il permettre au fils de suivre sa vocation ?
10. Dans quel but le père de Millet proposa-t-il un voyage à Cherbourg, et qui avait-il probablement l'intention de voir ?

C. DICTÉE À PRÉPARER

L'Art

A quoi sert, / je vous le demande, / la broderie sur un vêtement ? / Elle prend beaucoup de temps / et ne rend le vêtement / ni plus chaud, / ni plus commode. / A quoi servent les fleurs / peintes sur les assiettes / que vos parents réservent / pour les jours de fête ? / L'assiette n'est pas plus solide. / A quoi bon / ces belles moulures profondes, / ces panneaux / travaillés en plein bois / qui ornent / tant de vieilles armoires / de nos fermes ? / Une armoire / n'est-elle pas aussi solide / et ne ferme-t-elle pas aussi bien / quand elle est faite / de planches unies ? / C'est vrai, / cela ne donne point de profit, / mais cela nous donne une joie / qui émeut notre cœur / quand nous sommes / en face d'une belle chose.

LAMARTINE (1790–1869)

D. DIALOGUE

GEORGES. Elles sont gentilles.

DURSAY. Très gentilles. Je vous avais bien dit que vous ne vous ennuieriez pas ici. Elles ont d'ailleurs l'instruction la plus soignée — l'anglais, et l'allemand, et la cuisine, et la musique, et la peinture, et la gymnastique... Et là-dessus, mon garçon, faites votre choix. Norah et Desdémone sont disponibles.[1]

GEORGES. Comme vous y allez! ... Laquelle me conseillez-vous?

DURSAY. Moi, j'aurais plus de confiance en Desdémone.

GEORGES. Et ... pas de dot,[2] naturellement?

DURSAY. Pas une grosse, non, mais enfin une dot.

GEORGES. Et Monsieur Petermann?

DURSAY. Le pasteur Petermann est un très brave homme, et même un saint homme, et qui certainement s'occuperait beaucoup de ses paroissiens s'il n'était obligé de s'occuper d'abord de ses filles. Six filles à marier. Songez! C'est une affaire!

JULES LEMAÎTRE (1853-1914)

LONDON GENERAL SCHOOL EXAMINATION, *Midsummer* 1931

E. TRADUISEZ EN FRANÇAIS:

At Marignan, about ten miles from Milan, the French met the Italians and their Swiss soldiers. King Francis was quietly sitting at supper in the camp, when he received warning that the Swiss troops were near. He at once went out to meet the enemy. The Swiss with their long lances fought with the greatest courage. Several times the French charged, but were repulsed, and the Swiss continued their advance. The knight Bayard was, as ever, in the first rank. Throwing himself on the Swiss, he cried, "Traitors! go back to eat cheese in your mountains if you can."

Night fell and the armies separated, but there was little

---

[1] available.　　[2] dowry; pronounce the final *t* of *dot*.

rest for the soldiers or their leaders. The King remained on horseback most of the night in the midst of his men. In the morning the battle began again. The French fought as well as the previous day, but the Swiss stood firm, still hoping for victory, till ten o'clock. Then fresh troops arrived on the battlefield to help the tired soldiers of the King, and his enemies knew that they were beaten.

OXFORD AND CAMBRIDGE SCHOOL CERTIFICATE,
December 1942

F. RÉVISION DE GRAMMAIRE. *Mots anglais difficiles à traduire en français :* go, in, leave, out and outside, people, return (Précis pages 98–100)

go. 1. Yesterday I went for a long bicycle ride. 2. He wants to go home before dark. 3. They went upstairs to see the room. 4. I come, I go back. 5. As he did not like life in England, he went back to France. 6. We went for a long walk in the country. 7. After the match, the team went back to London. 8. I am going to get up early to-morrow. 9. I shall go back next Tuesday. 10. If I am free I'll go for a walk with you. 11. Go and tell him not to come. 12. The boat was going up the river. 13. Now I can go on with my work. 14. He used to go to all his friends' houses every New Year's Day. 15. Go down a little lower. 16. Some pupils go on talking after the master has come in. 17. The wolves went back into the forest. 18. Go away, go home. 19. We go into the class-room after prayers. 20. He is going in for his Matric next week. 21. The cat went across the road. 22. He went out smoking a cigarette. 23. He was going up the street. 24. The girl went out with her friend. 25. He asked me to go and get the medicine.

in. 1. I'll be ready in a few minutes. 2. One meets all sorts of people in Dover. 3. They are very interested in languages. 4. In Belgium two languages are spoken.

5. There are seven rooms in our house. 6. In Japan many houses are made of wood and paper. 7. He came in with his hat in his hand. 8. You must come in time in any case. 9. The centre of French intellectual life is in Paris. 10. We have to write all our exercises in ink. 11. Come back in three-quarters of an hour. 12. You are wrong in my opinion. 13. I used to see him every Sunday in church. 14. Compiègne is the biggest town in the district. 15. The horse was standing in the middle of the field. 16. The house was completely built in a month. 17. She said she would be back in a quarter of an hour. 18. Several of Mr Wells's books have been translated into French. 19. The postman comes at about half past seven in the morning. 20. They have a big garden without anything in it. 21. In Canada it is colder in winter than in England. 22. I work in the morning and go out in the afternoon. 23. He left in haste and left his hat in my room. 24. There is no one in the house. 25. The train left at 6.30 in the morning.

leave. 1. I should like to see the friends I left behind me. 2. Don't leave me alone. 3. I have left my umbrella behind the door. 4. We hope to leave for the seaside next week. 5. They left school a long time ago. 6. Don't leave your things upside down. 7. What will you do when you have left your parents? 8. He left me at the street corner. 9. If you go out, leave the key in the usual place. 10. Leave him a little of it. 11. Can't you leave me alone? 12. He has left his dinner. 13. From which platform does the train leave? 14. We usually leave work at 5 p.m. 15. He was on leave, but now he has left again.

out and *outside.* 1. Don't judge a book by the outside. 2. I was out of the room when the telephone rang. 3. Don't put your head out of the window. 4. Take him by the hand and lead him out. 5. Can John come out and play in the road outside our house? 6. Take your books out of your desk. 7. What shall I do if he is out? 8. I have left the car outside the gate. 9. The outside of the house has

just been painted. 10. There has been an accident just
outside the school.

people. 1. There were many people at the station. 2. The
people in that part of the town are very poor. 3. People
don't always like to be told the truth. 4. We hoped that
after the war all the peoples of the world would be free.
5. The people who live in the north of Canada are called
Eskimos. 6. I wonder what people will say. 7. People
used to believe that the earth was flat. 8. There were
crowds of people on the beach. 9. All the people in that
compartment were smoking. 10. Nobody likes people who
are not honest.

return. 1. Please return me the book when you have
read it. 2. He has returned from abroad to his native
land. 3. After signing the treaty in London, the Ambassador returned. 4. All the photographs have been returned
to their owners. 5. He came to England in April and returned to Germany in May. 6. He returned the change—
only a few coppers. 7. At what time do you want to return
home? 8. He returned blow for blow. 9. I will come back
as soon as I can. 10. Longer days have returned.

G. CONVERSATION. *Deux tableaux de Jean-François Millet*

L'Angélus (page 273). Ces deux paysans ont entendu
sonner la cloche du village indiquant l'heure de la prière
du soir. Ils ont cessé de travailler afin de dire leur prière.

1. Avec quoi l'homme travaillait-il?
2. Pourquoi porte-t-il son chapeau à la main?
3. Que voyez-vous dans le fond du tableau?
4. Quelles chaussures ces paysans portent-ils?
5. Quelles indications y a-t-il de la pauvreté de ces gens?

Les Glaneuses (page 275). Tous les célèbres tableaux de
Millet témoignent d'une rare sympathie pour les paysans
pauvres. Les riches n'ont pas besoin de glaner.

L'ANGÉLUS
J.-F. Millet
Photo Rischgitz Collection

6. Que font ces trois femmes?
7. Comment sont-elles vêtues?
8. Que portent-elles à la main?
9. Qu'y a-t-il dans le fond du tableau?
10. Le "Petit Larousse" décrit ce tableau comme une "peinture réaliste et en même temps pleine de lumière et de poésie." Êtes-vous d'accord?

H. MOTS À APPRENDRE, *suggérés par les tableaux de Millet*

1. la fourche—fork (large, *e.g.*, garden fork)
2. la brouette—wheelbarrow
3. le panier—basket
4. la roue—wheel
5. l'épi (*m.*)—ear (of corn)
6. la cloche—bell (large, *e.g.*, church bell)
7. l'horloge (*f.*)—outdoor clock
8. la prière—prayer
9. les chaussures (*f.*)—footwear, boots, shoes, etc.
10. les sabots (*m.*)—clogs, wooden shoes
11. le foin—hay
12. pauvre—poor
     la pauvreté—poverty
13. vêtu—dressed, clothed
14. labourer—to plough
     le laboureur—ploughman
15. réaliste—realistic

I. MOTS À APPRENDRE, *choisis dans le texte A*

1. bientôt—soon
     plus tôt—sooner, earlier
2. abandonner—to give up, abandon
3. parce que—because
4. le père—father
5. changer—to change, alter
6. le retour—return
7. le champ—field

LES GLANEUSES
J.-F. Millet
Photo Rischgitz Collection

8. **le livre**—book
   la livre—pound (weight *or* money)
9. **aussi**—also
   aussi grand que—as big as
10. **introduire**—to introduce (something)
    présenter—to introduce (someone)
11. **le chaume**—thatch
    la chaumière—cottage
12. **la moisson**—harvest
13. **dessiner**—to draw
    le dessin—drawing
    le dessein—design, intention
14. **or** (*conjunction*)—now
    maintenant (*adverb*)—now
15. **le charbon**—(i) coal; (ii) piece of coal
16. **le foyer**—(i) hearth, fire-place; (ii) home
17. **le bonhomme**—fellow, man (usually implies simplicity, good nature)
18. **la place**—(i) square (in a town); (ii) seat (in a train, theatre, class, etc.)
    l'endroit (*m.*)—place (spot)
19. **la vigueur**—vigour, force
    vigoureux vigoureuse—vigorous, strong
20. **révéler**—to reveal
21. **enfantin**—childish
22. **considérer**—to consider
23. **rarement**—rarely, seldom
24. **tourmenter**—to trouble, worry
25. **vouloir**—to wish, want
26. **instruire**—to teach, instruct
    l'instruction (*f.*)—instruction, teaching, education
27. **le métier**—trade, profession, occupation
28. **le peintre**—painter
29. **trop**—too, too much, too many
30. **vraiment**—truly, really
    vrai—true, real

J. LOCUTIONS IMPORTANTES *choisies dans le texte A*

1. il fallut abandonner les leçons—the lessons had to be given up

2. au retour des champs—on returning from the fields
   cp. de retour aux champs—back in the fields again

3. ce qu'il voyait autour de lui—what he saw around him
   N.B. 'what' (*object*) = ce que (as in example above)

   'what' (*subject*) = ce qui (*e.g.*, ce qui m'étonne)

4. il venait d'avoir dix-huit ans—he had just turned eighteen
   cp. il **vient** d'avoir dix-huit ans—he *has* just turned eighteen (*cf.* Chapter XII, J. 6.)

5. il prit un charbon **dans** le foyer—he took a piece of coal *out of* the fire-place
   cp. boire **dans** un verre—to drink *out of* a glass
   manger **dans** une assiette—to eat *off* a plate
   prendre **dans** un tiroir—to take *out of* a drawer
   prendre **sur** une table—to take *off* a table
   locutions choisies **dans** le texte—expressions chosen *from* the text

6. j'aurais bien voulu t'envoyer—I should very much have liked to send you

7. j'avais trop besoin de toi—I needed you too much, had too great a need of you

8. je ne veux pas t'empêcher d'apprendre—I don't want to prevent you from learning

9. ce **que** tu as tant envie de savoir—what you so much want to know (*cf.* 3. above)

10. pour y gagner ta vie—to earn your living at it

K. PHRASES BASÉES SUR LES LOCUTIONS J ET LE VOCA-BULAIRE I

1. I shall have to (use *falloir*) be back again earlier than I wanted.

2. He had to give up the idea because his father was not back from the army.
3. Tell me what you have read in the book and what particularly interests you.
4. He had just turned sixteen when his talent for drawing began to reveal itself.
5. He took a pencil from the drawer, a piece of paper from the table, and drew the cottage.
6. They would much have liked to visit the place.
7. We have too great a need of coal for there to be strikes.
8. His parents wouldn't like to prevent him from having a good education.
9. He wanted so much to be a painter that the idea worried him day and night.
10. The profession of musician is too uncertain for a man to be sure that he can make his living at it.

L. RÉDACTION

1. Racontez une visite que vous avez faite au théâtre ou au cinéma.
2. Imaginez une conversation entre un partisan et un adversaire du service militaire obligatoire.

CHAPTER XXVI

A. L'AUBE VIENDRA

Français! Pendant plus de trente ans, dans la paix comme dans la guerre, j'ai marché avec vous et je marche encore avec vous aujourd'hui, sur la vieille route. Cette nuit je m'adresse à vous dans tous vos foyers, partout où le sort vous a conduits. Et je répète la prière qui entourait vos louis d'or[1]: "Dieu protège[2] la France"...

Français! armez vos cœurs à neuf, avant qu'il ne soit trop tard. Rappelez-vous de quelle façon Napoléon disait avant une de ses batailles: "Soldats, à Iéna, contre ces mêmes Prussiens, aujourd'hui si arrogants, vous étiez un contre trois; à Montmirail un contre six." Je refuse de croire que l'âme de la France soit morte et que sa place parmi les grandes nations puisse être perdue à jamais...

Ne vous imaginez pas, comme la radio contrôlée par l'Allemagne essaie de vous le faire croire, que nous autres[3] Anglais cherchons à saisir vos navires et vos colonies. Ce que nous voulons, c'est frapper jusqu'à ce qu'Hitler et l'Hitlérisme passe de vie à trépas. Nous ne voulons que cela mais nous le voulons sans cesse, nous le voudrons jusqu'au bout...

L'aube viendra. Elle se lèvera brillante pour les braves, douce pour les fidèles qui auront souffert, glorieuse sur les tombeaux des héros. Vive la France! Et vive aussi le soulèvement des braves gens qui cherchent leur patrimoine perdu et marchent vers les temps meilleurs!

WINSTON CHURCHILL,
Discours radiodiffusé le 21 octobre 1940

---

[1] Gold coin first struck in the reign of Louis XIII.
[2] Be careful! Subjunctive of wish.
  Do not translate *autres: nous autres Anglais* = we English.

B. QUESTIONNAIRE

1. Qu'est-ce qui se passait en France au moment où Mr Churchill a prononcé ce célèbre discours à la radio ?

2. Qu'est-ce que le premier ministre entendait par : "Je marche encore avec vous sur la vieille route" ?

3. Comment Mr Churchill a-t-il pu s'adresser aux Français "dans leurs foyers" ?

4. Pourquoi Mr Churchill dit-il aux Français "d'armer leurs cœurs à neuf" ?

5. Qu'est-ce qui s'est passé à Iéna et à Montmirail ?

6. Qu'est-ce que Mr Churchill croit ? (deux choses)

7. Contre quelle idée, exploitée par la propagande ennemie, Mr Churchill met-il les Français en garde ?

8. D'après Mr Churchill, quel est le seul désir et quel est le seul but de l'Angleterre ?

9. Qu'est-ce que Mr Churchill promet aux Français ?

10. Mr Churchill pense-t-il uniquement à la France ? Qu'est-ce qu'il souhaite aux autres peuples opprimés ?

C. DICTÉE À PRÉPARER

La douce France

Les troubadours / faisaient vibrer la foule / au nom de douce France, / le plus gai pays, / le plus beau royaume. / Huit cents ans / après la Chanson de Roland[1], / la France est toujours / la terre charmante, / agréable, / heureuse, / admirée, / l'honneur de la zone tempérée / qui, / nulle part ailleurs, / ne dispense plus équitablement / le soleil et la pluie. / C'est le verger / des meilleurs fruits, / le cellier des meilleurs vins, / blancs ou rouges, / le grenier d'abondance, / et, / pour tout dire, / la patrie du peuple / le plus heureux / et le plus gai du monde. / La France est / le plus humain des séjours / parce que le rire / est le propre de l'homme.

d'après ONÉSIME RECLUS (1837–1916)

[1] Great French epic poem of the Middle Ages.

D. POÈME

Pour les Morts

O vous qui, dans les plis déchirés du drapeau,
Dormez en un linceul[1] aux couleurs de la France,
Vous qui, les yeux fermés, goûtez le grand silence
Et, face à l'ennemi, mourûtes le front haut :
Paix à vous que la guerre a frappés du fléau[2],
Héroïque moisson d'audace et de vaillance :
Ce jour de souvenir, de deuil et d'espérance
Est votre jour. Inclinons-nous. Ce jour est beau.
A vous, fils belliqueux[3] de la Patrie en armes,
Nous n'apporterons pas de regrets et de larmes ;
Devant vous nos genoux ne doivent pas plier.
C'est debout qu'il convient[4] de vous porter envie,
Car lorsque l'on repose à l'ombre du laurier
La Gloire fait la Mort plus belle que la Vie.

HENRI DE RÉGNIER (1864–1936)

Questionnaire

1. Whom does the poet address in the first line ?
2. Why does he describe the flag as *déchiré* ?
3. What is the shroud referred to in line two ?
4. What do you understand by : "Vous qui goûtez le grand silence" ?
5. In what manner did these men meet their death ?
6. How would you explain : "Héroïque moisson d'audace et de vaillance" ?
7. To what day does the poet refer in line eight ?
8. What attitude should those who are left adopt towards those who are dead ?
9. What does the poet mean to suggest by the word *laurier*, in line thirteen ?
10. Do you agree with the statement made in the last line of the poem ?

[1] shroud. [2] flail, scourge. [3] warlike. [4] it is fitting.

E. TRADUISEZ EN FRANÇAIS:

I was only four years old at the time, but I remember distinctly the night when our house was burnt. We were all asleep, my father, my mother and my two sisters, when suddenly we were awakened by Bob, our fox-terrier, who was barking furiously. Usually Bob was a very quiet dog, and unless he was hunting rats or mice he slept the whole night. So we knew at once that something serious was happening. Was it a fox trying to break into the poultry-yard or someone stealing apples in the orchard? As our dog continued barking, my father got up and went downstairs. Then we heard him say to my mother: "Get up quickly and tell the children to get up too. The house is on fire; don't be afraid, but there is no time to lose; if we act quickly, the house may be saved." But alas! the house was old, and made of wood. A few neighbours helped to save some furniture, but that was all they could do. In less than an hour the house was completely destroyed.

OXFORD AND CAMBRIDGE SCHOOL CERTIFICATE, *July* 1942

F. RÉVISION DE GRAMMAIRE. *Mots anglais difficiles à traduire en français:* say, etc., so, take, that, time, up and down, what (Précis pages 102–104)

say, tell, speak, talk. 1. I don't think you are telling the truth. 2. Come on! say what you want. 3. Don't talk nonsense. 4. If you didn't talk so much you would accomplish more. 5. I have told him about it. 6. Tell me the old, old story. 7. How do you say that in Spanish? 8. Speak a little more quietly, I am not deaf. 9. I want to tell you something. 10. She told me the story of her life.

so. 1. Anybody will tell you so. 2. It is nearly dark, so I must draw the curtains. 3. Though she is so old, she is very active. 4. They live so far from the station that we must take a taxi. 5. I think it will rain, so I will take my umbrella. 6. February has 29 days in 1948, 1952, 1956, and so on. 7. I am only taking a little luggage so as to travel easily. 8. It is getting late, so we must leave now. 9. Try not to make so many mistakes. 10. I will leave the key next door so that you can get in. 11. "Hold your mouth open, so," said the dentist. 12. Is it going to rain? —I think so. 13. They do not know the town, so I am going to meet them at the station. 14. I am taking some string so that I can tie them together. 15. The idea is not so good as it seems (= *elle en a l'air*).

take. 1. Take this letter to the post. 2. I never take sugar in my coffee. 3. He promised to take the children to the pictures. 4. That road will take you there in twenty minutes. 5. I am taking a few days' holiday in the country. 6. I took the oars for the last few minutes. 7. Take all this old paper away. 8. He was taking the cows home. 9. Take the third road to the right. 10. The prisoner was taken away between two policemen.

that. 1. Give me the ruler that is in my drawer. 2. He said that that speech was unfair. 3. What does that mean? I can't tell you that. 4. That is the aeroplane that I travelled in. 5. What is that strange sound? 6. Here is the wireless set that I made. 7. Vivette, don't do that! 8. That is the house that was half demolished by a bomb. 9. Really, I didn't know that. 10. There is no one here that can do that sentence correctly.

time. 1. How much time did you spend in the museum? 2. It is time you went to bed. 3. Will you tell me the time, please? 4. We got to the station in time to catch the train. 5. He died a long time ago. 6. Come along, we have no time to lose. 7. You have been warned several times not to do it. 8. I take (*mettre*) a long time to write a letter. 9. Sometimes I do not wish to work. 10. How many times will you make that mistake? 11. It is time to get up. 12. At what time did the murder take place? 13. He has told me that tale many times. 14. I saw him for the last time three years ago. 15. My newspaper comes about breakfast-time.

up and *down*. 1. I wind my watch up every night. 2. One lift goes up as the other goes down. 3. The cat has jumped up on to the table. 4. He has a charming cottage down in the country. 5. He ran up the road at full speed. 6. The workmen were up there on the roof. 7. The monkey escaped and climbed up a tree. 8. What is he doing down there? 9. The train slowed down before entering the tunnel. 10. Put your pens down and listen to me. 11. The bell rang and he went downstairs half shaved. 12. We took the lift up to the third floor. 13. There is a strange bird up on the roof. 14. We must get up early to-morrow morning. 15. As soon as he came in, he went upstairs to bed.

what. 1. I don't know what he was waiting for. 2. What makes the wind blow? 3. What is the motto of your school? 4. What did he say to you? 5. What I have written does not concern you. 6. What is the title of his latest book? 7. What a lie! 8. What? not up yet? 9. What a friend he has been to me! 10. At what hotel do you intend to stay (*descendre*)? 11. What is more pleasant than a deep sleep? 12. What did you ask? What I told her? 13. What a dirty book! 14. What do you want? 15. What a lot of books you have! 16. Tell me what you would like to do. 17. What a rare opportunity! 18. What we have will perhaps be enough. 19. I don't know what they are afraid of. 20. What are you talking about? 21. What a lot of bread wasted! 22. What would happen? 23. What sort of flowers are these? 24. I really do not know what you mean. 25. Now what is the matter? 26. I shall only take what I need for the night. 27. What! haven't you finished yet? 28. What film are you going to see? 29. What lovely pears! 30. What does this sentence mean?

G. CONVERSATION. *Les Inventions et les journaux*

Notre époque pourrait s'appeler "l'Époque des Inventions." Partout autour de nous nous voyons les produits des inventions modernes: radio, avions, autobus, chemin de fer électrique, chauffage et éclairage électriques, stylos, soie artificielle, gramophone, photographie, cinéma, etc.

1. Était-on aussi heureux avant ces inventions?
2. Habitués à tous ces appareils modernes, serions-nous heureux si nous en étions privés?
3. Quelle invention récente (c'est-à-dire de ce siècle) est la plus importante?
4. Quelle différence le moteur à combustion interne fait-il dans votre vie?

Les journaux ne sont pas une invention récente: ils datent en Angleterre du 17e siècle; mais le journalisme est une des professions les plus importantes de nos jours. On a cru un moment que la diffusion des nouvelles par la radio marquerait le déclin du journalisme.

5. Pourquoi les journaux ont-ils survécu à l'arrivée de la radio?
6. Comment les journaux obtiennent-ils les nouvelles qu'ils impriment?
7. Quelles sont les qualités essentielles d'un bon journaliste?
8. Une connaissance des langues est-elle utile pour un journaliste?
9. Quels journaux anglais connaissez-vous? Quelles différences voyez-vous entre les journaux anglais?
10. Connaissez-vous des journaux français, ou des journaux d'autres pays étrangers?

H. MOTS À APPRENDRE, *basés sur la conversation*

1. l'époque (*f.*)—time, period
2. le produit—product, produce
3. moderne—modern

4. la radio—wireless
   la T.S.F. (télégraphie sans fil)—wireless
5. l'avion (*m.*)—aeroplane
6. le chauffage et l'éclairage électriques—electric heating
   and lighting
7. la soie (artificielle)—(artificial) silk
8. le gramophone—gramophone
9. le disque—(gramophone) record
10. le cinéma—cinema
11. priver—to deprive
12. se passer de—to do without
13. récent—recent
    récemment—recently
14. le moteur—motor, engine
15. découvrir—to discover
    la découverte—discovery
16. imprimer—to print
17. les nouvelles (*f.*)—news
18. la profession—profession
19. diffuser—to broadcast
    la diffusion—broadcast
20. la colonne—column

I. MOTS À APPRENDRE, *choisis dans le texte A*

1. l'aube (*f.*)—dawn
2. la paix—peace
   paisible—peaceful
3. comme—as, like
4. la guerre—war
5. marcher—(i) to walk, march; (ii) to go (of a clock,
   etc.)
6. encore—still, yet
7. le sort—fate, destiny
8. Dieu—God
9. armer—to arm
10. avant que (+ *Subjunctive*)—before

11. la bataille—battle
12. contre—against
13. s'imaginer—to imagine
14. chercher à—to seek to, strive to
15. saisir—to seize
16. la colonie—colony
17. doux douce—sweet, soft, gentle
18. glorieux glorieuse—glorious
     la gloire—glory
19. le tombeau—tomb
20. le soulèvement—rising, uprising
     soulever—to raise, lift

J. LOCUTIONS IMPORTANTES *choisies dans le texte A*

1. pendant plus *de* trente ans—for more *than* thirty years
   N.B. With numerals, **DE** (not **QUE**) is used in comparisons when 'more than' means 'upwards of'; *e.g.*, il y a plus *de* cinq cents élèves à notre école ; il y en a cinq cent trente. All other senses of 'more than' require **QUE** ; *e.g.*, un cheval peut traîner plus *que* deux bœufs—a horse can draw more than two oxen (can draw).
   cp. il a plus *de* livres *que* son frère—he has more books than his brother
2. partout où—everywhere that, wherever
3. rappelez-vous de quelle façon—remember in what way
4. je refuse *de* croire qu'elle soit morte—I refuse to believe she (it) is dead. (*N.B.* Subjunctive after verb of thinking used negatively.)
5. comme elle essaie *de* vous le faire croire—as it (she) tries to make you believe
6. nous ne voulons que cela—we only want that ; that is all we want
7. nous le voudrons jusqu'au bout—we shall want it right to the end
8. sans cesse—ceaselessly

9. perdu à jamais—lost for ever
10. **Vive la France !**—Long live France !

K. PHRASES BASÉES SUR LES LOCUTIONS J ET LE VOCABULAIRE I

1. The war lasted for more than four years before the dawn of peace appeared.
2. Wherever the army marched, fate was still unfavourable.
3. "Remember how God has helped us in other battles," said the general.
4. We refuse to believe they are beaten before the end comes.
5. Some people try to make you believe that war is inevitable.
6. I am only seeking to help you. That is all I want.
7. Our colonies will go with us right to the end.
8. "Glory is sweet," he repeated constantly.
9. Such a glorious country can never be lost for ever in the tomb of defeat.
10. He raised the whole nation with the cry of "Long live France !"

L. RÉDACTION

1. Dialogue entre une locomotive, un avion et un autobus.
2. L'importance du développement de l'aviation.
3. La marine anglaise, le rôle qu'elle a joué, et son rôle à l'avenir.

QUESTIONS FROM EXAMINATION PAPERS

TRANSLATIONS: FRENCH—ENGLISH

1.   *The Marshal reviews his Troops*

Je me rappelle que pendant la grande revue d'Aschaffenbourg, la pluie ne cessa point de tomber depuis dix heures du matin jusqu'à trois heures de l'après-midi. Nous avions à notre gauche un château, dont les gens regardaient par de hautes fenêtres, bien à leur aise, pendant que l'eau nous coulait dans les souliers. A droite bouillonnait la rivière, que l'on voyait comme à travers un brouillard...

Le maréchal s'avançait lentement, au milieu de son état-major (*staff*). Ce qui consolait Zébédé, c'était que nous allions voir le brave des braves. Moi, je pensais: "Si je pouvais le voir chez lui, cela me ferait plus de plaisir."

Enfin il arriva devant nous, et je le vois encore, avec son grand chapeau trempé de pluie, son habit bleu couvert de broderies et ses grandes bottes. C'était un bel homme blond, le nez relevé, les yeux vifs, et qui paraissait terriblement robuste. Il n'était pas fier, car, comme il passait devant la compagnie, et que le capitaine lui présentait les armes, tout à coup il se retourna sur son grand cheval et dit tout haut: "Tiens, c'est Florentin!"

OXFORD SCHOOL CERTIFICATE, *July* 1942

2. Quelquefois, quand le temps était particulièrement calme et beau, un bateau venait nous prendre à la côte et nous conduisait assez loin en mer. C'était un bateau de pêche, et dès qu'il avait gagné le large, on amenait (*lowered*) les voiles; puis le patron de la barque laissait tomber des filets plombés. D'heure en heure on retirait les filets, et nous voyions apparaître toute sorte de poissons aux écailles

luisantes et de produits étranges, surpris dans les eaux les
plus profondes ou arrachés pêle-mêle du fond de leurs
retraites sous-marines. Chaque nouveau coup (*cast*) de
filet amenait une surprise. Puis on rejetait le tout à la
mer. Nous passions ainsi des journées entières à regarder la mer... Le jour finissait, et quelquefois c'était
en pleine nuit que la marée du soir nous ramenait à la
côte.

OXFORD SCHOOL CERTIFICATE, July 1942

3. La soirée était si belle qu'on aurait pu se croire encore
au milieu de l'été. Il y avait de la lune, un clair de lune
éblouissant, et la route de Villeneuve, avec ses maisons
blanches, en était éclairée comme en plein midi, d'un éclat
plus doux mais avec autant de précision. La grande rue
droite qui traverse le village était déserte. On entendait à
peine, en passant devant les portes, des gens qui soupaient
en famille derrière leurs volets déjà clos. Dans la campagne,
il n'y avait plus de bruit, excepté la voix des coqs qui se
réveillaient de leur premier sommeil, et chantaient pour
annoncer que la nuit serait humide. Des oiseaux de passage
qui émigraient du nord au sud, traversaient l'air au-dessus
du village et s'appelaient constamment, comme des voyageurs de nuit. Entre huit et neuf heures, une sorte de
clameur joyeuse éclata dans le fond de la plaine, et fit
aboyer tous les chiens de ferme : c'était la musique des
cornemuses (*bagpipes*) jouant un air de danse.

OXFORD SCHOOL CERTIFICATE, July 1943

4.   *The Lighthouse*

Je me souviens qu'un jour Madeleine et son père vou-
lurent monter au sommet du phare. Il faisait du vent. Le
bruit de l'air, que l'on n'entendait point en bas, grandissait
à mesure que nous montions, grondait comme un tonnerre
dans l'escalier en spirale, et le vent faisait trembler au-
dessus de nous les parois de verre de la lanterne. Quand

nous arrivâmes à cent pieds du sol, ce fut comme un ouragan
(*hurricane*) qui nous frappa le visage, et de toutes parts
s'éleva je ne sais quel murmure irrité dont rien ne peut
donner l'idée quand on n'a pas écouté la mer de très-haut.
Le ciel était couvert. La marée basse laissait apercevoir
entre la mer et le pied de la falaise (*cliff*) des roches, où se
promenaient deux ou trois chercheurs de crabes, si petits
qu'on les aurait pris pour des oiseaux pêcheurs. Au delà
commençait la grande mer, dont l'extrémité se perdait
dans les brumes. Il fallait y regarder attentivement pour
comprendre où se terminait la mer, où le ciel commençait ;
car la limite était douteuse, et tout se perdait dans la même
pâleur incertaine.

OXFORD SCHOOL CERTIFICATE, July 1943

5. Deux jours après les événements que nous venons de
raconter, et tandis qu'on attendait à chaque instant dans
son camp le général, qui n'y rentrait pas, un navire
hollandais, monté par dix marins, jeta l'ancre près de la
côte de l'île. Il faisait nuit noire et la mer montait dans
l'obscurité. C'était une heure excellente pour débarquer
passagers et marchandises.

Un petit bateau, dans lequel se trouvaient cinq hommes
et un objet de forme oblongue, se détacha aussitôt du
navire. La rive était déserte : les quelques pêcheurs
habitant la dune étaient couchés et la sentinelle dormait
profondément dans sa hutte. On n'entendait que le siffle-
ment de la brise nocturne courant dans les bruyères. Mais
ceux qui s'approchaient de la plage étaient des gens
méfiants et le silence ne les rassura pas. Ils cessèrent de
ramer de peur d'être entendus et le bateau glissa sans bruit
et toucha terre.

A peine avait-on senti le fond, qu'un des hommes sauta
hors du bateau, après avoir donné un ordre bref d'une
voix qui indiquait l'habitude du commandement. Ses
compagnons transportèrent à terre avec des précautions

infinies la grande boîte, qui renfermait sans doute quelque objet de contrebande.

LONDON GENERAL SCHOOL EXAMINATION,
Midsummer 1943

6. Dans les petites villes, les jours de marché sont des jours à part, qu'on attend presque avec impatience, parce qu'ils rompent la monotonie de la vie ordinaire.

A Saint-Jean-de-Luz, surtout pendant la saison des bains, l'animation est grande sur la place où sont construites les Halles et dans tous ses alentours.

Ce mardi-là, le marché était particulièrement bruyant en dépit de la tranquillité des marchandes, rangées comme de sages écolières sur de petits bancs, leurs marchandises à leurs pieds.

Mme. d'A., en sa qualité de bonne maîtresse de maison, ne manquait jamais un marché : elle s'y faisait accompagner de Marie-Anne, Gracieuse étant, ces jours-là, fort absorbée par son rôle de marchande.

C'était elle, en effet, qui était chargée de la vente de la volaille, des œufs, du beurre et des légumes, et bien qu'elle ne parlât qu'un français à peu près inintelligible, elle s'en tirait en général à son honneur.

Jean n'avait pas voulu les accompagner ; le hasard le contraignit cependant à s'y rendre. Il traversait la place Louis XIV, lorsqu'il s'entendit appeler : il se retourna et aperçut, à l'autre bout de la place, un jeune officier qui courait pour le rejoindre plus tôt.

LONDON GENERAL SCHOOL EXAMINATION,
Midsummer 1944

7.   *Saint-Malo*

Un peu après le coucher du soleil, nous nous trouvâmes en face de la ville. Elle nous apparut tout à coup à un détour du chemin. Ce qui me frappa d'abord, ce fut une rangée de vaisseaux dont les corps énormes présentaient un front noir et des formes à peine saisissables dans l'ombre, mais dont la mâture et les cordages s'élevant dans le ciel dessinaient comme des broderies dans la lumière vespérale. Derrière ces vaisseaux, nous apercevions une masse noire cerclée de remparts : c'était Saint-Malo — vrai nid d'oiseaux de mer ; et plus loin, sans que nous pussions rien découvrir, une grande voix monotone : c'était l'Océan. Nous arrivâmes à la ville par la plage, à la faveur de la marée basse ; nous prîmes notre logement à l'hôtel de France, d'où l'on a vue sur la mer, et, pour la première fois de ma vie, je m'endormis ayant l'Océan à deux cents pas de mon lit. Le lendemain, vite à la mer. La marée commençait à monter ; nous eûmes cependant le temps de faire à pied le tour de la roche qui porte Saint-Malo.

OXFORD AND CAMBRIDGE SCHOOL CERTIFICATE,
July 1942

8.   *A Birthday Visitor*

"Thérèse, vous n'entendez donc pas qu'on sonne depuis un quart d'heure à notre porte ? "

Thérèse ne me répond pas. Elle jase dans la loge du concierge. On sonne encore. Je quitte mon feu lentement, le dos rond, et je vais ouvrir ma porte. Que vois-je sur le palier ? Un joli petit garçon de dix ou onze ans. Il est tout seul, il lève la tête pour me voir. Il a des plumes à son chapeau et une grande fraise de dentelle sur sa blouse. Le joli petit bonhomme. Il tient à deux bras un paquet aussi gros que lui et me demande si je suis M. Sylvestre Bonnard. Je lui réponds que oui. Il me remet le paquet, dit que c'est de la part de sa maman et s'enfuit dans l'escalier.

Je descends quelques marches, je me penche sur la rampe et je vois le petit chapeau tournoyer dans la spirale de l'escalier comme une plume au vent. Bonsoir, mon petit garçon. J'aurais été bien aise de lui parler. Mais que lui aurais-je demandé ? Il n'est pas délicat de questionner les enfants. D'ailleurs le paquet m'instruira mieux que le messager.

OXFORD AND CAMBRIDGE SCHOOL CERTIFICATE,
December 1942

9.   *Death of the Wolf*

Malgré ma patience, je commençais à désespérer, quand tout à coup je vois venir dans le sentier un gros animal dont les yeux luisaient comme des chandelles. Le loup marchait doucement comme une bête bien repue. A mesure qu'il approchait, je le voyais mieux : c'était un vieux loup vraiment superbe, avec son poil rude et épais, ses épaules robustes et son énorme tête aux oreilles dressées, au nez pointu. Je le tenais au bout de mon canon de fusil, le doigt sur le déclic, et, quand il fut à dix pas, je lui lâchai le coup en plein poitrail. Il fit un saut, jeta un hurlement rauque, comme un sanglot étouffé par le sang, et retomba raide mort. Ayant lié les quatre pattes ensemble, je chargeai ce gibier sur mon épaule et je m'en revins à la maison où j'arrivai tout en sueur, quoiqu'il ne fît pas chaud. Quand je posai l'animal à terre, Jean s'écria : "C'est un joli coup de fusil."

OXFORD AND CAMBRIDGE SCHOOL CERTIFICATE,
July 1942

10.   *The Land Girl*

Marie se sentait heureuse de retourner aux champs. Ces premiers mois passés à la maison, où il fallait sans cesse obéir à tante Victoire, qui pourtant commandait bien doucement, lui avaient paru souvent durs. Ce matin, se sentant libre, elle se trouvait tout à fait heureuse. Le vieux chien l'accompagnait, tournant autour des bêtes qu'il surveillait de très près. Il restait indifférent aux flatteries de Marie, qui tentait de l'apprivoiser. Il allait et venait sans cesse le long du troupeau, flairant le sol humide, avec l'air de se considérer comme seul responsable de ce qui pourrait arriver. Les vaches marchaient en une longue file docile et lente, que Marie et le chien suivaient sans inquiétude. La première en tête, la plus ancienne à la ferme, les menait toutes. C'était une grande bête rouge et blanche. Elle devait connaître très bien les chemins, puisqu'aux deux carrefours elle suivit le bon sans hésiter, jusqu'à ce qu'on fût arrivé au champ.

OXFORD AND CAMBRIDGE SCHOOL CERTIFICATE,
December 1942

11. Frédéric n'avait plus envie de dormir et, s'enveloppant d'une couverture, il tira doucement le verrou et sortit de la maison. Bientôt il entendit un bruit derrière lui. C'était Finette, la chienne, qui avait réussi à ouvrir la porte et qui l'avait suivi en sautant sur trois pattes. "Toi! tu ne pouvais pas rester au chaud dans la paille? Viens ici."

Mais Finette, qui était sourde, continuait de galoper. Alors il courut pour la rattraper et, l'ayant prise dans ses bras, il revint vers la maison. La chienne ne se souvenait pas d'avoir jamais été portée; elle se mit à pousser de petits cris plaintifs comme un enfant légèrement blessé que sa mère essaie de consoler.

"Voyons, je ne te fais pas de mal, dit Frédéric; tais-toi, tu vas réveiller les voisins."

La bête comprit alors que c'était pour son bien qu'on la faisait voyager de cette étrange façon; elle leva la tête, tira la langue et s'efforça d'atteindre la figure de son maître pour la lécher tendrement.

CAMBRIDGE SCHOOL CERTIFICATE, *July* 1943

12. Sur tous les chemins, les paysannes arrivaient en groupes au marché. La plupart avaient fait la route à pied pour ne pas prendre les chevaux dont on avait besoin dans les champs. C'était l'époque de la moisson et il importait de profiter du beau temps pour rentrer le blé.

Toutes ces femmes étaient fort chargées et beaucoup

d'entre elles étaient venues de très loin; mais elles
bavardaient trop pour songer à la fatigue. Heureuses de
se trouver ensemble, elles riaient avec éclat, et le bourg,
d'ordinaire silencieux, s'emplissait de leurs voix.

Parfois une automobile arrivait, cornant sans cesse pour
avoir la voie libre; mais, trop occupées à causer, les femmes
n'y faisaient pas attention. Lorsque la voiture était juste
derrière elles, soudain prises de peur, elles s'écartaient à la
hâte, puis leur groupe se reformait aussitôt.

CAMBRIDGE SCHOOL CERTIFICATE, July 1943

13. Dans la nuit, il crut entendre ouvrir et fermer une
porte. Le silence étant retombé sur la maison, il pensa
qu'il s'était trompé et s'efforça de retrouver le sommeil.
N'y réussissant pas, il frotta une allumette, regarda sa
montre, qui marquait minuit et demi, se leva et sortit de
sa chambre.

Au bout du corridor, une raie de lumière filtrait sous la
porte de Maurice. Il s'approcha, écouta et, ne percevant
aucun bruit, il frappa. Il ne reçut pas de réponse. "Il
aura oublié d'éteindre sa lampe," essayait-il de se persuader, bien qu'il fût déjà saisi d'effroi. Après une hésita-
tion, il entra. Il vit d'un coup d'œil le lit intact, un
tiroir vide.

Il rentra chez lui, s'habilla en hâte et, malgré ses soixante
années, courut comme un jeune homme vers la gare.
L'heure de l'express d'Italie devait être passée, mais il
restait un dernier train dans la direction de Genève. Un
employé qui le connaissait le renseigna. Maurice était parti;
il avait pris son billet pour Turin.

CAMBRIDGE SCHOOL CERTIFICATE, December 1943

14.   *The Bear and the Apples*

Dix minutes après, un second rugissement se fit entendre,
mais si puissant, si rapproché, que Guillaume pensa qu'il
n'aurait pas le temps de gagner sa maison. Il se jeta à

plat ventre contre terre, n'ayant qu'un seul espoir : que c'était pour ses pommes, et non pour lui, que l'ours venait.

L'animal parut presque aussitôt au coin du verger et s'avança en droite ligne vers le pommier. Il passa à dix pas de Guillaume, et monta sur l'arbre, dont les branches craquaient sous son poids. Il se mit à faire une telle consommation de fruits, qu'il était évident que deux visites pareilles rendraient la troisième inutile.

N'ayant plus faim, l'ours descendit lentement, comme s'il avait du regret d'en laisser. Il repassa tout près du propriétaire du verger, qui n'osait pas respirer de peur de trahir sa présence, et se retira tranquillement dans la montagne. Tout cela avait duré à peu près une heure.

CAMBRIDGE SCHOOL CERTIFICATE, *December* 1943

COMPREHENSION TESTS

1. Read the following passage carefully and answer the questions set upon it. The answers must be entirely in English. No credit will be given for anything in French.

— Quatre hommes de bonne volonté pour venir se faire tuer avec moi ! dit d'Artagnan en levant son épée.

Deux de ses camarades aux gardes s'élancèrent aussitôt, et deux soldats s'étant joints à eux, il se trouva que le nombre demandé était suffisant ; d'Artagnan refusa donc tous les autres.

On ignorait si, après la prise du bastion, les Rochelais l'avaient évacué ou s'ils y avaient laissé garnison ; il fallait donc examiner le lieu indiqué d'assez près pour vérifier la chose.

D'Artagnan partit avec ses quatre compagnons et suivit la tranchée : les deux gardes marchaient au même rang que lui et les soldats venaient par derrière.

Ils arrivèrent ainsi jusqu'à une centaine de pas du bastion. Là, d'Artagnan, en se retournant, s'aperçut que les deux soldats avaient disparu. Il crut qu'ayant eu peur ils étaient restés en arrière, et continua d'avancer, jusqu'à ce qu'ils se trouvèrent à soixante pas à peu près du bastion.

On ne voyait personne, et le bastion semblait abandonné.

Les trois gardes délibéraient s'ils iraient plus avant, lorsque tout à coup une douzaine de balles vinrent siffler autour de d'Artagnan et de ses deux compagnons.

Ils savaient ce qu'ils voulaient savoir : le bastion était gardé. Une plus longue station dans cet endroit dangereux eût donc été une imprudence inutile ; d'Artagnan et les deux gardes tournèrent le dos et commencèrent une retraite qui ressemblait à une fuite.

(a) How did d'Artagnan choose his companions?
(b) What was the purpose of the expedition?
(c) What did the two soldiers do?
(d) Why did d'Artagnan and the guards turn back in the end?

OXFORD SCHOOL CERTIFICATE, *July* 1942

2. Read the following passage carefully and answer the questions set on it. The answers must be entirely in English. No credit will be given for anything in French.

Dans ce pays, à l'époque de la fête, il se mêle un grand mouvement au calme laborieux de la vie des paysans.

Le jour de la fête, les habitants du village où se célèbre la fête et leurs invités se rendent à un pavillon de feuillage préparé à l'avance. Là se trouve un arbre, ordinairement le plus beau de la forêt voisine, qu'on a dépouillé de ses branches, et au sommet duquel on suspend une énorme couronne ornée de rubans de toutes couleurs. C'est pour annoncer aux paysans des environs, l'endroit où l'on se réunit.

C'était à la chute du jour, pendant une de ces fêtes dont nous venons de parler. Un jeune homme — il pouvait avoir vingt ans — monté sur un gracieux cheval arabe, écoutait en silence la conversation d'un homme d'une cinquantaine d'années, dont le cheval marchait au pas à côté du sien.

Tout d'un coup, le cheval arabe pointa vivement ses oreilles à l'horizon, et aspira l'air avec un long hennissement. Averti que quelque chose approchait à quoi il fallait prendre garde, son cavalier leva les yeux et vit devant lui un de ces grands arbres couronnés. Quelques pas après, il entendit les harpes et les cors.

"Une fête ! dit-il ; allons-y."

Aussitôt il lança son cheval au galop à travers les arbres bas et branchus qui entouraient le lieu de la réunion, sans prendre garde à l'embarras de son compagnon, qui le suivait péniblement dans sa course rapide.

    (*a*) What was the purpose of hanging a wreath on a tree?

    (*b*) What did the young horseman notice, to make him look up?

    (*c*) Why did the older man have difficulty in following his companion?

OXFORD SCHOOL CERTIFICATE, July 1943

3. Read carefully the following passage, which is not to be translated:

Les dimanches où la famille de Ferdinand venait à Claquebue, celle d'Eugène était sur pied depuis quatre heures du matin. Après avoir, comme d'habitude, nettoyé l'écurie et donné à manger aux vaches, aux cochons, aux poules, aux lapins et puis aux gens, il fallait encore éplucher des haricots et des salades pour douze personnes, se laver les pieds, mettre des chemises propres, laver, repasser, raccommoder, balayer, tout en criant qu'on ne serait jamais prêt.

A huit heures et demie, Ernest grimpait dans le noyer pour surveiller l'apparition de la voiture. Il criait (et quelquefois il donnait une fausse alerte, pour faire le farceur, au risque de se faire battre en descendant de son arbre): "Les voilà !"

Alors il y avait un horrible tumulte dans la cuisine. Eugène disputait sa femme parce qu'il ne trouvait pas son bouton de col. Sa femme courait autour de la cuisine, un fer à repasser dans la main droite, une aiguille dans la main gauche, criant que personne ne faisait rien pour l'aider.

Le chien se mettait dans les jambes de tout le monde; on ne finissait pas de lui donner des coups de pied. Juliette appelait Gustave et Clotilde. Ils n'arrivaient pas. On les découvrait dans un fossé, couverts de boue. Heureusement on ne les habillait en dimanche qu'au dernier moment. Juliette les débarbouillait encore une fois, les peignait, les habillait. Eugène ajustait son bouton de col qu'il avait trouvé dans le tiroir, sa femme passait sa robe noire tout en cousant des boutons sur les vêtements de ses enfants et, quand la voiture tournait pour entrer dans la cour, tout le monde sortait de la maison, souriant et s'écriant: "Les voilà!"

Answer the following questions in French, each with a full sentence; see that the tense of your answer suits that of the question:

(i) Que faisaient les gens à Claquebue avant de prendre le petit déjeuner?

(ii) Pourquoi faisait-on des préparatifs tout particuliers certains dimanches?

(iii) Pourquoi se dépêchait-on?

(iv) Comment s'arrangeait-on pour apprendre l'arrivée des invités?

(v) Comment punissait-on Ernest s'il donnait une fausse alerte?

(vi) Que fallait-il à Eugène pour finir de s'habiller?

(vii) De quoi la mère se plaignait-elle?

(viii) Comment essayait-on de se débarrasser du chien?

(ix) Comment les deux petits enfants s'étaient-ils couverts de boue?

(x) De quoi la mère se servait-elle pour recoudre les boutons?

CAMBRIDGE SCHOOL CERTIFICATE, *July* 1943

4. Read carefully the following passage, which is not to
be translated:

C'était à la fin de septembre 1872 ; la France avait signé
la paix avec l'Allemagne. En Lorraine, on savait que ceux
qui ne seraient pas partis avant le 1er octobre deviendraient
Allemands. Tous auraient bien voulu s'en aller, mais
quitter son pays, sa maison, ses champs, son commerce,
c'est triste, et beaucoup ne le pouvaient pas. Certains
disaient qu'il valait mieux rester et qu'on serait bientôt
délivré.

Quand arriva le dernier jour, une foule de personnes se
décidèrent tout à coup. Une vraie contagion, une folie.
Aux guichets des gares, il fallait faire la queue des heures
entières. Beaucoup partirent à pied. Les plus résolus
étaient les jeunes gens, même les garçons de quinze ans,
qui s'en allaient à travers les prés par centaines et centaines.
C'était une grosse perte pour le pays, et l'on se disait que
les années suivantes ce seraient les femmes qui devraient
tenir la charrue.

Sur la route de Nancy il y avait un encombrement,
comme à Paris dans les rues. A perte de vue, les voitures
de déménagement se touchaient, les hommes conduisant à
la main leurs chevaux, et les femmes assises avec les enfants
au milieu des meubles. On n'entendait pas une chanson,
mais, par intervalles, des voix criaient : "Vive la France !"
Ni les gendarmes ni les Allemands n'osaient rien dire ; ils
regardaient avec stupeur toute la Lorraine s'en aller.

Answer the following questions in French, each with a
full sentence ; see that the tense of your answer suits that
of the question :

    (i) Pourquoi les gens voulaient-ils quitter la Lorraine ?
    (ii) Pourquoi beaucoup d'entre eux devaient-ils rester ?
    (iii) Quel espoir avaient-ils ?
    (iv) Que voulaient obtenir les gens qui faisaient
        la queue ?

(v) Quel chemin les jeunes gens prirent-ils?

(vi) A quoi sert une charrue?

(vii) De quoi les rues d'une grande ville sont-elles encombrées?

(viii) Quel avantage avaient ceux qui possédaient une voiture?

(ix) Vers quelle ville se dirigeaient-ils?

(x) Pourquoi ne chantaient-ils pas?

CAMBRIDGE SCHOOL CERTIFICATE, *December* 1943

5. Lisez le morceau suivant et donnez en français les explications demandées ci-dessous. Répondez aux questions par des phrases complètes.

Catherine arrive chez sa vieille nourrice.

La vieille Marthe allumait son feu et s'apprêtait à faire la soupe, lorsqu'elle vit entrer Catherine, portant son paquet. Elle jeta sur cette étrangère un regard distrait en lui disant:

"Qu'est-ce que vous vendez?"

Catherine ôta son chapeau. Marthe resta immobile un instant, poussa un cri de joie et ouvrit ses bras avec transport. Elle avait reconnu son enfant.

"Venez! Venez!" dit-elle en la conduisant vers un petit escalier au fond de la salle. "Votre chambre est prête."

Catherine se trouva dans une petite chambre blanchie à la chaux, et rustiquement meublée. La vue était magnifique: des arbres fruitiers en fleurs montaient jusqu'au niveau de la fenêtre.

"C'est un paradis!" dit Catherine à la bonne femme. "Il n'y manque qu'un peu de feu que tu vas me faire."

(i) Que faisait Marthe, quand Catherine entra?

(ii) Que pensa Marthe, quand elle vit Catherine avec son paquet?

(iii) A quel moment Marthe reconnut-elle Catherine?

(iv) Comment Marthe montra-t-elle sa joie de revoir Catherine?

(v) De quelle couleur étaient les murs de la chambre
de Catherine?

(vi) Quelle demande Catherine fit-elle à Marthe?

(vii) "C'est un paradis!" Que veut dire Catherine
quand elle emploie cette phrase?

(viii) Qu'est-ce qu'un arbre fruitier? Écrivez le nom
d'un arbre fruitier.

(ix) Donnez le contraire de: vous vendez; elle ôta;
la joie.

CENTRAL WELSH BOARD SCHOOL CERTIFICATE, *July* 1942

6. Lisez le morceau suivant et donnez en français les
explications demandées ci-dessous. Répondez à chaque
question par une phrase complète.

Il y a des usages pour célébrer le printemps. Je me
souviens qu'une nuit, en Suisse, je fus réveillé par un bruit
effroyable. Cors de chasse, fifres, tambours, gongs, cymbales, et aussi casseroles attachées à la queue de chiens
fous, il y a de tout cela dans cet infernal tapage. Je bondis
hors du lit, pensant au feu, et me précipitai à la fenêtre.
A la lumière des torches, j'aperçus cinquante ou cent
petits garçons s'agitant comme des démons, soufflant et
tapant de toutes leurs forces. Ils défilèrent et peu à peu
le bruit s'éteignit. Je regardai l'heure; il était cinq heures
du matin. Je me fâchai de ce réveil prématuré.

Plus tard, je demandai une explication. Personne, à
l'hôtel, ne paraissait surpris de l'aventure.

"C'est la fête du printemps," disait-on.

(i) Qu'est-ce que le printemps?

(ii) Écrivez une phrase de douze mots environ, au sujet
de la Suisse.

(iii) Que faisait l'auteur, au moment où il entendit ce
bruit?

(iv) Qui faisait ce bruit? Comment?

(v) Que pensa l'auteur, quand il entendit le bruit?

(vi) Pourquoi l'auteur n'aimait-il pas cette fête du
     printemps ?
(vii) Pourquoi les chiens n'aimaient-ils pas cette fête ?
(viii) Remplacez "le bruit," "je me souviens," "je
     bondis," par des expressions qui signifient la
     même chose.

CENTRAL WELSH BOARD SCHOOL CERTIFICATE, *July* 1941

DIALOGUES

1. Translate into English :

LA MARQUISE. Elle est si jolie ! J'adore ce qui est joli !
Et je sais gré à ma nièce Coryse de l'être ; et aussi
d'être si saine, si normale en un temps où on l'est
si peu !

M. D'ORONGE. Oui certes ! Peut-être est-elle moins
intelligente que ses sœurs, mais...

LA MARQUISE. Comment dites-vous ça ? Vous ne croyez
pas que Coryse soit bête, au moins ?

M. D'ORONGE. Eh ! non, bien sûr, je ne le crois pas !
Mais ça ne l'empêche pas d'être délicieuse, ... au
contraire !

LA MARQUISE. A quoi pensez-vous ?

M. D'ORONGE. Je pense qu'il est surprenant qu'elle ne
soit pas encore remariée !

LA MARQUISE. Mon Dieu ! ... ça n'est pas si surprenant
que ça ! Il n'y a que trois ans qu'elle est veuve...

M. D'ORONGE [*il aperçoit Christine qui arrive par la
bibliothèque*]. Ah ! voici votre préférée !

LONDON GENERAL SCHOOL EXAMINATION, *June* 1944

2. Translate into English :

HENRI. Quelle heure est-il ?

JEANNE. Je ne sais pas. La petite pendule est cassée
depuis huit jours.

HENRI. Je vais demander l'heure à la cuisine.

JEANNE. Tu sais bien que la cuisinière avance ou retarde sa pendule d'une demi-heure suivant qu'elle est prête ou non pour le dîner.

HENRI. Je m'en irai tout de suite. Comme ça je n'aurai pas besoin de prendre une voiture.

JEANNE. Le temps n'est plus assez beau pour aller voir les courses.

HENRI. Mais si.

JEANNE. Pourquoi ne m'emmènes-tu pas ?

HENRI. Je te l'ai déjà dit. Et puis il va pleuvoir, tu abîmerais ta robe.

JEANNE. J'en mettrai une vieille.

HENRI. Alors tu ne t'amuseras pas. Non, je trouve absurde de dépenser trente francs par un temps pareil.

LONDON GENERAL SCHOOL EXAMINATION, *June* 1943

POEMS

1. Translate into English :

The Old Peasants' Sunday Rest

C'est dimanche ; on entend au loin
L'aérien babil des cloches ;
Et les vieux, assis dans un coin,
Rêvent les deux mains dans leurs poches.

Les flexibles branches leur font
Comme un dais[1] mouvant de verdure ;
Et le silence est si profond
Qu'on entend à peine un murmure.

C'est le chant lointain du coucou,
Le bourdonnement d'une abeille,
Et le vol d'un papillon fou
Qui frôle en passant leur oreille.

[1] *dais* = canopy.

C'est encor, dans les blés jaunis,
Le clair bruissement des pailles,
L'harmonieux concert des nids,
Et les fréquents appels des cailles[1].

Et les bons vieux, au clair soleil,
Tels que des lézards sur la mousse,
Dorment parfois d'un bon sommeil
En rêvant que la vie est douce.

AUGUSTE GAUD

OXFORD AND CAMBRIDGE SCHOOL CERTIFICATE,
July 1942

2. Translate into English:

The Tight-rope Walker

Sur la corde tendue un jeune voltigeur[2]
Apprenait à danser ; et déjà son adresse,
   Ses tours de force, de souplesse,
   Faisait venir maint spectateur.
Sur son étroit chemin on le voit qui s'avance,
Le balancier[3] en main, l'air libre, le corps droit,
   Hardi, léger autant qu'adroit ;
Il s'élève, descend, va, vient, plus haut s'élance,
   Retombe, remonte en cadence,
   Et, semblable à certains oiseaux
Qui rasent en volant la surface des eaux,
Son pied touche, sans qu'on le voie,
A la corde qui plie et dans l'air le renvoie.
Notre jeune danseur, tout fier de son talent,
Dit un jour : "A quoi bon ce balancier pesant
   Qui me fatigue et m'embarrasse ?
Si je dansais sans lui, j'aurais bien plus de grâce,
   De force et de légèreté."

     [1] *caille* = quail.   [2] *voltigeur* = performer.
        [3] *balancier* = balancing-pole.

Aussitôt fait que dit. Le balancier jeté,
Notre étourdi chancelle, étend les bras et tombe.

FLORIAN

OXFORD AND CAMBRIDGE SCHOOL CERTIFICATE,
December 1942

3. Tous les jours m'apportaient une lettre nouvelle.
   On m'écrivait : "Ami, viens ! la saison est belle ;
   Ma femme a fait pour toi décorer sa maison,
   Et mon petit Arthur sait bégayer ton nom."
   Je partis, et deux jours d'une route poudreuse
   M'amenèrent enfin à la maison heureuse,
   A la blanche maison de mes heureux amis.
   J'entrai : l'heure sonnait ; autour d'un couvert mis,
   Dès le seuil j'aperçus, en rond sous la charmille[1],
   Pour le repas du soir la riante famille.
   "C'est lui ! c'est lui !" Soudain, et sièges et repas,
   On quitte tout, on court, on me presse en ses bras ·
   Et puis les questions, les pleurs mêlés de rire.

LONDON GENERAL SCHOOL EXAMINATION, *June* 1943

4.   *Les trois Fées*

Près du berceau royal entouré de trophées
Délibéraient un soir les trois méchantes fées
Que la Cour oublia d'inviter au festin.
"Faisons à cet enfant le plus affreux destin
Qu'un homme ait jamais eu ! grondaient-elles. A l'œuvre !"
L'une dit, en sifflant ainsi qu'une couleuvre[2] :
"Donnons-lui la Laideur ; il faut qu'il soit si laid
Que les chèvres des bois lui refusent leur lait !
— Et donnons-lui la Peste," ajouta la deuxième.
Alors s'étant levée à son tour, la troisième
Déclara : "Ce n'est pas suffisant, ô mes sœurs :

. . . .

[1] *charmille* = arbour. [2] *couleuvre* = snake.

Il faut qu'il soit hué, qu'il soit persécuté,

. . . .

Et pour cela, mes sœurs, donnons-lui du Génie."

LONDON GENERAL SCHOOL EXAMINATION, *June* 1944

TRANSLATIONS: ENGLISH—FRENCH

1. Translate into French:

For centuries Robin Hood has been one of the great popular heroes of England. His adventures are related in numerous ballads, and he is known as one of the first who demanded liberty and equality for rich and poor. In the sixteenth century an annual holiday was still observed by all the people of the country to his memory. Bishop Latimer once visited a certain town and announced that he would preach there the next day. But on the morrow, when he went to the church, he found the doors shut and no one to be seen. After he had waited more than an hour for a key a man came up and said: "Sir, this is a busy day here; we cannot come to church; it is Robin Hood's day. All the people of the parish have gone to the woods." It is the Bishop himself who tells us of this incident, and he adds: "Such is the reverence for this man's name that even churches are deserted. What a time we are living in!" So, finding nothing to do, the Bishop departed.

OXFORD AND CAMBRIDGE SCHOOL CERTIFICATE,

July 1940

2. Translate into French:

It was terribly cold and nearly dark. The snow was falling fast. In the cold and the darkness a poor little girl, with bare head and naked feet, was wandering through the streets. It is true she had a pair of old slippers on when she left home, but they were almost useless. They were too large, so large, indeed, that they had belonged to her mother and the poor little creature had lost them in running across the street to avoid a carriage. In her hand she carried some boxes of matches, but no one had bought anything the whole day and no one had given her even a halfpenny. She was shivering with cold and hunger, and the snow-flakes fell on her long fair hair which hung on her shoulders. Lights were shining from every window and there was a nice smell of roast goose, for it was New Year's eve.

OXFORD AND CAMBRIDGE SCHOOL CERTIFICATE,
July 1941

3. Translate into French:

An old man appeared. "You want to see me?" he asked. "Yes, but I don't want to disturb you if you are having supper. It is rather late." "Follow me, and you shall share my meal," was the reply. They entered a big room lit by a lamp hanging from the ceiling. It was easy to see that the room belonged to an old bachelor. There was dust and dis-order everywhere, but Frederick felt at his ease immedi-ately. On the oak table, a bowl of soup was steaming by the side of a large loaf. Without looking at the dog which was lying near the fire, the old man said quietly : "Shut the door, Pollux." The animal got up at once, and pushed the door with his front paws.

LONDON GENERAL SCHOOL EXAMINATION,
December 1943

4. Translate into French:

"Michel!" cried John. The two friends met in the middle of the narrow street which led to the market. They em-braced each other cordially, without thinking of the curious people who were looking at them. For some time, neither said a word.

"When did you arrive?" John asked at last. "We did not expect you before to-morrow. Gracieuse will be pleased. Would you like to go and see her?"

Michel sighed. "How is she?" he asked. "Does she still

live with your dear mother, or has she returned to town?"
—"But you have received her letters, have you not?"
replied John. "You ought to know she is much happier
since she interested herself in farm work. She has rosy
cheeks now. You will see that yourself."

LONDON GENERAL SCHOOL EXAMINATION, *June* 1944

5. Translate into French:

I had set out in the morning without taking my umbrella,
for the sun was shining and there was not a cloud in the
sky. About noon I noticed a dark patch (*tache, f.*) on the
horizon, but I paid no attention to it. Half an hour later
it was no longer a patch but a great black mass. The wind
began to whistle. My dog stood still with his tail between
his legs. I was in the middle of a vast plain without a tree
or a rock. It was already raining when at last I found a
ditch. I got into it, but the dog refused to follow me. He
remained on the bank and looked at me. I soon understood
why he acted thus, for the water was flowing in the ditch.
It was already a brook; in a few minutes the brook became
a river which carried off my stick and the lunch I had
brought with me.

OXFORD SCHOOL CERTIFICATE, *July* 1941

6. Translate into French:

Each morning Mr Moret left his house at eight o'clock
with his two children, a boy of nine years and a girl of
seven years, who went to the village school. At the entrance
of the yard he said good-bye to them and continued his
way as far as the corner of the street. There he bought a
newspaper and some cigarettes. On arriving at his shop
he opened the door and removed the shutters (*les volets*).
From nine o'clock till noon he remained in the shop or in
the office where he kept his books. He returned home for
lunch and after having rested a little he returned to work.
On Wednesdays and Saturdays he closed the shop at one

o'clock and spent the afternoon working in his garden, of which he was very proud. When the weather was bad he read or wrote letters or helped his children with their lessons.

OXFORD SCHOOL CERTIFICATE, *July* 1942

7. Translate into French:

At the corner of the principal square of an industrial town, an old lady was waiting quietly for a motor bus.

Suddenly a man seized the parcel she was holding under her arm and made off as fast as he could.

"Don't trouble!" cried the lady to a gentleman who was going to set off in pursuit of the thief.

"What! You haven't lost anything of value?" asked the other with surprise.

"It is only my cat, sir. He died yesterday, and I was taking him to one of my friends who has promised to bury him in her garden."

CAMBRIDGE SCHOOL CERTIFICATE, *July* 1943

8. Translate into French:

A well-known poet once wrote some verses praising a pastry-cook from whom he used to buy cakes.

The pastry-cook, wishing to show his gratitude for the poet's kindness, asked him, the next time he went into the shop, to accept a cake as a present.

When the poet cut the cake, he discovered that it had been baked on a piece of paper on which his poem was printed.

He was very angry and went back at once to the pastry-cook's to complain of what he took for an insult.

"How have I insulted you?" retorted the pastry-cook. "You made verses on my cakes; all that I have done is to make a cake on your verses."

CAMBRIDGE SCHOOL CERTIFICATE, *July* 1941

9. Translate into French:

(*a*) MONSIEUR X. I believe I saw your son in the street last Saturday. How old is he?

MADAME Y. He's fourteen.

MONSIEUR X. He is tall. Does he work well?

MADAME Y. Better than his sister, although he is younger than she. All his teachers are pleased with him.

MONSIEUR X. Well, madame, you ought to be proud of such a son.

(*b*) The soldier knocked three times at the door, opened it, and entered the kitchen. The room was big, but one saw that the people who lived there were poor.

A woman, young and fairly pretty, was seated near a wood fire. A little boy was playing at her feet. When she saw the stranger she got up, and placed her child behind her.

"Don't be afraid, madam," said the soldier. "I must tell you that your husband will not be able to return this evening. He asks you to give me the letters which he has hidden here."

The woman looked at him and then turned pale. "You are lying!" she exclaimed, "my husband does not know you. What letters are you speaking of? We never receive any."

CENTRAL WELSH BOARD SCHOOL CERTIFICATE, *July* 1940

10. Translate into French:

(*a*) FATHER. Do you remember my cousins' hens? I have bought them.

MOTHER. It's true that everybody wants eggs.

LITTLE GEORGE. When shall we have them?

FATHER. They are coming this afternoon, by train.

LITTLE GEORGE. Tell me the time of the train, and I will go and meet them at the station.

(*b*) "You have learnt your lessons well, I hope," said John's mother to him, as he was leaving for school. "Listen to your teachers and be good," she added gently.

LE MUSICIEN, LE TAUREAU ET LE FERMIER

La musique sait adoucir la bête sauvage; mais, quant à l'homme...?

She would have been less happy if she had known that her son was crying. He had discovered that he no longer had the penknife that his aunt had given him at Christmas.

"I must have lost it yesterday near the stream," he said to himself. "Aunt will be angry when I tell her what I have done. I shall never dare."

He was crossing the field when he saw something that shone in the sun. "There it is!" he exclaimed. A white cow stopped eating grass to look at him, but said nothing.

CENTRAL WELSH BOARD SCHOOL CERTIFICATE, *July* 1941

ESSAYS

1. A dialogue between a horse and a dog in which they discuss which is the more useful animal.

LONDON GENERAL SCHOOL CERTIFICATE, *June* 1944

2. Describe a notable event at your school during the past year.

LONDON GENERAL SCHOOL CERTIFICATE, *June* 1944

3. A day in the life of a beggar (*un mendiant*).

LONDON GENERAL SCHOOL CERTIFICATE, *December* 1943

4. A night in the open air (*à la belle étoile*).

LONDON GENERAL SCHOOL CERTIFICATE, *December* 1943

5. Write in French an essay of about 150 words based on the following outline, adding, if you like, incidents and descriptive details. The outline is in the present tense, but the narrative must *not* be written in that tense.

An Adventure at a Circus

Un cirque visite une ville — un singe s'échappe de sa cage — ses aventures — il est enfin repris.

CAMBRIDGE SCHOOL CERTIFICATE, *July* 1943

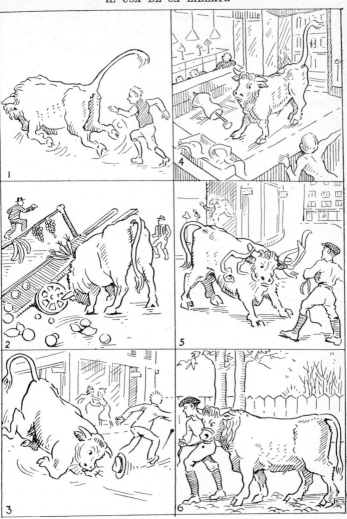

6. Write in French an essay of about 150 words based on the following outline, adding, if you like, incidents and descriptive details. The outline is in the present tense, but your narrative must *not* be written in that tense.

Playing Truant

Deux frères font l'école buissonnière (*stay away from school without permission*) — leurs aventures — leur retour à la maison — conversation avec leur père.

CAMBRIDGE SCHOOL CERTIFICATE, *December* 1943

7. Write, in about fifteen lines (120 words) of French, the story depicted in the sketches on page 313, including such descriptive detail as you consider relevant.

OXFORD SCHOOL CERTIFICATE, *July* 1943

8. Write, in about fifteen lines (120 words) of French, the story depicted in the sketches on page 315, including such descriptive detail as you consider relevant.

[Correct your work carefully: gross grammatical errors will be heavily penalized. You will gain nothing by writing at excessive length. You are warned against the introduction of irrelevant memorized matter or undue repetition.]

OXFORD SCHOOL CERTIFICATE, *July* 1942

9. Write a piece of "Free Composition," giving in French the story of which the following is an analysis:

[The Superintendent has a copy of the story, which must be first read to the candidates. (See page 14.)]

ANALYSIS

[It is not intended that this analysis should be copied: it is only meant to give an outline of the story. Candidates are cautioned not to write too much, and to revise very carefully what they have written before giving it up.]

Pépin le Bref devient roi

Pépin — petit mais courageux — preuve de son courage
— combat de bêtes féroces — lion et taureau — Pépin dans
l'arène — question de Pépin — cri de la foule.

OXFORD AND CAMBRIDGE SCHOOL CERTIFICATE,
December 1942

10. Write a piece of "Free Composition," giving in
French the story of which the following is an analysis:

[The Superintendent has a copy of the story, which
must be first read to the candidates. (See page 14.)]

ANALYSIS

[It is not intended that this analysis should be copied;
it is only meant to give an outline of the story. Candidates
are cautioned not to write too much, and to revise very
carefully what they have written before giving it up.]

Two Julius Cæsars

Visite d'un savant distingué à un asile d'aliénés — ce que
le directeur lui dit — conversation avec un des malades —
le malade lui dit son nom — étonnement du visiteur —
comment il apprend la vérité.

OXFORD AND CAMBRIDGE SCHOOL CERTIFICATE,
July 1942

11. Écrivez, en 50 mots environ, une petite description
de la ville où se trouve votre école.

CENTRAL WELSH BOARD SCHOOL CERTIFICATE,
July 1942

12. Écrivez en français (au passé) 150 à 180 mots sur
le sujet suivant, en employant quelques-unes des indications données dans le plan. Indiquez à la fin le nombre
de mots écrits.

Lucie (17 ans) et son frère Jean (10 ans) demeurent à la

campagne. Un jour qu'ils ont fait une excursion à la
grande ville, Jean, dans une des rues principales, trouve
que sa sœur n'est plus avec lui. Il est perdu, et sans argent.
Au lieu de chercher Lucie, il décide de rentrer à la maison.
Que fait-il ?

Plan

Pleurer ? — avoir peur ? — parler à un agent de police ?
— emprunter de l'argent ? (à qui ?) — rencontrer un ami
de son père ? — rentrer (par le train ? en autobus ? en auto ?)
— arriver seul à la maison — étonnement — arrivée de sa
sœur, très agitée — observations de Lucie.

CENTRAL WELSH BOARD SCHOOL CERTIFICATE,
July 1942

13. Écrivez, en 50 mots environ, une petite description
du temps qu'il fait aujourd'hui.

CENTRAL WELSH BOARD SCHOOL CERTIFICATE,
July 1941

14. Écrivez en français (au passé) 150 à 180 mots sur le
sujet suivant, en employant quelques-unes des indications
données dans le plan. Indiquez à la fin le nombre de mots
écrits.

Paul et sa sœur Françoise se promènent à la campagne.
Au bord de la route ils trouvent un chien sans collier, qui a
été blessé par une automobile. Que font-ils ?

Plan

Description du chien — sa blessure (à la patte ? à la
tête ? au corps ?) — soigner l'animal (comment ?) — emmener, transporter le chien (comment ? où ? à une ferme ?
à la maison ? à la gendarmerie ?) — sort (*fate*) du chien (il
meurt ? il guérit ?).

CENTRAL WELSH BOARD SCHOOL CERTIFICATE,
July 1941

SUPPLEMENTARY WORD LIST

Important words which have not occurred in lists set to be learned

accompagner, to accompany;
to go with, come with
accompagné *de*, accompanied by
l'aile (*f.*), wing
l'Amérique (*f.*), America
en Amérique, in America
les États-Unis, the United States
aux États-Unis, in *or* to the United States
l'animal (*m.*), animal
attaquer, to attack
l'aventure (*f.*). adventure

les bagages (*m.*), luggage
la bête, beast, animal
le bonheur, good fortune, happiness
brûler, to burn

le carré, square
carré, square (*adj.*)
à cause de, because of
certain, certain, sure
la chanson, song
chanter, to sing
le chat (la chatte), cat
le chemin, road
chez quelqu'un, at someone's house
chrétien chrétienne, Christian
clair, (i) clear; (ii) light (colour)
la clef, key
fermer à clef, to lock
comparer, to compare

la comparaison, comparison
le conseil, advice
conseiller *à* quelqu'un *de* faire quelque chose, to advise someone to do something
le courage, courage
courageux courageuse, courageous, brave
court, short

la date, date
déchirer, to tear
défendre, to defend; to forbid
demi (*adj.*), half
diriger, to direct
se diriger vers, to make one's way towards

s'échapper, to escape, break free
éclater, to explode, burst
l'écurie (*f.*), stable
l'effet (*m.*), effect, result
en effet, indeed
l'e**nn**emi (*m.*), enemy (Note spelling.)
entendre parler de, to hear of
avoir envie de (+ *Infin.*), to want, have a fancy for
l'escalier (*m.*), stairs, staircase
l'esprit (*m.*), spirit, mind, wit
l'étable (*f.*), cow-shed
l'état (*m.*), state, condition
éteindre, to put out, extinguish
éviter, to avoid
l'examen (*m.*), examination

l'examinateur (l'examina-
trice *f.*), examiner
examiner, to examine
l'exemple (*m.*), example (Note
spelling.)
par exemple, for example
exprimer, to express

facile, easy
faible, feeble, weak
familier familière, familiar,
well-known
la famille, family
la faute, fault, error
le fer, iron
la force, force, strength
forcer, to force, oblige
la forme, form, shape
la fumée, smoke
fumer, to smoke

grâce à, thanks to
grave, grave, serious
gris, grey
le groupe, group
guérir, to cure, heal
la guérison, cure, healing

hardi, bold, audacious
hésiter à, to hesitate to
de bonne heure, early
de meilleure heure, earlier
honnête, honest
humide, damp
l'humidité (*f.*), dampness,
moisture

le kilo(gramme), kilogramme
(2·2 pounds)

liad, ugly
la laine, wool
lent, slow
au lieu de, instead of

la liste, list
le litre, litre (1¾ pints)

magnifique, magnificent
mal, badly
malgré, in spite of
le malheur, misfortune
malheureux malheureuse,
unfortunate
la Manche, English Channel
mauvais, bad
mêler, to mix
la mer, sea
merveilleux merveilleuse, marvellous
la moitié, half
au moment où, at the moment
when
le morceau, piece, morsel
le mouvement, movement,
motion

nécessaire, necessary
la négligence, neglect, carelessness
négligent, negligent, careless

ordonner *à* quelqu'un *de* faire
quelque chose, to order
someone to do something

la page, page (of a book)
le page, page-boy
la paire, pair
pardon !, excuse me
se passer, to happen, take
place
la patrie, native land, fatherland
permettre *à* quelqu'un *de* faire
quelque chose, to allow
someone to do something
personne (ne), no one, nobody
la peur, fear

avoir peur de, to be afraid of
en plein air, in the open (air)
en pleine campagne, in the open country
en pleine mer, in the open sea, on the high seas
la pluie, rain
la plume, pen
la plupart, majority (followed by verb in *plural*)
le pont, bridge
posséder, to possess, own
pourtant, nevertheless, however, still, (and) yet
prêt (à), ready (to)
prêter, to lend
propre, own; clean
   E.g., ses propres mains, one's *own* hands
   But: ses mains propres, one's *clean* hands

avoir raison, to be right
   avoir tort, to be wrong
ramasser, to pick up, gather together, collect
la reine, queen
rendre (+ *adj.*), to make
   E.g., le homard me rend malade, lobster makes me ill
rouge, red
la rue, street
la ruine, ruin

la santé, health
   être en bonne santé, to be in good health
la scène, (i) stage; (ii) scene
secouer, to shake
le secret, secret
   secret secrète, secret
séparer, to separate
le silence, silence (Note gender.)
   silencieux silencieuse, silent
solide, strong
songer (à), to dream, think (of)
sous, under
surtout, particularly, especially, above all

le talon, heel (of foot or shoe)
tandis que, whereas, while, whilst
   E.g., il s'amuse tandis que nous, nous travaillons
en même temps, at the same time
tourner, to turn
à travers, across, through
   au travers de, through (obstacle to be pierced or broken through)
très, very
   N.B., *very* much = beaucoup
le trou, hole
tuer, to kill

L

IRREGULAR VERBS (in alphabetical order)

Infinitive	Present Indicative	Present Subjunctive	Past Historic	Perfect	Future	Remarks
acquérir, to acquire	j'acquiers il acquiert n. acquérons ils acquièrent	j'acquière n. acquérions ils acquièrent	j'acquis	j'ai acquis	j'acquerrai	
aller, to go	je vais tu vas il va nous allons vous allez ils vont	j'aille tu ailles il aille nous allions vous alliez ils aillent	j'allai	je suis allé elle est allée	j'irai	*Imperative:* va, allons, allez
appeler, to call	j'appelle n. appelons ils appellent	j'appelle n. appelions ils appellent	j'appelai	j'ai appelé	j'appellerai	
s'asseoir, to sit down	je m'assieds nous nous asseyons ils s'asseyent	je m'asseye n. n. asseyions ils s'asseyent	je m'assis	je me suis assis	je m'assiérai	
atteindre, to reach (like **craindre**)						
avoir, to have	j'ai tu as il a nous avons vous avez ils ont	j'aie tu aies il ait nous ayons vous ayez ils aient	j'eus	j'ai eu	j'aurai	*Pres. Part.:* ayant *Imperative:* aie, ayons, ayez

322

battre, to beat	je bats nous battons ils battent	je batte nous battions ils battent	je battis	j'ai battu	je battrai
boire, to drink	je bois nous buvons ils boivent	je boive nous buvons ils boivent	je bus	j'ai bu	je boirai
conduire, to lead	je conduis n. conduisons ils conduisent	je conduise n. conduisions ils conduisent	je conduisis	j'ai conduit	je conduirai
connaître, to know	je connais il connaît n. connaissons ils connaissent	je connaisse n. connaissions ils connaissent	je connus	j'ai connu	je connaîtrai
conquérir, to conquer (like **acquérir**)					
construire, to construct (like **conduire**)					
courir, to run	je cours nous courons ils courent	je coure nous courions ils courent	je courus	j'ai couru	je courrai
couvrir, to cover (like **ouvrir**)					
craindre, to fear	je crains n. craignons ils craignent	je craigne n. craignions ils craignent	je craignis	j'ai craint	je craindrai
croire, to believe	je crois nous croyons ils croient	je croie nous croyions ils croient	je crus	j'ai cru	je croirai

Irregular Verbs—*continued*

Infinitive	Present Indicative	Present Subjunctive	Past Historic	Perfect	Future	Remarks
cueillir, to gather	je cueille n. cueillons ils cueillent	je cueille n. cueillions ils cueillent	je cueillis	j'ai cueilli	je cueillerai	
détruire, to destroy (like **conduire**)						
devoir, to owe, to have to	je dois nous devons ils doivent	je doive nous devions ils doivent	je dus	j'ai dû	je devrai	*Past Part.:* dû, due, dus, dues
dire, to say, tell	je dis nous disons vous dites ils disent	je dise nous disions vous disiez ils disent	je dis	j'ai dit	je dirai	
dormir, to sleep (like **servir**)						
écrire, to write	j'écris n. écrivons ils écrivent	j'écrive n. écrivions ils écrivent	j'écrivis	j'ai écrit	j'écrirai	
envoyer, to send	j'envoie n. envoyons ils envoient	j'envoie n. envoyions ils envoient	j'envoyai	j'ai envoyé	j'enverrai	
espérer, to hope	j'espère n. espérons ils espèrent	j'espère n. espérions ils espèrent	j'espérai	j'ai espéré	j'espérerai	

éteindre, to extinguish (like craindre)

Infinitive	Present indicative	Present subjunctive	Past historic	Perfect	Future	
être, to be	je suis tu es il est nous sommes vous êtes ils sont	je sois tu sois il soit nous soyons vous soyez ils soient	je fus	j'ai été	je serai	*Pres. Part.:* étant *Imperfect:* j'étais *Imperative:* sois, soyons, soyez
faire, to do, to make	je fais nous faisons vous faites ils font	je fasse nous fassions vous fassiez ils fassent	je fis	j'ai fait	je ferai	
falloir, to be necessary	il faut	il faille	il fallut	il a fallu	il faudra	*Imperfect:* il fallait
fuir, to flee, run away	je fuis nous fuyons ils fuient	je fuie nous fuyions ils fuient	je fuis	j'ai fui	je fuirai	
haïr, to hate	je hais il hait nous haïssons ils haïssent	je haïsse nous haïssions ils haïssent	je haïs	j'ai haï	je haïrai	
jeter, to throw	je jette nous jetons ils jettent	je jette nous jetions ils jettent	je jetai	j'ai jeté	je jetterai	

joindre, to join (like craindre)

lancer, to throw: like donner, except that the c has a cedilla before a or o; *e.g.*, nous lançons, il lança

Infinitive	Present Indicative	Present Subjunctive	Past Historic	Perfect	Future	Remarks
lever, to raise	je lève nous levons ils lèvent	je lève nous levions ils lèvent	je levai	j'ai levé	je lèverai	
lire, to read	je lis nous lisons ils lisent	je lise nous lisions ils lisent	je lus	j'ai lu	je lirai	

manger, to eat: like **donner,** except that the g must be followed by an e whenever the next letter is a or o; e.g., nous mangeons, il mangea

mentir, to tell lies (like **servir**)

Infinitive	Present Indicative	Present Subjunctive	Past Historic	Perfect	Future	Remarks
mettre, to put	je mets nous mettons ils mettent	je mette nous mettions ils mettent	je mis	j'ai mis	je mettrai	
mourir, to die	je meurs nous mourons ils meurent	je meure nous mourions ils meurent	je mourus	je suis mort	je mourrai	
naître, to be born	je nais il naît nous naissons ils naissent	je naisse nous naissions ils naissent	je naquis	je suis né	je naîtrai	

offrir, to offer (like **ouvrir**)

326

Infinitive	Present	Present Subjunctive	Past Historic	Perfect	Future	Notes
ouvrir, to open	j'ouvre n. ouvrons ils ouvrent	j'ouvre n. ouvrions ils ouvrent	j'ouvris	j'ai ouvet	j'ouvrirai	
partir, to depart ; like **servir**, but conj. **être**						
payer, to pay	je paie nous payons ils paient	je paie nous payions ils paient	je payai	j'ai payé	je paierai	All verbs in -yer, except envoyer, are like **payer**
peindre, to paint (like **craindre**)						
plaindre, to pity (like **craindre**)						
pleuvoir, to rain	il pleut	il pleuve	il plut	il a plu	il pleuvra	*Imperfect :* il pleuvait
pouvoir, to be able	je peux (*or* puis) tu peux il peut nous pouvons ils peuvent	je puisse n. puissions ils puissent	je pus	j'ai pu	je pourrai	
prendre, to take	je prends nous prenons ils prennent	je prenne nous prenions ils prennent	je pris	j'ai pris	je prendrai	
produire, to produce (like **conduire**)						

327

Irregular Verbs—*continued*

Infinitive	Present Indicative	Present Subjunctive	Past Historic	Perfect	Future	Remarks
recevoir, to receive	je reçois n. recevons ils reçoivent	je reçoive n. recevions ils reçoivent	je reçus	j'ai reçu	je recevrai	
réduire, to reduce (like **conduire**)						
résoudre, to resolve	je résous n. résolvons ils résolvent	je résolve n. résolvions ils résolvent	je résolus	j'ai résolu	je résoudrai	
rire, to laugh	je ris nous rions vous riez ils rient	je rie nous riions vous riiez ils rient	je ris	j'ai ri	je rirai	*Imperfect:* (quite regular) je riais, nous riions
savoir, to know	je sais nous savons ils savent	je sache nous sachions ils sachent	je sus	j'ai su	je saurai	*Pres. Part.:* sachant *Imperative:* sache, sachons, sachez
sentir, to feel, to smell (like **servir**)						
servir, to serve	je sers nous servons ils servent	je serve nous servions ils servent	je servis	j'ai servi	je servirai	
sortir, to go out, come out; like **servir**, but conj. **être**						
souffrir, to suffer (like **ouvrir**)						

						Imperfect:
suffire, to suffice	il suffit	il suffise	il suffit	il a suffi	il suffira	il suffisait
suivre, to follow	je suis tu suis il suit nous suivons ils suivent	je suive	je suivis	j'ai suivi	je suivrai	
tenir, to hold	je tiens nous tenons ils tiennent	je tienne nous tenions ils tiennent	je tins n. tînmes ils tinrent	j'ai tenu	je tiendrai	
traduire, to translate (like conduire)						
vaincre, to vanquish, conquer	je vaincs tu vaincs il vainc n. vainquons v. vainquez ils vainquent	je vainque n. vainquons ils vainquent	je vanquis	j'ai vaincu	je vaincrai	
valoir, to be worth	je vaux tu vaux il vaut nous valons ils valent	je vaille nous valions ils vaillent	je valus	j'ai valu	je vaudrai	
venir, to come	je viens nous venons ils viennent	je vienne nous venions ils viennent	je vins n. vînmes ils vinrent	je suis venu	je viendrai	Like **tenir**, but conj. être

329

IRREGULAR VERBS—continued

Infinitive	Present Indicative	Present Subjunctive	Past Historic	Perfect	Future	Remarks
vivre, to live	je vis nous vivons ils vivent	je vive nous vivions ils vivent	je vécus	j'ai vécu	je vivrai	
voir, to see	je vois nous voyons ils voient	je voie nous voyions ils voient	je vis	j'ai vu	je verrai	
vouloir, to want	je veux tu veux il veut nous voulons ils veulent	je veuille nous voulions ils veuillent	je voulus	j'ai voulu	je voudrai	

ENGLISH–FRENCH VOCABULARY

able : to be able, pouvoir, savoir

abominable, abominable

about, (*adverb*) autour, à l'entour; environ; à peu près (= *approximately*); (*preposition*) au sujet de, autour de, vers; to be about to, être sur le point de; it is about, il s'agit de

abroad, à l'étranger

absence, l'absence (*f.*)

absent, absent

absent-minded, distrait

absolutely, absolument

abundant, abondant

accent, l'accent (*m.*)

accident, l'accident (*m.*)

accompany, accompagner

accomplish, accomplir (*like* finir)

according to, selon

acquaintance, la connaissance

act, agir (*like* finir); (*in a play*) jouer

active, actif active

activity, l'activité (*f.*)

additional, de plus

address, s'adresser à

admiral, l'amiral (*m.*)

admire, admirer

admirer, l'admirateur (*m.*)

adopt, adopter, prendre

advance, l'avance (*f.*); to advance, avancer, s'avancer

advantage, l'avantage (*m.*); to take advantage of, profiter de

advice, le conseil

advise, conseiller (à qn de faire q.c.)

aeroplane, l'avion (*m.*)

afraid, effrayé; to be afraid, avoir peur

Africa, l'Afrique (*f.*)

after, après; après que

afternoon, l'après-midi (*m.* or *f.*)

afterwards, ensuite, plus tard

again, encore, encore une fois, de nouveau, *or* re *prefixed to the verb*

agility, l'agilité (*f.*)

ago, il y a; a long time ago, il y a longtemps

agree, se mettre d'accord; to agree with s.o., être de l'avis de qn

agreement : to be in agreement, être d'accord, convenir

air, l'air (*m.*)

airman, l'aviateur (*m.*)

ajar, entr'ouvert

alarm, effrayer, alarmer

alas, hélas

alike, de la même façon

alive, vivant

all, tout toute tous toutes; not at all, pas du tout; all at once, tout d'un coup

allow, permettre (à qn de faire q.c.)

allusion, l'allusion (*f.*)

ally, l'allié (*m.*)

almost, presque

alone, seul; to leave alone, laisser tranquille, laisser seul along, le long de

already, déjà

although, bien que, quoique (+ *Subjunctive*)

altogether, tout à fait, entièrement

always, toujours

ambassador, l'ambassadeur (*m.*)

ambition, l'ambition (*f.*)

amiable, aimable

among, parmi

amusement, l'amusement(*m.*), le divertissement, la distraction

amusing, amusant

anecdote, l'anecdote (*f.*)

angel, l'ange (*m.*)

angry, fâché, irrité, en colère; to get angry, se fâcher, se mettre en colère; to make angry, fâcher, mettre en colère

animal, l'animal (*m.*), la bête

another, un autre, encore un; one another, l'un l'autre, les uns les autres, *or use a reflexive verb*

answer, la réponse; to answer, répondre (à) (*like* vendre)

anxious, inquiet inquiète; to be anxious about, s'inquiéter de; to be anxious to, tenir à

any, des, de, quelque(s), aucun, en; in any case, en tout cas

anybody, anyone, quelqu'un, n'importe qui; not anyone, personne (ne)

anything, quelque chose, n'importe quoi; not anything, rien (ne)

anywhere, quelque part, n'importe où; not anywhere, nulle part (ne)

apart, séparé(s)

appear, paraître, apparaître (*like* connaître); avoir l'air

appearances, les apparences (*f.*)

apple, la pomme

appreciate, apprécier

approach, s'approcher (de)

April, avril (*m.*)

arise, se lever, s'élever

arm, le bras

army, l'armée (*f.*)

around, autour de; to walk around the town, faire le tour de la ville

arrest, arrêter

arrival, l'arrivée (*f.*)

arrive, arriver

article, l'article (*m.*)

artificial, artificiel artificielle

as, comme; as . . . as, aussi ... que; as many, as much, autant; in proportion as, à mesure que; as for, quant à; as though, comme si; disguised as, déguisé en

ashamed, honteux; to be ashamed, avoir honte (de)

ask, demander; to ask for, demander; to ask someone (for) something, demander q.c. à qn; to ask someone to do something, demander à qn de faire q.c.; to ask a question, poser une question

asleep, endormi; to fall asleep, s'endormir

assembly, la réunion

association, l'association (*f.*)

astonish, étonner; to be astonished at, s'étonner de

astonishment, l'étonnement (*m.*)

astrologer, l'astrologue (m.)

attach, attacher

attack, attaquer

attend, assister à; to attend lectures, suivre des cours

attention, l'attention (f.); to pay attention, faire attention

aunt, la tante

avoid, éviter

awake, éveillé

awake(n), (se) réveiller

away, absent; loin; to go away, s'en aller; to send away, renvoyer

awkward, embarrassé, gêné; embarrassant

axe, la hache

baby, le bébé

bachelor, le célibataire

back, le dos; le fond; (adverb) en arrière; to be back, être de retour, être rentré; to come back, revenir; to go back, retourner

bad, mauvais

badly, mal

bag, le sac; lady's hand-bag, le sac à main; travelling bag, la valise

baker, le boulanger

balance, se tenir en équilibre

bald, chauve

baldness, la calvitie

banana, la banane

bandage, (verb) bander

bank, (river, etc.) la rive, le bord; (commerce) la banque

bare, nu

bark, aboyer

basket, le panier

bath, le bain; to take a bath, prendre un bain

bathe, se baigner; to go for a bathe, aller se baigner

bathroom, la salle de bain

baths, la piscine

battle, la bataille

battlefield, le champ de bataille

be, être; (health) se porter

beach, la plage

bear, l'ours (m.)

bear, porter

beast, la bête

beat, battre, vaincre

beautiful, beau bel belle beaux belles

because, parce que; because of, à cause de

beckon, faire signe

become, devenir (conj. être); se faire

bed, le lit; in bed, au lit; to go to bed, aller se coucher; to put to bed, coucher; to send to bed, envoyer coucher

bedroom, la chambre (à coucher); back, front bedroom, la chambre de derrière, de devant

before, (time) avant, avant de, avant que, auparavant; (place) devant

beforehand, par avance

beg, (request) prier (de); (ask charity) mendier

egin, commencer (à); to begin again, recommencer; to begin by, commencer par

behave, se conduire

behind, derrière; to stay behind, rester en arrière

behold, contempler

Belgium, la Belgique

believe, croire; to believe in God, croire en Dieu

bell, la sonnette ; **to ring the bell,** sonner

belong, appartenir

below, (*preposition*) sous, en dessous de ; (*adverb*) en bas, au-dessous

bend, pencher

beside, à côté de, auprès de

best, (*adjective*) le meilleur ; (*adverb*) le mieux ; **to do one's best,** faire de son mieux

betray, trahir (*like* finir)

better, (*adjective*) meilleur ; (*adverb*) mieux ; **to be better,** valoir mieux, aller mieux

between, entre

bicycle, la bicyclette ; **to go for a bicycle ride,** faire une promenade à bicyclette

big, grand

bind, lier

bird, l'oiseau (*m.*)

birthday, l'anniversaire (*m.*)

bishop, l'évêque (*m.*)

bitter, amer amère

black, noir

blessing, la bénédiction

blow, le coup

blow, souffler

blue, bleu

blunder, la bévue

blush, rougir (*like* finir)

board : on board, à bord (de)

boast, se vanter (de)

boat, le bateau

bomb, la bombe

bone, l'os (*m.*)

bonus, la gratification

book, le livre

bore (= *weary*), ennuyer ; **to be bored with,** s'ennuyer de

born, né ; **to be born,** naître ; I was born, je suis né

borrow (from), emprunter (à)

both, tous deux, toutes deux

bottle, la bouteille

boundless, sans limites

bow, incliner, s'incliner

box, la boîte

boy, le garçon

brain, le cerveau

branch, la branche

brave, courageux, courageuse

bread, le pain

break, casser, briser ; **to break into,** envahir (*like* finir), pénétrer dans ; **to break out,** éclater

breakfast, le petit déjeuner ; **to have breakfast,** prendre le petit déjeuner

breeze, la brise

bridge, le pont ; (*cards*) le bridge

brief, bref brève, court

brilliant, brillant

bring, (*things carried*) apporter ; (*people, etc.*) amener ; **to bring back,** rapporter ; **to bring down,** descendre ; **to bring up,** monter ; **to bring up** (*children, etc.*), élever ; **to bring a smile to,** faire sourire

Brittany, la Bretagne

brother, le frère

brown, brun ; **brown paper,** papier gris

brownish, brunâtre

build, bâtir (*like* finir)

building, le bâtiment, l'édifice (*m.*)

bullet, la balle

bun, le petit pain (au lait), la brioche

bunch, le bouquet

bundle (of wood), le fagot

burgundy, le bourgogne

Burgundy, la Bourgogne

burn, brûler; (a house. etc.) incendier

burst, éclater; to burst out laughing, éclater de rire

bus, l'autobus (m.)

business, les affaires (f.). l'affaire (f.)

busy, occupé, affairé; busy doing something, en train de faire quelque chose

butter, le beurre

button, le bouton; to button, boutonner

buy (from), acheter (à)

by -ing, en -ant

cabbage, le chou (pl. choux)

Cæsar, César

cage, la cage

cake, le gâteau

calculate, calculer

call, appeler; to be called, s'appeler; to call (a meeting), convoquer

camp, le camp

can, pouvoir, savoir

Canada, le Canada; in Canada, au Canada

candle, la bougie

capital (city), la capitale

captain, le capitaine

car, l'auto (f.), la voiture

card, la carte

care, le soin; to take care, faire attention; to take care of, prendre soin de

care for, soigner

careful : to be careful, faire attention

carefully, soigneusement, avec attention

careless, négligent, insouciant

carpenter, le charpentier

carpet, le tapis

carriage, la voiture

carry, porter

cart, la charrette

case, le cas; in any case, en tout cas

castle, le château

cat, le chat, la chatte

catch, attraper, prendre; to catch sight of, apercevoir (like recevoir)

cattle, le bétail, les bestiaux

cause, causer

cease, cesser (de)

celebrate, célébrer

celebrated, célèbre

cellar, la cave

centre, le centre; in the centre, au centre

century, le siècle

certain, certain

chair, la chaise; easy chair, le fauteuil

chairman, le président

champagne, le champagne

Champagne, la Champagne

champion, le champion

chance, la chance, le hasard

change, la monnaie

change one's clothes, changer de vêtements

chapter, le chapitre

character, le caractère

charge, charger

charm, le charme

charming, charmant

charwoman, la femme de ménage

chat, causer

cheer up, égayer (qn), réjouir (qn); se ranimer. reprendre courage; Cheer up! Courage !

cheese, le fromage

cherry, la cerise
chest, (*box*) la caisse, le coffre; (*body*) la poitrine
child, l'enfant (*m.* or *f.*)
childhood, l'enfance (*f.*)
childlike, d'enfant
chin, le menton
China, la Chine
choose, choisir (*like* finir)
Christian, chrétien chrétienne
Christmas, Noël
Christopher Columbus, Christophe Colomb
church, l'église (*f.*)
cigarette, la cigarette
circle, le cercle
circular, circulaire
clasp, serrer
class, la classe
class-room, la salle de classe
clean, propre; to clean, nettoyer, polir (*like* finir)
clever, habile, intelligent
climb, grimper, monter; to climb a mountain, faire l'ascension d'une montagne
cloak, le manteau
clock, la pendule, l'horloge (*f.*)
close, fermer
close to, près de
cloth, le chiffon
clothes, les vêtements (*m.*)
cloud, le nuage
coal, le charbon
coast, la côte
coat, le veston, le manteau, le pardessus
cock, le coq
coffee, le café
coin, la pièce de monnaie; gold coin, la pièce d'or
cold, froid; to be cold, (*person*) avoir froid, (*weather*) faire froid, (*things*) être froid

cold, le rhume
colleague, le collègue
colonel, le colonel
colony, la colonie
come, venir (*conj.* être); come along! allons donc!; to come and, venir + *Infin.*; to come back, revenir (*conj.* être); to come down, descendre (*like* vendre, *conj.* être); to come and fetch, venir chercher; to come home, rentrer (*conj.* être); to come in, entrer (*conj.* être); to come near, s'approcher de; to come on, avancer; come on! allons!; to come out, sortir (*like* servir, *conj.* être); to come up, monter (*conj.* être); to come up to, s'approcher de
comfortable, (*person*) à son aise; (*thing*) confortable
comfortless, sans confort
comic, comique
comment, le commentaire, l'observation (*f.*)
companion, le compagnon, la compagne
comparable, comparable
compartment, le compartiment
complain, se plaindre (*like* craindre)
complete, complet complète
compliment, le compliment
concern, regarder
concert, le concert
conductor, le receveur
confess, avouer
confident, confiant
confused, confus
confusedly, confusément
congratulate (on), féliciter (de)

conquer, vaincre, conquérir (*irreg.*)

conscience, la conscience

consent, consentir (à) (*like* servir)

consider, considérer

considerable, considérable

constant, constant

consult, consulter

contain, contenir (*like* tenir)

contented, content, satisfait

context, le contexte

continent, le continent

continual, continuel continuelle

continue, continuer

continuously, sans cesse

contrast, le contraste

conversation, la conversation

cookery, la cuisine

cool, frais fraîche

coppers, les sous (*m.*)

copy, copier

cordial, cordial

corn, le blé

corner, le coin

Cornwall, la Cornouaille

correct, correct; to correct, corriger

Corsica, la Corse

cost, coûter

cottage, la chaumière

count, compter

count, le comte

country, le pays; la campagne; country house, la maison de campagne, le château; in (to) the country, à la campagne

courage, le courage

course, le cours; in the course of, au cours de; of course, naturellement

court, la cour

courtier, le courtisan

cousin, le cousin, la cousine

cover (with), couvrir (de) (*like* ouvrir)

cow, la vache

cradle, le berceau

create, créer

credulous, crédule

creek, la crique

cricket, le cricket

crime, le crime

cross, traverser

crow, chanter

crowd, la foule

cry (= *weep*), pleurer; (= *shout*) crier

cry, le cri (*pl.* cris)

cultivate, cultiver

cup, la tasse; (*trophy*) la coupe

cupboard, l'armoire (*f.*), le placard

cure, guérir (*like* finir)

curiosity, la curiosité

curly, frisé, bouclé

curtain, le rideau

cushion, le coussin

custom, la coutume, l'usage (*m.*)

cut, couper

dagger, le poignard

daily, quotidien quotidienne

daisy, la pâquerette

danger, le danger

dare, oser

dark, sombre, obscur, foncé, noir; to get dark, commencer à faire nuit; it is dark, il fait nuit; before dark, avant la nuit

darkness, l'obscurité (*f.*), les ténèbres (*f.*)

date, la date

daughter, la fille

dawn, l'aube (*f.*)

day, le jour, la journée; the day before, la veille; the next day, le lendemain; the day before yesterday, avant-hier

daylight, le jour; in broad daylight, en plein jour; it is daylight, il fait jour

dead, mort

deaf, sourd

deal : a great deal, beaucoup

dear, cher chère

death, la mort

deceive, tromper

decide, décider (de)

declare, déclarer

deep, profond

deeply, profondément

defeat, la défaite; to defeat, vaincre

delighted, enchanté (de)

demolish, démolir (*like* finir)

dentist, le dentiste

depart, partir (*like* servir, *but conj.* être)

departure, le départ

depend on, compter sur

describe, décrire (*like* écrire)

deserve, mériter (de)

desk, (*pupil's*) le pupitre; (*master's*) le bureau

destination, la destination

destroy, détruire (*like* conduire)

detest, détester

devoid of, dépourvu de, privé de

devote, consacrer

die, mourir (*conj.* être)

difference, la différence

difficult, difficile

difficulty, la difficulté

dig, bêcher, creuser

dignity, la dignité

dim, sombre

dining-car, le wagon-restaurant

dining-room, la salle à manger

dinner, le dîner

direction, la direction

directly, directement

dirty, sale, malpropre

disagreeable, désagréable

discontented, mécontent (de)

discover, découvrir (*like* ouvrir)

discreet, discret discrète

disguise as, déguiser en

dish-cloth, le torchon

dislike, ne pas aimer

dismiss, renvoyer

distance, la distance

distinct, distinct

distressed, affligé, désolé

district, la région, le quartier

do, faire; to do again, refaire; (*a distance*) parcourir; to do well, se distinguer; to do without, se passer de

doctor, le médecin; (*when spoken to*) docteur

dog, le chien

dome, le dôme

donkey, l'âne (*m.*)

door, la porte; front door, la porte d'entrée

doubt, douter (de); to doubt whether, douter que (+ *Subjunctive*)

Dover, Douvres

down, en bas; down there, là-bas; to put down, poser, déposer

dozen, la douzaine

draw, dessiner; (*curtain, etc.*) tirer

drawer, le tiroir

drawing, le dessin, l'image (*f.*)

drawing-room, le salon

dream, le rêve; to dream, rêver

dress, la robe

dress, habiller, s'habiller; to get dressed, s'habiller; dressed as, habillé en

dressing-table, la coiffeuse, la table de toilette

dressmaker, la couturière

drink, la boisson; to drink, boire

drive, conduire; to go for a drive, faire une promenade en auto; drive out, chasser

driving-licence, le permis de conduire

drop, laisser tomber

duchess, la duchesse

dumb, muet muette

dungeon, le cachot

during, pendant

dustbin, la poubelle

duty, le devoir

each, (*adjective*) chaque; (*pronoun*) chacun

early, de bonne heure; early days, years, les premiers jours, les premières années

earn, gagner

earth, la terre

easy, facile

eat, manger

education, l'instruction (*f.*), l'éducation (*f.*)

effective, efficace

effort, l'effort (*m.*)

egg, l'œuf (*m.*)

Egypt, l'Égypte (*f.*)

eight, huit

eighty, quatre-vingts

either, l'un ou l'autre; ou;

soit; (*after negative*) non plus; either . . . or . . . , ni . . . ni . . .

Elba, l'île d'Elbe

elephant, l'éléphant (*m.*)

eleventh, le onzième

Elizabeth, Élisabeth

else, autre; everything else, toute autre chose; nobody else, personne d'autre; or else, ou bien

embarrassment, l'embarras (*m.*)

emotion, l'émotion (*f.*)

emperor, l'empereur (*m.*)

empty, vide; to empty, vider

end, la fin, le bout. l'extrémité (*f.*)

end, finir, terminer, cesser

enemy, l'ennemi(e)

England, l'Angleterre (*f.*)

English, anglais; English Channel, la Manche

Englishman, l'Anglais

enjoy, jouir de (*like* finir); aimer, goûter; to enjoy oneself, s'amuser

enormous, énorme

enormously, énormément

enough, assez (pour); to be enough, suffire

entail, comporter

enter, entrer (dans)

enterprise, l'entreprise (*f.*)

enthusiasm, l'enthousiasme (*m.*)

entire, entier entière

entrance, l'entrée (*f.*)

equal, égal égaux; to equal, être l'égal de

error, l'erreur (*f.*), la faute

escape, s'échapper

especially, surtout

Esperanto, l'Espéranto (*m.*)

essay, l'essai (m.)

Europe, l'Europe (f.)

even, même

evening, le soir; in the evening, le soir

event, l'événement (m.)

ever, (in a question) jamais; not ever (= never), jamais (ne); for ever, toujours, pour toujours

every, chaque; tous les, toutes les

everybody, tout le monde

everything, tout

everywhere, partout

evil, le mal

exact, exact

examine, examiner

example, l'exemple (m.); for example, par exemple

excellent, excellent

except, excepté, sauf

excess, l'excès (m.)

exclaim, s'écrier

excuse, l'excuse (f.); to excuse, excuser (de)

execute, exécuter

exercise, l'exercice (m.)

exercise-book, le cahier

exist, exister

expect, attendre, s'attendre à, s'attendre à ce que (+ Subj.)

expense, la dépense, les frais

experience, l'expérience (f.); to experience, éprouver

expert, l'expert (m.)

explain, expliquer

explanation, l'explication (f.)

express (train), le rapide

expression, l'expression (f.)

extract, l'extrait (m.)

extraordinary, extraordinaire

extremity, l'extrémité (f.)

eye, l'œil (pl. yeux) (m.)

face, le visage, la figure

fact, le fait

factory, l'usine (f.)

fail, manquer (de)

faint, s'évanouir (like finir)

fairly, assez

faithfulness, la fidélité

fall, tomber (conj. être); to fall asleep, s'endormir (like servir)

family, la famille

famous, célèbre

fancy, la fantaisie, l'imagination (f.)

far, loin; as far as, jusqu'à; so far, jusqu'ici, jusque-là; far into the night, tard dans la nuit

farmer, le fermier

farther, plus loin

fashion, la mode

fast, (adjective) rapide; (adverb) vite

fat, gros grosse; to get fat, engraisser

fate, le destin, le sort

father, le père

fatherland, la patrie

fatigue, la fatigue

fault, l'erreur (f.), la faute

'faux-pas,' la gaffe, le faux pas

fear, la peur, la crainte; for fear of, de peur de; for fear that, de peur que (+ ne and Subjunctive)

feather, la plume

February, février (m.)

feed, donner à manger à

feel, sentir (like servir); to feel ill, se sentir malade

feeling, le sentiment

fellow, l'individu (m.), le garçon

fertile, fertile

fetch, chercher, aller chercher

to fête, fêter

few, peu (de); a few, quelques, quelques-un(e)s

field, le champ

fifty, cinquante

fight, combattre, se battre (contre)

fill with, remplir de (*like* finir)

film, le film

find, trouver

fine, beau bel belle beaux belles

finger, le doigt

finish, finir (de); to finish by, finir par

fire, le feu, l'incendie (*m.*)

firm, ferme, solide

firm (= *business house*), la firme, la maison

first, premier première; (at) first, d'abord; from the first, dès le début

fish, le poisson; to fish, pêcher

fisherman, le pêcheur

fishing, la pêche; to go fishing, aller à la pêche

fit: to think fit to, juger bon de

flat, plat

flight, la fuite (= *running away*); le vol (= *flying*); to take flight, prendre la fuite

floor (= *storey*), l'étage (*m.*)

flower, la fleur

fluently, couramment

fly, voler; to fly away, s'envoler; to fly over, survoler; to fly around something, faire le tour de quelque chose en avion

follow, suivre; followed by, suivi de

fond: to be fond of, aimer beaucoup

food, la nourriture

fool, le sot

foolish, stupide

foot, le pied; on foot, à pied

football, le football

for, depuis, pendant, pour; pour que; car

forbid, défendre (*like* vendre) (à qn de faire q.c.)

foreign, étranger étrangère

foreigner, l'étranger, l'étrangère

forest, la forêt

foretell, prédire (*Past Part.* prédit)

forget, oublier (de)

forgive, pardonner (à)

form, la classe

former, celui-là, celle-là

fortify, fortifier

fortnight, quinze jours

fortunately, heureusement

forty, quarante

fountain-pen, le stylo

fox, le renard

fox-terrier, le fox

free, libre

freedom, la liberté

Frenchman, le Français

frequently, fréquemment

fresh, frais fraîche

Friday, vendredi (*m.*); on Fridays, le vendredi

friend, l'ami, l'amie

friendly, amical

frighten, effrayer

front, le devant; in front of, devant, en face de; front bedroom, la chambre de devant

frontier, la frontière

fruit, les fruits (*m.*)

fruit-tree, un arbre fruitier

full, plein

fun: to make fun of, se
moquer de

furious, furieux furieuse

furniture, les meubles (*m.*)

further, plus loin

future, l'avenir (*m.*); in (the)
future, à l'avenir; (*grammar*) le futur

gain, gagner

gallop, le galop; to gallop off,
partir au galop

game, le jeu

garden, le jardin

gardener, le jardinier

gate, la barrière

gather, cueillir

general, général; in general,
en général, d'une façon
générale

generosity, la générosité

generous, généreux généreuse

genius, le génie

gentle, doux douce

gentleman, le monsieur (*pl.*
messieurs)

German, allemand

Germany, l'Allemagne (*f.*)

get, arriver, avoir, devenir,
prendre, procurer; to get
angry, se fâcher, se mettre
en colère; to get home,
rentrer; to get up, se lever;
to get in, entrer

gift, le cadeau, le don

girl, la fillette, la jeune fille

give, donner; to give back,
rendre; to give up, renoncer
à; to give up (to someone),
remettre (à quelqu'un)

glad, content (de); heureux
heureuse

glass, le verre

glasses, les lunettes (*f.*)

glimpse, entrevoir; to give a
glimpse of, laisser entrevoir

glorious, glorieux glorieuse

glory, la gloire

glove, le gant

go, aller (*conj.* être); to go
across, traverser; to go
and, aller + *Infin.*; to go
away, s'en aller; to go back,
retourner (*conj.* être); to go
back home, rentrer à la
maison; to go back into,
rentrer dans; to go down,
descendre (*like* vendre, *conj.*
être); to go downstairs,
descendre l'escalier; to go
for a bathe, aller se baigner;
to go for a drive, faire une
promenade en auto; to go
home, rentrer (*conj.* être);
to go in, entrer (*conj.* être);
to go in for an examination,
passer un examen; to go
on, continuer; to go out
(= *outside*), sortir (*like* servir, *conj.* être); to go out
(= *extinguished*), s'éteindre
(*like* craindre); to go out
again, ressortir; to go
round, faire le tour de; to go
through, traverser; to go
to bed, aller se coucher; to
go to fetch, aller chercher;
to go to meet, aller à la rencontre de; to go up (*intransitive*), monter (*conj.* être);
to go up (*transitive*), monter,
remonter; to go up to, s'approcher de; to go upstairs,
monter l'escalier

God, Dieu (*m.*)

gold, l'or (*m.*)

golf, le golf

goods, les marchandises (*f.*)

gown, la robe

graceful, gracieux gracieuse

grammar, la grammaire

grandfather, le grand-père (*pl.* grands-pères)

grandmother, la grand'mère (*pl.* grand'mères)

grandparents, les grands-parents (*m.*)

grant, accorder

grass, l'herbe (*f.*)

grateful, reconnaissant

great, grand

green, vert

greet, saluer

grocer, l'épicier (*m.*)

ground, la terre, le sol

growing, croissant

grown-up, grand, adulte

grudge : to bear someone a grudge, en vouloir à quelqu'un

guide, le guide

gun, le fusil (= *rifle*); le canon

habit, l'habitude (*f.*); to be in the habit of, avoir l'habitude de

hair, les cheveux (*m.*)

half, (*noun*) la moitié; (*adjective*) demi; (*adverb*) à moitié; half an hour, une demi-heure; half-holiday, le demi-congé

halfpenny, le sou (*pl.* sous), le demi-penny

hammer, le marteau

hand, la main; on the other hand, d'autre part

hang up, pendre (*like* vendre)

happen, arriver, se passer

happy, heureux heureuse (de), content (de)

hard, dur; to work hard, travailler dur

hardly, à peine, (ne) guère

haste, la hâte; to make haste, se dépêcher, se presser; in haste, en hâte, à la hâte

hat, le chapeau

have, avoir; to have to, devoir, avoir à; to have something done, faire faire quelque chose

hay, le foin

head, la tête

headmaster, le proviseur. le principal, le directeur

health, la santé; in good health, en bonne santé

heap, le tas

hear, entendre (*like* vendre); to hear of, entendre parler de

heavy, lourd

help, l'aide (*f.*); to help, aider; to help oneself, se servir; not to be able to help -ing, ne pouvoir s'empêcher de; to help to, aider à; that doesn't help, cela n'y fait rien

hen, la poule

here, ici; here is, here are, voici

hero, le héros

hesitate, hésiter (à)

hide, (se) cacher (à)

hiding-place, la cachette

high, haut

hill, la colline

historian, l'historien

history, l'histoire (*f.*)

hit, frapper

hold, tenir

hole, le trou

holiday(s), les vacances (f.); on holiday, en vacances

home, la maison, le foyer, le logis; at home, à la maison, chez soi; to go home, to get home, rentrer (conj. être)

homework, les devoirs (m.)

honest, honnête

hope, l'espoir (m.); to hope, espérer; to hope for, espérer

horse, le cheval (pl. chevaux); on horseback, à cheval

host, l'hôte (m.), l'aubergiste

hostile, hostile

hot, chaud; to be hot, (persons) avoir chaud, (things) être chaud, (weather) faire chaud

hotel, l'hôtel (m.)

hour, l'heure (f.)

house, la maison; at M's house, chez M

housework, le ménage, les travaux de ménage

how, comment; comme, combien; how much, how many, combien (de); how often, combien de fois (par heure, etc.)

however, cependant

hundred, cent; about a hundred, une centaine; hundreds, des centaines

hungry: to be hungry, avoir faim

hunt, chasser

hurry (up), se dépêcher, se presser; in a hurry, pressé

hurt, faire mal à; to be hurt, être blessé

husband, le mari

ice, la glace

idea, l'idée (f.)

i.e., c'est-à-dire, c.-à-d.

if, si

ignorance, l'ignorance (f.)

ill, malade; to speak ill of, dire du mal de

imagine, s'imaginer

immediately, immédiatement, aussitôt

immensely, énormément

impatient, impatient

importance, l'importance (f.)

important, important

imposing, imposant

impossible, impossible

imprison, emprisonner

in, dans; en

incendiary, incendiaire

incredible, incroyable

incurable, inguérissable

indeed, en effet

indefinitely, indéfiniment

industry, l'industrie (f.)

inevitable, inévitable

infinitely, infiniment

ingratitude, l'ingratitude (f.)

inhabitant, l'habitant (m.)

injure, blesser

ink, l'encre (f.); in ink, à l'encre

ink-well, l'encrier (m.)

inn, l'auberge (f.)

innumerable, innombrable

inside, à l'intérieur de

instance: for instance, par exemple

instead of, au lieu de

instructions, les instructions (f.)

instrument, l'instrument (m.)

intellectual, intellectuel intellectuelle

intelligence, l'intelligence (f.)

intelligent, intelligent

intelligible, intelligible

intend, avoir l'intention (de)

interest, l'intérêt (*m.*); to interest, intéresser; to be interested in, to take an interest in, s'intéresser à

introduce, introduire (*like* conduire); (*persons*) présenter

introduction, l'introduction (*f.*)

invalid, le (la) malade

invent, inventer

inventive, inventif

invite, inviter (à)

iron, le fer; to iron, repasser

island, l'île (*f.*)

Italy, l'Italie (*f.*)

James, Jacques

Japan, le Japon

jealous, jaloux jalouse

Jericho, Jéricho

Jerusalem, Jérusalem

jewel, le bijou (*pl.* bijoux)

John, Jean

joke, la plaisanterie; to joke, plaisanter

journey, le voyage; to journey, voyager

judge, le juge; to judge, juger

jump, sauter

June, juin (*m.*)

jungle, la jungle

juniors, les petits

just, juste; to have just . . ., venir de

key, la clef, la clé

kick, le coup de pied; to kick, donner un coup de pied (à)

kill, tuer

kilogramme, le kilogramme, le kilo

kilometre, le kilomètre

kind, la sorte, l'espèce (*f.*)

kindness, la bonté, l'amabilité (*f.*)

king, le roi

kitten, le petit chat

knight, le chevalier

knock, frapper

know, savoir, connaître

lack, manquer de

lady, la dame

lake, le lac

lance, la lance

land, la terre; to land, (*from boat*) débarquer; (*aircraft. raft*) atterrir (*like* finir)

landlord, le propriétaire

language, la langue

large, grand

last, dernier dernière; at last, enfin

to last, durer

late, tard; en retard; it is late, il est tard; I am late, je suis en retard; later (on), plus tard

latest, dernier dernière; at latest, au plus tard

latter, celui-ci, celle-ci; ce dernier

laugh, le rire; to laugh, rire; to laugh at, se moquer de

law, la loi

lawn, la pelouse

lay, mettre, déposer; (*eggs*) pondre (*like* vendre)

lazy, paresseux paresseuse

lead, conduire; to lead away, emmener

leader, le chef

leaf, la feuille

league (= 3 *miles*), la lieue (= 4 kilomètres)

learn, apprendre (à) (*like* prendre)

learned, savant; learned man, le savant

M

least, (*adjective*) moindre; at least, (*concessive*) du moins, (*restrictive*) au moins

leave (*military*), la permission

leave, (*intransitive*) partir (*like* servir, *conj.* être); (= *leave behind*) laisser; (= *go away from somebody or something*) quitter; to leave alone, laisser tranquille, laisser seul

lecture, la conférence; lectures (*university, etc.*), les cours (*m.*)

left, gauche; on the left, à gauche

left : to be left, rester

leg, la jambe

lend, prêter

less, moins

lesson, la leçon

lest, de peur que (+ ne + *Subjunctive*)

let, laisser; louer (une maison); let us, let's, *Imperative*

letter, la lettre

liberty, la liberté

lie, le mensonge; to lie, mentir (*like* servir)

lie, être couché; to lie about, traîner

lieutenant, le lieutenant

life, la vie

lift, l'ascenseur (*m.*)

light (*in weight*), léger légère

light, la lumière; to light, éclairer, allumer

lighten, faire des éclairs

like, aimer (à + *Infin.*), vouloir; I should like, je voudrais

like, comme; to be like, ressembler (à)

limp, boiter

line, la ligne; (*railway*) la voie

lion, le lion

list, la liste

listen, écouter (*no preposition*)

literature, la littérature

little, petit; peu; little by little, peu à peu

live, (*dwell*) demeurer, habiter; (*be alive*) vivre

living, la vie; to make one's living, gagner sa vie

load, le fardeau, le poids; to load, charger (de)

lobby, le vestibule, le couloir

London, Londres

long, long longue; a long time, longtemps; how long? combien de temps?; to be a long time in doing something, tarder à faire quelque chose; Long live . . . !, Vive ...!; no longer, (ne) plus

look, sembler, paraître, avoir l'air; regarder; to look at, regarder; to look for, chercher; to look like, ressembler à; to look out on to, donner sur

lord, le seigneur

lose, perdre (*like* vendre); to lose oneself, to get lost, s'égarer

lot : a lot, beaucoup (de); what a lot of, que de; such a lot, tant

loud, fort

love, aimer (à + *Infinitive*)

lovely, beau bel belle beaux belles, magnifique

lover, l'amant (*m.*), la fiancée

low, bas basse

luck, la chance, le bonheur le hasard; stroke of luck, le coup de hasard, la veine

luggage, les bagages (*m.*)

lunch, le déjeuner; to (have) lunch, déjeuner

lying, couché

mackintosh, l'imperméable (*m.*)

mad, fou fol folle

magnificent, magnifique

maid, la bonne, la domestique

maiden, la jeune fille

majesty, la majesté

make, faire, fabriquer; to make + *adjective*, rendre (*like* vendre); to make haste, se dépêcher; to make a mistake, se tromper

man, l'homme (*m.*)

manage, réussir (à) (*like* finir); parvenir (à) (*like* venir)

manner, la manière; in this manner, de cette manière

many, beaucoup (de); as many, autant (de); so many, tant (de)

map, la carte

marble, le marbre

march, marcher

March, mars (*m.*)

Margaret, Marguerite

marked, fort

market, le marché

marry, se marier; épouser, se marier avec; marier; to get married, se marier

marvellous, merveilleux merveilleuse

master, le maître, le professeur

match, l'allumette (*f.*); (*sport*) le match

mathematics, les mathématiques (*f.*)

matric., (*approximately*) le baccalauréat

matter, l'affaire (*f.*); What's the matter? Qu'est-ce qu'il y a?; I wonder what's the matter, je me demande ce qu'il y a

May, mai (*m.*)

may, pouvoir; *Subjunctive*; that may be, cela se peut

mayor, le maire

meal, le repas

mean, vouloir dire, signifier

means, le moyen; by means of, au moyen de

meantime: in the meantime, en attendant

meat, la viande

medicine, la médecine, le médicament

meet, rencontrer; to come to meet, venir à la rencontre de

meeting, la réunion

melancholia, la mélancolie

member, le membre

memory, la mémoire; (*thing remembered*) le souvenir

merry, gai, joyeux joyeuse

metre, le mètre

middle, le milieu; in the middle of, au milieu de

midst = middle

might, *usually a tense of* pouvoir; *sometimes a Subjunctive*

mild, doux douce

mile, le mille

milk, le lait

million, le million

mind, l'esprit (*m.*); to make up one's mind, se décider (à); never mind, peu importe

mine (*possessive pronoun*), le mien, etc.; a friend of mine, un de mes amis

minute, la minute

miserly, avare

mislead, tromper

miss, manquer

mist, la brume

mistake, la faute, l'erreur (*f.*); to make a mistake, to be mistaken, se tromper; I mistook the house, je me suis trompé de maison

mistress, la maîtresse

moderation, la modération

moment, le moment, l'instant (*m.*)

Monday, lundi (*m.*)

money, l'argent (*m.*)

monk, le moine

monkey, le singe

month, le mois

monthly, mensuel mensuelle

more, plus; davantage; more and more, de plus en plus; more than, plus que (plus de *with a numeral*); anything more, davantage; no more, not any more, plus (ne)

moreover, d'ailleurs

morning, le matin; in the morning, le matin; good morning, bonjour

most, plus, le plus; most of, la plupart des; a most interesting book, un livre des plus intéressants

mother, la mère

mother-in-law, la belle-mère

motto, la devise

mountain, la montagne

mouse, la souris

moustache, la moustache

mouth, la bouche; (*of a tunnel*) l'entrée (*f.*)

move, bouger; to move away from, s'éloigner de

much, beaucoup (de); as much, autant (de); how much, combien (de); not much, pas grand'chose; so much, tant (de); too much, trop (de); very much, beaucoup

mummy, maman

murder, le meurtre

museum, le musée

music, la musique

musician, le musicien, la musicienne

must: *use* devoir *or* falloir

myself, (*reflexive pronoun*) me; (*emphatic*) moi-même

mysterious, mystérieux mystérieuse

mystery, le mystère

nail, le clou (*pl.* clous)

name, le nom; to be named, s'appeler; to name, donner un nom à

nation, la nation

nationality, la nationalité

native, le natif; native land, le pays natal

natural, naturel naturelle

nature, la nature

near, (*preposition*) près de; (*adverb*) tout près; to draw near, s'approcher de

nearly, presque, près de; he nearly fell, il a failli tomber

neat, soigné

necessary, nécessaire; it is necessary to, il faut

neck, le cou

need, le besoin; to need, avoir besoin (de)

negligence, la négligence

neighbour, le voisin

neighbouring, voisin

neither . . . nor, ni . . . ni (ne)

neurasthenia, la neurasthénie

never, jamais (ne); never again, plus jamais (ne)

nevertheless, néanmoins

new, nouveau nouvel nouvelle; new(-made), neuf neuve; new-laid, frais fraîche; New Year's Day, le jour de l'an

news, la nouvelle, les nouvelles

newspaper, le journal (*pl.* journaux)

next, (*adjective*) prochain, suivant; (*adverb*) ensuite, après; the next day, le lendemain; next morning, le lendemain matin; next door, la maison d'à côté

night, la nuit

nineteen, dix-neuf

no (*followed by noun*), (ne) pas de, (ne) aucun; no one = nobody

noble, noble

nobody, no one, (ne) personne

nod, le signe de tête

noise, le bruit

noisy, bruyant

none, aucun (ne)

nonsense, les bêtises (*f.*); to talk nonsense, dire des bêtises

Norman, normand

Normandy, la Normandie

north, le nord; in the north, au nord; north wind, le vent du nord

nose, le nez

nothing, (ne) rien; nothing more, (ne) plus rien

notice, remarquer, apercevoir

novel, le roman

now, maintenant; till now, jusqu'ici

now (*conjunction*), or

nowadays, de nos jours

numerous, nombreux nombreuse

oar, la rame, l'aviron (*m.*)

obey, obéir (à) (*like* finir)

oblige, obliger; obliged (to), obligé (de + *Infin.*)

obscure, obscur

obtain, obtenir (*like* tenir)

obvious, évident

o'clock: *see your grammar*— "How to tell the time"

occupy, occuper; occupied in, occupé à

occur, avoir lieu, arriver; the idea has occurred to me, l'idée m'est venue

October, octobre (*m.*)

offer, offrir (*like* ouvrir)

officer, l'officier (*m.*)

often, souvent; how often, combien de fois (par heure, etc.)

oil, l'huile (*f.*)

old, vieux vieil vieille vieux vieilles; âgé; to be ten years old, avoir dix ans; to grow old, vieillir (*like* finir); old man, le vieillard; old woman, la vieille

on it, dessus

once, une fois; at once, tout de suite; all at once, tout à coup

only, (*adjective*) seul; (*adverb*) seulement, ne ... que

open, ouvert; to open, ouvrir; in the open air, en plein air, au grand air

opinion, l'opinion (*f.*); in my opinion, à mon avis

opportunity, l'occasion (f.)

opposite, en face de

oral, l'examen oral (m.)

orange, l'orange (f.)

orchard, le verger

order, l'ordre (m.); to order, ordonner (à qn de faire q.c.); in order to, pour, afin de; in order that, pour que, afin que (+ Subjunctive)

original, original

orphan, l'orphelin, l'orpheline

other, autre

otherwise, autrement

ought: use devoir, and see your grammar

out: to be out, être sorti; to go out (of light, fire), s'éteindre (like craindre)

outside, l'extérieur (m.); (preposition) en dehors de; (adverb) dehors

over, (= above) au-dessus de, par-dessus; (= more than) plus de; to be over, être fini; over there, là-bas

overturn, renverser

owe, devoir

own, propre (before noun)

owner, le propriétaire

ox, le bœuf

pacifism, le pacifisme

pack a bag, faire une valise

packet, le paquet

page, la page

pain, la douleur

paint, peindre (like craindre)

pair, la paire

paper, le papier; (= newspaper) le journal

paradise, le paradis

parcel, le paquet

pardon, pardonner (à)

parents, les parents (m.)

park, le parc

part, la partie; la part (= share); le rôle (in a play)

particular, particulier particulière

pass (by), passer (conj. être unless transitive)

passage, le passage; le couloir

pasture, le pâturage

path, le sentier

patience, la patience

patient, le (la) malade

pay for, payer (no preposition)

peace, la paix

pear, la poire

peasant, le paysan, la paysanne

pen, la plume, le porte-plume

pencil, le crayon

penknife, le canif

people, les gens (m.); (nation) le peuple; (anybody) on; (indefinite number) le monde

perfect, parfait

perhaps, peut-être

period, la période

permission, la permission

persist (in), persister (à)

person, la personne

personal, personnel personnelle

persuade, persuader (qn de faire q.c.)

petrol, l'essence (f.)

photograph, la photographie

physician, le médecin

piano, le piano

pick (fruit, flowers, etc.), cueillir (irreg., see verb list); to pick up, ramasser

picture, (on wall) le tableau; (in book) l'image (f.); ' the pictures,' le cinéma piece, le morceau; piece of luck, la veine

pig, le cochon

pin, l'épingle (*f.*)

pious, pieux pieuse

pipe, la pipe

pitch, le terrain

pity, la pitié; it is a pity, c'est dommage; to pity, plaindre (*like* craindre); to have pity on, avoir pitié de

place, l'endroit (*m.*), le lieu; la place; in your place, à votre place

to place, placer, mettre

plain, la plaine

plank, la planche

plate, l'assiette (*f.*)

platform (*railway*), le quai

play, la pièce (de théâtre); to play, jouer; to play (*a game*), jouer à, (*an instrument*) jouer de

playground, la cour de récréation

pleasant, agréable

please, faire plaisir à; plaire à; contenter; if you please, s'il vous plaît, s'il te plaît

pleased, content

pleasure, le plaisir

plentiful, abondant

plumber, le plombier

p.m., de l'après-midi, du soir

pocket, la poche

poem, le poème, la poésie

poet, le poète

poetry, la poésie

point out, signaler, faire remarquer; to point to something, montrer quelque chose du doigt

policeman, l'agent. l'agent de police

polite, poli

poor, pauvre

port, le port

Portuguese, portugais

position, la position

possess, posséder

possible, possible

post, (*mail*) la poste; (*situation*) le poste; to post a letter, mettre une lettre à la poste

postman, le facteur

post-office, le bureau de poste

poultry-yard, la basse-cour

pound (*money and weight*), la livre

pour, verser

praise, louer

prayer, la prière

precise, précis

precisely, précisément

prefer, préférer, aimer mieux

prepare, préparer; se préparer à (+ *Infin.*)

present, (*gift*) le cadeau; (*time*) le présent; to be present at, assister à

present-day, actuel actuelle

pretend, faire semblant (de)

pretty, joli

prevent (from), empêcher (de)

previous, précédent; the previous day, la veille

price, le prix

prick, piquer

priest, le prêtre

prince, le prince

princess, la princesse

print, imprimer

prison, la prison

prisoner, le prisonnier; to take prisoner, faire prisonnier

prize, le prix

probable, probable

procession, la procession, le cortège

profession, la profession

programme, le programme

progress, les progrès (*m.*)

prolong, prolonger

promise, promettre (*like* mettre) (à qn de faire q.c.)

properly, bien

prosperous, prospère

protect, protéger

proud, fier fière ; (*haughty*) orgueilleux orgueilleuse

proverb, le proverbe

provided that, pourvu que (+ *Subjunctive*)

provisions, les provisions (*f.*), les denrées (*f.*)

prudent, prudent

public, public publique

punish, punir (*like* finir)

pupil, l'élève (*m.* or *f.*)

pure, pur

purposely, exprès, à dessein

put, mettre ; to put on (*clothes*), mettre, endosser ; to put down, poser, déposer

quarter, le quart ; a quarter of an hour, un quart d'heure

quay, le quai

queen, la reine

question, la question ; it is a question of, il s'agit de ; to question, questionner, interroger

quick, rapide

quickly, vite, rapidement

quiet, calme, silencieux silencieuse, tranquille, doux -ce

quote, citer

radio, la radio

raft, le radeau

rag, la guenille ; le chiffon, le torchon

rain, la pluie ; to rain, pleuvoir

raise, lever

rank, le rang

rapid, rapide

rare, rare

rascal, le coquin, le fripon

rat, le rat

rather, plutôt

reach, atteindre (*like* craindre), arriver à

read, lire

ready, prêt

real, réel réelle, vrai

reality, la réalité

realize, se rendre compte (de)

really, vraiment

realm, le royaume

reason, la raison

reasonable, raisonnable

receive, recevoir

recently, récemment, dernièrement

red, rouge

reduce, réduire (*like* conduire)

refuge, le refuge, l'asile (*m.*) ; to take refuge, se réfugier

refuse, refuser (de) ; refuser (q.c. à qn)

regiment, le régiment

rejoin, rejoindre (*like* craindre)

relative, le parent

remain, rester (*conj.* être)

remarkable, remarquable

remedy, le remède

remember, se rappeler, se souvenir de

remind, rappeler (q.c. à qn)

remove, enlever

rent, la déchirure

rent a house, louer une maison

repair, réparer ; under repair, en réparation

repay, rembourser

repeat, répéter

repent, se repentir (*like* servir)

repetition, la répétition

replace, remplacer

reply, la réponse; **to reply**, répondre (*like* vendre)

repulse, repousser

reputation, la réputation

request, la demande; **to request** (someone to . . .), prier (quelqu'un de ...)

reserve, retenir (*like* tenir)

resist, résister (à)

rest, le repos; **to rest**, se reposer

result, le résultat

retire, se retirer

return, le retour

return, (*come back*) revenir (*like* venir, *conj.* être); (*go back*) retourner (*conj.* être); (*back home*) rentrer (*conj.* être); (*give back*) rendre; (*send back*) renvoyer

reveal, révéler

reward, la récompense

rich, riche

rid: **to get rid of**, se débarrasser de

ride, monter à bicyclette, monter à cheval; se promener en voiture, en automobile, etc.

ridiculous, ridicule, stupide

rifle, le fusil

right, correct; **to be right**, (*of persons*) avoir raison; **to have the right to**, avoir le droit de

right (*opposite of 'left'*), droit; **on (to) the right**, à droite

ring, sonner, retentir; **to ring out**, retentir (*like* finir)

rise, se lever, s'élever, monter

risk, risquer (de)

risk, le risque

rival, le rival (*pl.* rivaux)

river, le fleuve, la rivière

road, la route, le chemin

robin, le rouge-gorge

rock, le roc, le rocher

rod (*fishing*), la canne à pêche

roll, rouler

Roman, romain

Romantic, romantique

roof, le toit

room, la pièce, la salle, la chambre; **dining-room**, la salle à manger; **drawing-room**, le salon; **bedroom**, la chambre à coucher; **bathroom**, la salle de bain; **classroom**, la salle de classe

rope, la corde

rosy, de roses

rudder, le gouvernail

rule, la règle, le règlement

ruler, la règle

run, courir; **to run and get**, courir chercher; **to run up**, monter en courant; **to run a risk**, courir un risque

Russia, la Russie

sad, triste

sail, la voile

sailor, le marin, le matelot

salary, le traitement

same, même; **it's all the same to him**, cela lui est bien égal; **to do the same**, en faire de même

satisfy, satisfaire, contenter

save, sauver

say, dire

scarcely, à peine

scene, la scène

scenery, le paysage

school, l'école (f.); (primary) l'école primaire; (secondary) le collège, le lycée

schoolboy, l'écolier, le collégien, le lycéen

schoolfellow, le camarade de classe

schooner, la goélette

science, les sciences (f.)

scientific, scientifique

Scotsman, l'Écossais

sea, la mer

search, chercher

seaside, le bord de la mer

seat (in theatre, bus, class, etc.), la place

second, deuxième

secret, secret secrète

see, voir; seeing that, vu que; to see again, revoir

seek (to), chercher (à)

seem, sembler, paraître, avoir l'air

sell, vendre; to be sold, se vendre

send, envoyer; to send back, renvoyer; to send for, envoyer chercher

sense, le sens; common sense, le sens commun

sensible, sensé

sentence, la phrase

separate, séparer; (intransitive) se séparer

serious, grave, sérieux sérieuse

servant, le (or la) domestique

serve, servir; to serve as, servir de

service, le service; to do someone a service, rendre un service à quelqu'un

set, mettre, placer; to set about, se mettre à; to set off, set out, partir (like servir, conj. être), se mettre en route

settee, le canapé

seven, sept

seventeen, dix-sept

seventy, soixante-dix

several, plusieurs

severe, sévère

shade, l'ombre (f.); in the shade, à l'ombre

share, la part; to share, partager

shave, (se) raser

sheet of paper, la feuille de papier

shelf (for books), le rayon

shilling, le shilling

shine, briller

ship, le navire

shoe, le soulier

shoot, tirer, faire feu; to shoot someone, fusiller quelqu'un

shop, le magasin

shore, la plage; on shore, à terre

shot, le coup

shout, crier

show, la représentation, le spectacle; to show, montrer

shrill, aigu aiguë

shut, fermer

shy, timide

Sicily, la Sicile

side, le côté; on the other side, de l'autre côté

sigh, soupirer

sight, la vue, le spectacle

sign, signer

silent, silencieux silencieuse

silver, l'argent (m.)

simple, simple

since, puisque; depuis que

sing, chanter

singer, le chanteur, la cantatrice

sir, monsieur

sister, la sœur

sit, (*sit down*) s'asseoir; (*be seated*) être assis

situation, la situation, le poste

skate, patiner

skill, l'habileté (*f.*), l'adresse (*f.*)

skin, la peau (*pl.* peaux)

sky, le ciel (*pl.* cieux)

sleep, le sommeil; to sleep, dormir (*like* servir); to go to sleep, s'endormir; to send to sleep, endormir

sleeping, endormi

slightly, légèrement

slow, lent; to slow down, ralentir (*like* finir)

small, petit

smell, sentir (*like* servir)

smile, le sourire; to smile, sourire (*like* rire)

smoke, fumer

snatch (from), arracher (à)

snow, la neige; to snow, neiger

so, (*as in* so big, so slowly) si (si grand, si lentement); (*thus*) ainsi; (*therefore*) aussi, donc; so as to, de manière à; so much, so many, tant (de); not so . . . as, pas si ... que; and so on, et ainsi de suite; so that, de sorte que; I say so, je le dis

society, la société

soft, doux douce

soil, le sol, la terre

soldier, le soldat

solemn, solennel solennelle

some, du, de la, de l', des; quelque, quelques; en; quelques-uns; some . . . others . . . , les uns ... les autres ...

somebody, quelqu'un

something, quelque chose (*m.*)

sometimes, quelquefois

somewhere, quelque part

son, le fils

song, la chanson

sonnet, le sonnet

soon, bientôt; sooner, plus tôt; as soon as, aussitôt que; so soon, si tôt

sorrow, la tristesse

sorry, fâché, désolé; to be sorry, regretter

sort, l'espèce (*f.*), la sorte. le genre

sound, le son, le bruit

source, la source

south, le sud; (*in France*) le midi

southern, sud. du sud

sow, semer

Spain, l'Espagne (*f.*)

Spanish, espagnol

sparkle, étinceler (*like* appeler)

sparrow, le moineau

speak, parler; so to speak, pour ainsi dire

speech, le discours

speed, la vitesse; at full speed, à toute vitesse

spend, (*money*) dépenser; (*time*) passer

spider, l'araignée (*f.*)

spite: in spite of, malgré

spoil, gâter, abîmer

spoon, la cuiller

spring, le printemps; in spring, au printemps

spring (= *jump*), sauter

square, le carré; la place

stage, la scène

stamp, le timbre

stand, (*to be on end*) être debout; to stand up, se lever; to stand firm, tenir ferme; (= *to be*) se trouver

standing, debout

star, l'étoile (*f.*)

start, le commencement; •to start, commencer, partir; to start again, recommencer, repartir

station, la gare

statue, la statue

stay, rester (*conj.* être); (*at a hotel*) descendre; to stay behind, rester en arrière

steal (from), voler (à)

step, le pas

stick, le bâton; to pick up sticks, ramasser du bois

to stick, coller; " stick no bills," défense d'afficher

still, encore, toujours

sting, piquer

stir, remuer

stone, la pierre; (*fruit*) le noyau

stop, l'arrêt (*m.*); to stop, arrêter, s'arrêter; cesser (de); empêcher (= *prevent*)

storey, l'étage (*m.*)

storm, l'orage (*m.*), la tempête

story, l'histoire (*f.*), le conte

storyteller, le conteur

straight, droit; straight ahead, tout droit

strange, bizarre, curieux curieuse, étrange

stranger, l'étranger, l'étrangère; l'inconnu(e)

straw, la paille

strawberry, la fraise

street, la rue

strength, la force

stretch, étendre (*like* vendre)

stretcher, le brancard

strike (*industrial*), la grève

strike, frapper; (*clock*) sonner

string, la ficelle

strong, fort, puissant, solide

study, l'étude (*f.*); to study, étudier

stupid, stupide

subject, le sujet, la matière

succeed, (*follow*) succéder (à); (*be successful*) réussir (à) (*like* finir)

success, le succès

such, tel telle, pareil pareille; such a tall man, un si grand homme; such a lot, tant

suddenly, soudain, subitement

suffer, souffrir (*like* ouvrir)

suffering, la souffrance

sugar, le sucre

suit, le costume, le complet

to suit, convenir à, aller à

summary, le résumé

summer, été (*m.*)

summit, le sommet

sun, le soleil; in the sun, au soleil; rising sun, le soleil levant

sunburned, hâlé, basané, brûlé par le soleil

Sunday, dimanche (*m.*)

sunset, le coucher du soleil

supper, le souper

suppress, supprimer

sure, sûr, certain; for sure, à coup sûr; to make sure (of), s'assurer (de)

surprise, la surprise; to surprise, surprendre (*like* prendre); to be surprised (at), s'étonner (de) surround, entourer (de)

sweet, doux douce; sweets, les bonbons (m.)

swim, nager

swing, balancer

Swiss, suisse

Switzerland, la Suisse

take, prendre; (a person) emmener, mener, conduire; (a thing somewhere) porter; to take away, enlever, emmener, emporter; to take off, ôter; to take ten minutes to . . ., mettre dix minutes à . . .; to take a walk, faire une promenade; to take an interest in, s'intéresser à; to take an examination, passer un examen; to take place, avoir lieu; to take possession of, s'emparer de; to take prisoner, faire prisonnier; to take (something) up, monter

tale, l'histoire (f.), le conte

talent, le talent

talk, la causerie; to talk, parler

tall, grand

task, la tâche

taxi, le taxi

tea, le thé; to have (one's) tea, prendre le thé

teach, enseigner, apprendre (q.c. à qn); apprendre (à qn à faire q.c.)

teacher, le professeur

team, l'équipe (f.)

telephone, le téléphone; to telephone, téléphoner

tell, dire; to tell someone to do something, dire à qn de faire q.c.; to tell someone

something, dire q.c. à qn; to tell of, parler de; to tell a story, raconter une histoire

temple, le temple

temptation, la tentation

tenant, le locataire

tennis, le tennis

terrible, terrible

test, l'épreuve (f.)

thank (for), remercier (de)

theatre, le théâtre

then, alors, puis

there, là, y

thick, épais épaisse

thief, le voleur

thing, la chose; things, les affaires (f.)

think (of), penser (à); croire

thirsty, to be, avoir soif

thoroughly, à fond

though, quoique, bien que (+ Subj.); as though, comme si

thought, la pensée

thoughtlessly, étourdiment, avec insouciance

threaten, menacer

through, par, à travers

throw, lancer, jeter

thunder, le tonnerre; to thunder, tonner

Thursday, jeudi (m.)

ticket, le billet, le ticket; single ticket, le billet simple; return ticket, le billet d'aller et retour

tie (up), attacher, lier

till, (preposition) jusqu'à; (conjunction) jusqu'à ce que (+ Subjunctive)

time, (length of) le temps; (occasion) la fois; (of day) l'heure (f.); at the same time, en même temps; at

the time, alors; in a short
time, en peu de temps; a
long time, longtemps; in
time (to), à temps (pour);
in the time of, du temps de;
to have a good time, s'amuser
bien; ten times, dix fois

time-table, (*railway*) l'indica-
teur (*m.*); (*school*) l'emploi
du temps

tip, (*end*) le bout; (*gratuity*)
le pourboire

tired, fatigué; to get tired of,
se fatiguer de

title, le titre

tobacconist, le marchand de
tabac

to-day, aujourd'hui

together, ensemble

tomb, le tombeau

to-morrow, demain

tone, le ton

too (big), trop (grand); (*also*)
aussi; too much, too many,
trop (de)

tool, l'outil (*m.*)

tooth, la dent

tooth-brush, la brosse à dents

top, le sommet

touch, toucher, toucher à

tourist, le touriste; (*adjective*)
touristique

towards, vers; to move towards, s'approcher de

tower, la tour

town, la ville

toy, le jouet

trace, la trace

trade, le métier

tragedy, la tragédie

train, le train

traitor, le traître

translate, traduire (*like* conduire)

trap, le piège; to set a trap,
tendre un piège

travel, les voyages; to travel,
voyager

traveller, le voyageur

treasure, le trésor

treat, traiter

treaty, le traité

tree, l'arbre (*m.*)

trespass, l'offense (*f.*)

triumph (over), triompher (de)

troops, les troupes (*f.*)

troubled, troublé, agité

true, vrai

truly, vraiment

trust, se fier à, mettre sa confiance en

truth, la vérité

try, essayer (de)

Tuesday, mardi (*m.*)

tunnel, le tunnel

turn, tourner, se tourner; to
turn back, revenir en ar-
rière; to turn round, se retourner; to turn up, venir

twelve, douze; twelve o'clock,
midi, minuit

twenty, vingt; about twenty,
une vingtaine

twice, deux fois

twins, les jumeaux (*m.*), les
jumelles (*f.*)

tyre, le pneu (*pl.* pneus)

umbrella, le parapluie

unarmed, sans armes

uncertain, incertain

uncle, l'oncle

understand, comprendre; to
make oneself understood,
se faire comprendre

understandable, compréhen-
sible

undress, (se) déshabiller

unfair, injuste

unfavourable, défavorable

unfortunately, malheureuse-
ment

unhappy, malheureux mal-
heureuse

uniform, l'uniforme (*m.*)

university, l'université (*f.*), la
faculté

unknowable, inconnaissable

unless, à moins que (ne + *Subj.*)

unpardonable, impardonnable

until, jusqu'à, jusqu'à ce que
(+ *Subjunctive*); not until,
(ne) pas avant. ne . . . que,
ne . . . qu'à

unusual, rare, extraordinaire

up, haut, en haut, en l'air;
(= *out of bed*) levé; up
there, là-haut: up to. jusqu'à

upside down, sens dessus dessous

use : to use, to make use of,
se servir de, employer; of
use, utile; to be used for,
servir à; What is the use
of . . .? A quoi sert ...?

useful, utile

useless, inutile

usual, habituel habituelle, ordinaire; as usual, comme
d'habitude

usually, d'habitude, généralement

utter, prononcer. pousser

vain, vain; (*proud*) orgueilleux orgueilleuse; in vain,
en vain (*or use* avoir beau)

valley, la vallée

valuable, d'une grande valeur

variety, la variété

vegetable, le légume

Venice, Venise

very, très; the very day, le
jour même

vexed, vexé, irrité, fâché

vicar, le curé

victor, le vainqueur

victory, la victoire

view, la vue

vigorous, vigoureux vigoureuse

village, le village

violent, violent

violin, le violon

virtue, la vertu

visit, la visite; to visit (*a
place*), visiter; (*a person*)
rendre visite à

vivid, vif vive

voice, la voix

wait (for), attendre (*like* vendre) (*no preposition*)

waiter, le garçon

wake up, réveiller, se réveiller

waken, réveiller, se réveiller

walk, marcher, aller à pied;
to go for a walk, faire un
tour à pied, se promener

wall, le mur

wander, errer

want, vouloir, désirer

war, la guerre; in war-time,
en temps de guerre

warm, chaud; to be warm,
(*persons*) avoir chaud,
(*things*) être chaud, (*weather*)
faire chaud

to warm, chauffer

warn, avertir (*like* finir), pré-
venir (*like* venir)

warning, l'avertissement (*m.*)

wash, laver, se laver; to wash
up, laver la vaisselle; to
have a wash, se laver

washing, la lessive

wasp, la guêpe

waste, gaspiller ; to waste time, perdre du temps

waste land, le terrain vague

watch, la montre

to watch, regarder

water, l'eau (f.)

way, le chemin, la route ; (manner) la manière ; (means) le moyen ; to make one's way towards, se diriger vers ; this way, par ici ; in this way, de cette manière

wealth, la richesse

wear, porter

weary, fatigué, las lasse

weather, le temps ; the weather is fine, il fait beau, le temps est beau

wedding, le mariage

Wednesday, mercredi (m.)

week, la semaine, huit jours

weigh, peser

weight, le poids

well, bien ; eh bien ; to be well, se porter bien, aller bien

what, quel quelle ; que, qu'est-ce qui, quoi ; ce qui, ce que ; quoi ? comment ? ; what for, pourquoi

whatever, du tout ; quelque ... que ; quel que ; quoi que

wheel, la roue ; steering-wheel, le volant

when, quand, lorsque

whenever, toutes les fois que

wherever, partout où

which, quel quelle, lequel laquelle, qui, que

while, pendant que ; (contrast) tandis que ; while -ing, en -ant.

whisper, chuchoter ; in a whisper, tout bas

whistle, le sifflet ; to whistle, siffler

white, blanc blanche

whoever, celui qui ; qui que ce soit

whole, tout, entier entière

whom, qui, que, qui est-ce que

whose, à qui, de qui, dont

why, pourquoi

wicked, méchant

widow, la veuve

widower, le veuf

wife, la femme

will, la volonté ; le testament

will, Future tense ; vouloir

William, Guillaume

willing : to be willing to, vouloir

willingly, volontiers

win, gagner

wind, le vent

wind up, remonter

window, la fenêtre

window-ledge, le rebord de (la) fenêtre

wine, le vin

winter, l'hiver (m.)

wireless, la T.S.F.(télégraphie sans fil) ; wireless-set, le poste de T.S.F.

wise, sage ; wise man, le sage

wish, le souhait ; to wish, vouloir, désirer, souhaiter

wit, l'esprit (m.)

withdraw, retirer, se retirer

without, sans, sans que (+ Subjunctive) ; to do without, se passer de

wolf, le loup

woman, la femme

wonder, se demander

wood, le bois

word, le mot, la parole

work, le travail (*pl.* travaux); (*artistic*) l'œuvre (*f.*); to work, travailler; to work hard, travailler dur

workman, l'ouvrier

world, le monde

worry, inquiéter; se tour-menter

worse / worst ⎰ (*adjective*) plus mau-vais, pire; plus ma-lade; (*adverb*) plus mal, pis

worth, la valeur; to be worth, valoir; to be worth while to, valoir la peine de

worthless, sans valeur

would : *Conditional or Imper-fect*; *past tense of* will

wound, la blessure; to wound, blesser

wrap (in), envelopper (de)

wreath, la couronne

wretched, misérable

write, écrire

writing, l'écriture (*f.*); in writing, par écrit

wrong, faux fausse; to do wrong, faire le mal; to be wrong, (*of persons*) avoir tort; to take a wrong turn-ing, se tromper de rue

year, l'an (*m.*), l'année (*f.*); next year, l'année prochaine

yesterday, hier

yet, encore, pourtant

young, jeune

yours, le tien, la tienne, le vôtre

youth, la jeunesse

FRENCH-ENGLISH VOCABULARY

abandonner, to abandon, give up

abattre, to cut down; to cast down

l'abbé (m.), abbot, priest

l'abeille (f.), bee

abîmer, to spoil, to ruin

l'abondance (f.), abundance

d'abord, at first

aborder qn, to go up to someone

aboyer, to bark

l'abreuvoir (m.). watering place

l'abri (m.), shelter; à l'abri, under shelter

s'abriter, to take shelter

absolu(ment), absolute(ly)

abuser de, to take unfair advantage of

accabler, to overwhelm

l'accident (m.), accident

accompagner, to accompany, to go with

accomplir (like finir), to accomplish

l'accord (m.), agreement, consent

d'accord, in agreement

accorder, to grant

s'accorder, to be in agreement, to agree

accourir (like courir), to come hastily

s'accoutumer à, to get used to, become accustomed to

accueillir (like cueillir), to welcome

accumuler, to accumulate, to gather

l'achat (m.), purchase, something bought

acheter (like lever), to buy

achever (like lever), to complete, to finish

l'acier (m.), steel

actuel actuelle, present

actuellement, at the present time

additionner, to add up

adhérer (like espérer), to adhere

adieu, farewell

l'adjudant (m.), sergeant, sergeant-major

l'admiration (f.), admiration

adopter, to adopt

s'adosser à, to have one's back to

adoucir (like finir), to soften

l'adresse (f.), address; skill

adresser la parole à, to address, speak to

s'adresser à, to address (someone), to apply to

adroit, clever, skilful

l'adversaire (m.), adversary, opponent

aérien aérienne, airy

l'affaire (f.), affair; les affaires, business

affirmer, to affirm

affliger, to afflict

l'affranchissement (m.) (d'une lettre), franking, payment of postage

affreux affreuse, frightful

afin de, in order to

362

agacé, irritated

l'âge (*m.*), age

agenouillé, kneeling

il s'agit de, it is a question of

l'agneau (*m.*), lamb

agrafer, to clasp, to fasten up

agrandir (*like* finir), to enlarge

agréable, pleasant, agreeable

agréer, to accept

ahuri, bewildered, dazed

l'aide (*f.*), help

aider, to help

l'aigle (*m.*), eagle

aigu aiguë, shrill

l'aiguille (*f.*), needle; hand (of clock or watch); points (on railway)

l'aile (*f.*), wing

ailleurs, elsewhere; d'ailleurs, moreover, besides

aimer (à), to like (to)

s'aimer, to love one another

aîné, elder

ainsi, thus, in this way; et ains ide suite, and so on; ainsi que, as well as; pour ainsi dire, so to speak

l'air (*m.*), air; appearance, look, aspect; tune; en l'air, in the air; avoir l'air, to look, appear

l'aise (*f.*), ease; être bien aise, to be very glad

aisé, easy

ajouter, to add

les alentours (*m.*), surroundings

l'aliéné (*m.*), lunatic

l'Allemagne (*f.*), Germany

allemand, German

aller (*irregular*), to go;

aller voir, to go and see; aller chercher, to fetch

allumer, to light, set fire to, make alight

l'allumette (*f.*), match

alors, then; alors que, when

l'ambassadeur (*m.*), ambassador

ambitieux ambitieuse, ambitious

l'âme (*f.*), soul

amener (*like* lever), to bring (a person, or something not carried)

amer amère, bitter

américain, American

l'Amérique (*f.*), America

l'ameublement (*m.*), furniture

l'ami(e), friend

amical, friendly

amicalement, in a friendly way

aminci, thin, sunken

l'amiral (*m.*), admiral

amortir (*like* finir), to deaden

l'amour (*m.*), love

l'amusement (*m.*), amusement

amuser, to amuse

s'amuser, to have a good time

l'an (*m.*), year

l'anathème (*m.*), curse, hatred

ancien ancienne, old, former

l'ancre (*f.*), anchor

l'âne (*m.*), ass

anéantir (*like* finir), to annihilate, destroy utterly

l'anecdote (*f.*), anecdote, little story

l'angélus (*m.*), angelus

anglais, English

l'angle (*m.*), angle, corner

l'Angleterre (*f.*), England

l'année (*f.*), year

annoncer, to announce

l'anse (*f.*), handle (of bucket, basket, etc.)

anxieux anxieuse, anxious

août (*m.*), August

apercevoir, to perceive, to see

s'apercevoir de, to notice, to perceive

apparaître, to appear, come into view

l'appareil (*m.*), apparatus; camera

apparent, apparent

l'apparition (*f.*), appearance, coming into sight

l'appartement (*m.*), flat, apartment

appartenir (*like* tenir), to belong

l'appel (*m.*), call

appeler (*irregular*), to call

s'appeler, to be called

s'appesantir (*like* finir), to become burdensome

l'appétit (*m.*), appetite

applaudir (*like* finir), to applaud

les applaudissements (*m.*), applause

appliqué, diligent

apporter, to bring (something carried)

apprendre (*like* prendre), to learn; to teach

s'apprêter, to prepare, make ready

apprivoiser, to tame

approcher quelque chose, to move something nearer

s'approcher de, to approach, go up to

approuver, to approve

approximatif, approximate

appuyer, to lean (on *or* against)

âpre, harsh

après, after; après-demain, the day after to-morrow

d'après, according to; adapted from

l'après-midi (*m.* or *f.*), afternoon

arabe, Arabic, Arab

l'arbitre (*m.*), referee, umpire

l'arbre (*m.*), tree

l'arbuste (*m.*), shrub

l'arche (*f.*), ark

l'architecte (*m.*), architect

ardent, burning, hot, ardent

l'ardeur (*f.*), ardour, eagerness

l'ardoise (*f.*), slate

l'arène (*f.*), arena

l'argent (*m.*), silver; money

l'argile (*f.*), clay

aride, dry, arid

l'armée (*f.*), army

armer, to arm

l'armoire (*f.*), cupboard

l'armure (*f.*), armour

arracher, to drag out, pull out, tear out

arrêter, to stop, arrest

s'arrêter, to stop

en arrière, backwards

arrivé, having arrived

l'arrivée (*f.*), arrival

arriver (*conj.* être), to arrive, to happen; arriver à, to manage to

s'arrondir (*like* finir), to arch

l'article (*m.*), article

artificiel artificielle, artificial

l'artiste (*m.* or *f.*), artist

l'ascension (*f.*), ascent

l'asile (*m.*) d'aliénés, mental asylum

l'aspect (*m.*), aspect, appearance

aspirer, to breathe in

l'assassin (*m.*), murderer, assassin

s'asseoir (*irregular*), to sit down

assez, enough

l'assiette (*f.*), plate

assis, seated

assister à, to be present at

l'assurance (*f.*), assurance

assurément, assuredly

s'assurer, to make sure

l'athlétisme (*m.*), athletics

l'atlas (*m.*), atlas

atomique, atomic

atroce, atrocious

attacher, to attach, tie, fasten

l'attaque (*f.*), attack

s'attarder, to delay

atteindre (*like* craindre), to attain, reach

atteinte : porter atteinte à, to impair

atteler (*like* appeler), to harness

en attendant, meanwhile, in the meantime

attendre, to wait, wait for, expect ; attendre que (+ *Subjunc.*), to wait until

l'attente (*f.*), waiting

attentif attentive, attentive

atterré, dumbfounded, in consternation

attester, to bear witness of

attraper, to catch

l'aube (*f.*), dawn

l'auberge (*f.*), inn

aucun(ne), no, none, not any

l'audace (*f.*), audacity, daring

audacieux audacieuse, bold, courageous, daring, audacious

au delà, beyond

au-dessus de, above

au-devant de (aller), to go to meet

l'audience (*f.*), audience (interview with a monarch, etc.)

les auditeurs (*m.*), audience

augmenter, to increase

aujourd'hui, to-day

l'aumônier (*m.*), chaplain, priest

auprès de, beside

l'aurore (*f.*), dawn

aussi, also ; aussi ... que ... , as . . . as . . .

aussitôt, immediately ; aussitôt que, as soon as

autant, as much, as many

l'autel (*m.*), altar

l'auto, automobile (*f.*), motor car

l'autobus (*m.*), bus ; en autobus, by bus

l'automne (*m.*), autumn

autour de, around

autre, other ; autre chose, something else

autrefois, formerly

autrement, otherwise

l'avancement (*m.*), promotion

avancer, s'avancer, to advance

avant, before (time) ; avant que (+ *Subjunc.*), before

l'avantage (*m.*), advantage

avant-hier, the day before yesterday

avare, greedy, grasping, avaricious

l'avenir (*m.*), the future; à l'avenir, in future
l'aventure (*f.*), adventure
l'averse (*f.*), shower
avertir (*like* finir), to warn
aveugle, blind
avide, greedy
l'avidité (*f.*), greed
l'avion (*m.*), aeroplane; en avion, by air
l'aviron (*m.*), oar; rowing
l'avis (*m.*), opinion; à l'avis de, in the opinion of
l'avocat (*m.*), lawyer, barrister
avoir (*irregular*), to have
avouer, to confess
avril (*m.*), April
l'azur (*m.*), azure, sky

le babil, babble
badiner, to trifle
les bagages (*m.*), luggage
bah !, nonsense !
baigner, to bathe
le bain, bath; bathe
baiser, to kiss
baisser, to let down, lower, decrease
le bal, dance, ball
le balai, broom
balancer, to swing, sway
balayer, to sweep
la balle, ball, bullet
le ballon, balloon
le banc, bench, seat
le banquier, banker
la barbe, beard
la barque, boat
le bas, stocking
bas basse, low; tout bas, in a low voice
baser, to base
la basse-cour, poultry-yard, farm-yard

la bataille, battle
le bateau, boat
le bâtiment, building
bâtir (*like* finir), to build
battre, to beat
se battre, to fight
bavarder, to chatter
beau bel belle beaux belles, fine, beautiful; avoir beau + *Infinitive.* to . . . in vain
beaucoup, much, many
la beauté, beauty
bégayer, to stammer
belge, Belgian
la Belgique, Belgium
bénisse (*from* bénir, to bless): que Dieu vous bénisse, God bless you
le berceau, cradle
bercer, to rock
le béret, beret, cap
le berger, shepherd
la besogne, task, work
le besoin, need; avoir besoin de, to need: au besoin, if need be
les bestiaux (*m.*), cattle
le bétail, cattle
la bête, animal
le beurre, butter
la bibliothèque, library; book-case
la bicyclette, bicycle; à bi-cyclette, by cycle
bien, well; bien que (+ *Sub-junc.*), although
le bien, good
le bienfait, benefit, kindness, blessing
bientôt, soon
le billet, ticket, bill
le bivouac, bivouac, camp
bizarre, quaint, strange

blanc blanche, white

blanchir (*like* finir), to whiten; blanchir à la chaux, to whitewash

le blé, wheat

blême, pale, wan

blesser, to wound

la blessure, wound

bleu, blue

blond, fair-haired

le bœuf, ox : beef

boire (*irregular*), to drink

le bois, wood ; bois blanc, deal

la boîte, box ; la boîte aux lettres, letter-box

boiteux, lame, rickety

le bol, bowl

la bombe, bomb

bon bonne, good, right; de bonne heure, early

le bond, leap

bondir (*like* finir), to leap, spring

le bonheur, happiness

le bonhomme, fellow

bonjour, good morning, good afternoon

la bonne, maid, housemaid

bonsoir, good evening, good night

le bord, edge ; à bord, on board

la borne, limit, boundary, milestone

la botte, boot, Wellington boot

la bouche, mouth

le boucher, butcher

la boucherie, butcher's shop

la boucle, curl

la boue, mud

bouger, to stir, move

le bouillon, soup, broth

bouillonner, to seethe

le boulanger, baker

la boulangerie, baker's shop

la boule, ball

le boulet, cannon ball

le boulevard, boulevard, wide busy street

le bouquet, bunch, tuft

le bouquiniste, second-hand bookseller

bourdonner, to buzz

le bourg, small town

le bourgeois, middle-class man

le bourgeon, bud

bousculer, to jostle

le bout, end ; au bout de quelque temps, after some time ; jusqu'au bout, to the very end

la bouteille, bottle

la boutique, small shop

le bouton, button, stud

la boutonnière, button-hole

la boxe, boxing

le boxeur, boxer

la branche, branch

branchu, branchy

le bras, arm

brave, (*before noun*) good ; (*after noun*) brave

braver, to defy

bref brève, short

les bretelles (*f.*), braces

breton, Breton from Brittany

brillant, brilliant

briller, to shine

la brise, breeze

le broc (*pronounced* bro), enamel jug

la broderie, embroidery

la brosse, brush ; brosse à dents, toothbrush ; brosse à cheveux, hairbrush

brosser, to brush ; se brosser les cheveux, to brush one's hair

la brouette, wheelbarrow
le brouillard, fog
le bruissement, rustling
le bruit, noise
brûler, to burn
la brume, mist
brun, brown, dark-haired
brusquement, quickly, suddenly
bruyamment, noisily
bruyant, noisy
la bruyère, heather; heath
le bureau, office, study; desk; bureau de renseignements, information office; bureau de poste, post-office
le but, goal, aim

la cabane, cabin, hut
le cabinet, study
le cacao, cocoa
cache-cache, hide-and-seek
le cache-nez, scarf, muffler
cacher, se cacher, to hide
le cachet d'aspirine, aspirin tablet
le cadavre, corpse
cadet cadette, younger, youngest
le café, coffee; café
le cahier, exercise-book
le caillou, pebble
la caissière, cashier
calme, calm
camarade (m. or f.), comrade
le camion, lorry, truck
la campagne, country; campaign
le canapé, settee
le canard, duck, drake
le canif, penknife
la canne, walking-stick, fishing-rod
le canon de fusil, rifle barrel

le canot, small open boat, rowing-boat
le capitaine, captain
la capitale, capital
le caractère, character
la caresse, caress
la caricature, caricature, cartoon
la carotte, carrot
le carreau, window-pane
le carrefour, cross-roads
la carrière, career
la carte, card; map
le cas, case
le casque, helmet
la casquette, cap
casser, to break
la casserole, saucepan
catholique, catholic
la cause, cause; à cause de, because of
causer, to chat; to cause
le causeur, talker
le cavalier, horseman
ce qui, ce que, what, that which
la ceinture, belt
cela, that; comme cela, like that
célèbre, celebrated, famous
le cellier, cellar
la cellule, cell
celui, celle, ceux, celles: *look up Demonstrative Pronouns in your Grammar*
une centaine, about one hundred
le centre, centre
cependant, however
le cercle, circle, club, ring
la cerise, cherry
le cerisier, cherry-tree
certain, certain

le cerveau, brain (which thinks)

la cervelle, brain (grey matter)

sans cesse, ceaselessly

cesser (de), to cease

c'est-à-dire, that is to say, *i.e.*

Ceylan, Ceylon

chacun, each, each one

le chagrin, sorrow, grief

la chaîne, chain

la chaise, chair

la chaleur, heat, warmth

la chambre, room, bedroom ; chambre à coucher, bedroom

le chameau, camel

le champ, field

champêtre, rustic

chanceler (*like* appeler), to totter

la chandelle, candle

changer, to change

la chanson, song

chanter, to sing ; to crow

le chanteur, singer

le chapeau, hat

le chaperon, riding hood

chaque, each, every

le charbon, coal

la charge, load

charger, to load

se charger de, to take care of ; to undertake to

le chariot, cart, waggon

le charme, charm

charmer, to charm

la charrette, the cart

le charretier, carter

la charrue, plough

la chasse, hunting

chasser, to hunt ; to drive away, drive out

le chat, la chatte, cat

le château, castle, mansion

chaud, warm, hot

le chauffage, heating

chauffer, to warm, to heat

le chauffeur, driver, chauffeur ; fireman (locomotive)

le chaume, thatch ; stubble

la chaumière, cottage

chaussé, shod

la chaussette, sock

les chaussures (*f.*), footwear

la chaux, lime

le chef, chief, leader

le chef-d'œuvre, masterpiece

le chemin, way, road ; chemin creux, sunken road ; chemin de fer, railway

la cheminée, chimney, funnel ; fireplace

la chemise, shirt

le chêne, oak

cher chère, dear

chercher, to seek, look for ; chercher à, to seek to, strive to ; envoyer chercher, to send for ; aller chercher, to fetch

le cheval, horse

les cheveux (*m.*), hair ; se brosser les cheveux, to brush one's hair

la chèvre, goat

chez, to the house of, at the house of

le chien, la chienne, dog

le chiffre, figure

la chimie, chemistry

le chimiste, chemist

le chocolat, chocolate (liquid and solid)

le chœur, chorus, choir

choisir (*like* finir), to choose

le choix, choice

la chose, thing ; autre chose, something else

le chou, cabbage

le christianisme, Christianity

la chute, fall; chute d'eau, waterfall; la chute du jour, nightfall

le ciel, sky, heaven (*pl.* les cieux)

la cime, summit, top

le cinéma, cinema

la cinquantaine, about fifty

la circulation, traffic

cirer (les souliers), to clean, brush (shoes)

le citadin, town-dweller

le citron, lemon

civiliser, to civilize

clair, clear; le clair de lune, moonlight

la clairière, clearing

la clameur, clamour, uproar, din

la classe, class

le clavecin, harpsichord

le client, la cliente, customer, client

le climat, climate

la cloche, bell

le clocher, steeple

clos, closed

le clou, nail

le clown [klun], clown

le cochon, pig

le cœur, heart; de tout mon cœur, with all my heart; de bon cœur, with great pleasure

le coffre, chest

se coiffer, to do one's hair

le coin, corner; au coin du feu, by the fireside

le col, collar

la colère, anger; en colère, angry; se mettre en colère, to get angry

le colis, parcel, package

la colle, glue, gum

le collège, secondary school, grammar school

le collègue, colleague

coller, to stick

le collier, necklace

la colline, hill

la colonie, colony

la colonne, column

le combat, fight

combattre, to fight

combien, how much, how many

comestible, eatable

le comité, committee

le commandant, commander

le commandement, command

comme, like, as; comme ci comme ça, so so

le commencement, beginning

commencer, to begin

comment, how

le commerçant, trader, merchant

le commerce, trade, commerce

le commis voyageur, commercial traveller

commode, convenient, comfortable

commun, common

la compagne, le compagnon, companion

la compagnie, company

la comparaison, comparison

le compartiment, compartment

complet complète, complete

le complet, suit

comporter, to involve

la composition, composition

comprendre (*like* prendre), to understand

le compromis, compromise

le compte, account; se rendre compte, to realize

compter, to count; to intend to

concevoir (*like* recevoir), to conceive

concierge (*m. or f.*), caretaker (of an apartment house, etc.)

conclure (*irregular*), to conclude

la condition, condition

le conducteur, driver (bus)

conduire (*irregular*), to lead; to drive (a vehicle)

se conduire, to behave

la conduite, conduct, behaviour

la confiance, confidence

confiant, confident

la confiture, jam; confiture aux oranges, marmalade

le confort, comfort

le confrère, fellow-director

le congé, day's holiday

congédier, to dismiss, say good-bye to

conjugal, belonging to husband and wife

la connaissance, acquaintance, knowledge

connaître (*irregular*), to know, be acquainted with; se connaître, to make one another's acquaintance

la conquête, conquest

consacrer, to devote

le conseil, counsel, advice; council

conseiller à qn de faire q.c., to advise someone to do something

consentir (*like* servir), to consent

par conséquent, consequently

conserver, to keep, preserve

la considération, consideration; importance

considérer, to consider, look at

consister en, to consist of; consister à + *Infin.*, to consist in

la consolation, consolation, comfort

consoler, to comfort, console

le consommateur, customer (in a café)

la consommation, drink (in a café); consumption

constamment, constantly

constant, constant

construire (*like* conduire), to construct, build

contagieux, contagious

le conte, short story; conte de fées, fairy tale

contempler, to contemplate

content, pleased, glad, satisfied

conter, to relate, narrate, tell (a tale)

continuer, to continue

contraindre (*like* craindre), to constrain, compel

contraire, contrary, opposite

le contraste, contrast

contre, against

la contrebande, contraband

contrefaire, to imitate

contrôler, to examine, inspect, check

convenable, suitable

convenir à, to suit; convenir de, to agree upon; il convient, it is fitting

la conversation, conversation

le **convoi**, convoy

le **cor**, horn

la **corde**, rope, cord, clothes-line; la **corde à sauter**, skipping-rope

cordial, cordial

le **cordonnier**, cobbler, shoe-maker

corner, to blow a horn (car, etc.)

le **corps**, body

la **correspondance**, correspondence

correspondre, to correspond

la **Corse**, Corsica

le **costume**, costume

la **côte**, coast

le **côté**, side; **à côté de**, beside; **du côté de**, in the direction of; **de quel côté**, in which direction; **chacun de son côté**, each his own way; **de tous les côtés**, on all sides

le **coteau**, hill, slope

le **coton**, cotton

côtoyer, to skirt, keep close to

le **cou**, neck

couché, lying down

coucher, to put to bed, lay down

se **coucher**, to go to bed

le **coucher du soleil**, sunset

le **coucou**, cuckoo

couler, to flow

la **couleur**, colour

le **coup**, blow; **coup de pied**, kick; **coup de poing**, punch; **coup de fusil**, rifle shot; **coup de vin**, drink of wine; **du premier coup**, at first sight; **coup d'œil**, glance

couper, to cut

la **cour**, court, yard

le **courage**, courage

courageux courageuse, brave, courageous

courant, current; **au courant**, up to date

courber, to bend, curve

courir (*irregular*), to run

la **couronne**, crown, wreath

couronner, to crown

la **courroie**, strap

le **cours**, course (of lessons, lectures, etc.)

la **course**, race, running, flight, errand

court, short

le **courtisan**, courtier

cousant (*from* **coudre**, to sew), sewing

le **cousin**, la **cousine**, cousin

le **coussin**, cushion

le **couteau**, knife

coûter, to cost

la **coutume**, custom

la **couturière**, dressmaker

le **couvent**, convent

couvert, covered; cloudy; **couvert de**, covered with; **mettre le couvert**, to lay the table

la **couverture**, cover, covering, blanket

couvrir (*like* **ouvrir**), to cover

craindre (*irregular*), to fear

la **crainte**, fear

craquer, to make a cracking sound

le **cratère**, crater

la **cravate**, tie

le **crayon**, pencil; **au crayon**, in pencil

la **crèche**, manger

créer, to create

le crépuscule, twilight
creux creuse, hollow
le cri, cry, shout
crier, to shout, cry out
le criminel, criminal
la crise, crisis
croire (*irregular*), to believe
la croix, cross
la cruche, jug
cruel cruelle, cruel
cueillir (*irregular*), to gather
la cuiller, spoon
le cuir, leather
la cuirasse, cuirass, breast-
plate
la cuisine, kitchen; cooking
cuit (*from* cuire, to cook),
cooked
le cuivre, copper
cultiver, to cultivate
le curé, vicar, rector
le cyclisme, cycling
le cycliste, cyclist
la cymbale, cymbal
d'abord, at first
daigner, to condescend
d'ailleurs, besides, moreover
la dalle, flagstone
la dame, lady, dame
le danger, danger
dangereux dangereuse,
dangerous
danser, to dance
d'après, according to;
adapted from
la date, date
le dauphin, Dauphin
se débarbouiller, to wash one's
face
au débarqué, at disembarka-
tion
débarquer, to disembark
se débarrasser de, to get rid of
debout, standing up, upright

décembre (*m.*), December
décharger, to discharge, un-
load
déchirer, to tear
le déclic, trigger
le déclin, decline
la découverte, discovery
découvrir (*like* ouvrir), to
discover
décrire (*like* écrire), to describe
déçu, disappointed
dedans, in it
défaire, to undo
la défaite, defeat
défendre, to defend; to
forbid
la défense, defence
défier, to defy, challenge
définitif définitive, definite
le dégoût, disgust
en dehors de, outside
déjà, already
déjeuner, to have lunch
le déjeuner, lunch (midday
meal); petit déjeuner,
breakfast
au delà, beyond
délicieux délicieuse, delic-
ious, delightful
demain, to-morrow
la demande, question, request
demander, to ask; de-
mander à qn de faire q.c.,
to ask someone to do
something; demander q.c.
à qn, to ask someone for
something
déménager, to move house
se démentir (*like* servir), to
give way, fail
la demeure, dwelling, house
demeurer, to live, to dwell;
to remain

demi, half; à demi, half; à demi-voix, in a half voice; le demi-sourire, half smile; le demi-tour, half turn; faire demi-tour, to turn about

la démission, resignation
démissionner, to resign
démocratique, democratic
la dent, tooth
la dentelle, lace
le dentiste, dentist
le départ, departure
le département, department
dépasser, to pass, exceed
la dépêche, dispatch, telegram
dépendre de, to depend on
dépenser, to spend (money)
en dépit de, in spite of
déplacer, to remove
déplier, to unfold
déployer, to unfold, unfurl
dépouiller, to strip
depuis, since; depuis .. jusqu'à.., from .. to ..
déraciner, to uproot
déranger, to disturb, inconvenience
dériver, to derive
dernier dernière, last
derrière, behind; la chambre de derrière, the back room
dès, since, from, as early as; dès que, as soon as
la désapprobation, disapproval
désapprouver, to disapprove
le désastre, disaster
descendre, to descend; to bring down
la description, description
le désert, desert
désert, deserted
désespérer (like espérer), to despair

déshabiller, se déshabiller, to undress
désigner, to point out
la désintégration, disintegration, splitting
le désir, desire
désirer, to desire
désolé, desolate
désormais, henceforth
le dessein, design, plan
le dessert, dessert
le dessin, drawing, art, design
dessiner, to draw
dessus, on it, over it; au-dessus de, above; par-dessus, above, over
le destin, destiny, fate
détacher, se détacher, to detach, separate
le détail (pl. détails), detail
détester, to detest
le détour, turning
détrempé, soaked
la dette, debt
le deuil, mourning
deuxième, second
devant, in front of, before
le développement, development
se développer, to open out
devenir (like venir), to become
dévier, to deviate, turn aside
le devoir, duty; written homework
devoir (irregular), to have to, must
dévolu, allotted
le diable, devil
la dictée, dictation
Dieu, God
différent, different

différer (*like* espérer), to differ; to defer
difficile, difficult
la difficulté, difficulty
diffuser, to broadcast
la diffusion, broadcast
digne, worthy, dignified
la dignité, dignity
dimanche (*m.*), Sunday
les dimensions (*f.*), dimensions
le dîner, dinner (evening meal)
dîner, to have dinner
dire (*irregular*), to say, tell
le directeur, director
diriger, to direct
discordant, discordant, unmusical
le discours, speech
la discrétion, discretion
discuter, to discuss
la diseuse de bonne aventure, fortune-teller
dispenser, to dispense, distribute
les dispositions (*f.*), aptitude
le disque, record, disc, discus
la distance, distance
distinguer, to distinguish
la distraction, absent-mindedness
distrait, absent-minded
divers, diverse, varied
divin, divine
dixième, tenth
la dizaine, about ten
le docteur, doctor
le doigt, finger
le dôme, dome
domestique (*m. or f.*), servant, domestic
le dominion, dominion
c'est dommage, it's a pity
donc, so, therefore, then

donner, to give; donner sur, to overlook, open on to
dormir (*like* servir), to sleep
le dos, back
la douane, customs
le douanier, customs officer
la douceur, gentleness
la douleur, suffering, pain, sorrow
douloureux douloureuse, painful
le doute, doubt
douter, to doubt; douter de q.c., to doubt something
douteux douteuse, doubtful, indistinct
Douvres, Dover
doux douce, sweet, soft, gentle; eau douce, fresh water
le drap, cloth
le drapeau, flag
dresser la tête, to raise the head
droit, straight; right; à droite, to the right
le droit, right, privilege
dru, thick, thickly
la dune, dune, sandhill
dur, hard
la durée, duration
durer, to last

l'eau (*f.*), water
ébahi, amazed
éblouir (*like* finir), to dazzle
l'écaille (*f.*), scale
écarter, to move aside
s'échapper, to escape
l'échelle (*f.*), ladder; scale
l'échine (*f.*), spine
l'écho (*m.*), echo
l'éclair (*m.*), lightning
l'éclairage (*m.*), lighting

s'éclaircir (*like* finir), to thin out

éclairer, to light, give light to

l'éclat (*m.*), brilliance; rire avec éclat, rire aux éclats, to laugh aloud

éclatant, striking, brilliant

éclater, to burst

l'école (*f.*), school

l'écolier (*m.*), schoolboy

économe, economical

écossais, Scottish

l'Écosse (*f.*), Scotland

écouter, to listen, listen to

écraser, to crush, run over

s'écrier, to exclaim

écrire (*irregular*), to write

l'écriture (*f.*), writing

l'écrivain (*m.*), writer

s'écrouler, to collapse

l'écume (*f.*), foam, froth

l'écurie (*f.*), stable

Édimbourg, Edinburgh

l'éducation (*f.*), education, upbringing

l'effet (*m.*), effect; en effet, indeed

s'efforcer de, to strive to, try hard to

l'effroi (*m.*), terror

effroyable, appalling, frightful

égal, equal

égaler, to equal

égaliser, to make equal

s'égarer, to get lost

l'église (*f.*), church

l'élan (*m.*), spring, impulse

s'élancer, to spring forward

l'électricité (*f.*), electricity

électrique, electric

l'éléphant (*m.*), elephant

l'élève (*m. or f.*), pupil

élever (*like* lever), to raise

s'élever, to rise

s'éloigner, to move away

emballer, to pack up

embarquer, to put on board

s'embarquer, to embark go on board

l'embarras (*m.*), embarrassment; l'embarras du choix, too much to choose from

embarrassé, self-conscious

embarrasser, to embarrass

l'embrassement (*m.*), embrace

embrasser, to embrace, kiss

émeut (*from* émouvoir), stirs

émigrer, to emigrate

emmener (*like* lever), to take (someone)

l'émotion (*f.*), emotion, thrill

s'emparer de, to seize

empêcher, to prevent

l'empereur (*m.*), emperor

l'emplette (*f.*), purchase

s'emplir (*like* finir), to fill, be filled

l'emploi (*m.*), post, job; emploi du temps, time-table

l'employé (*m.*), employee

empoigner, to seize, grasp

emporter, to carry off, take away

l'empreinte (*f.*), impression

s'empresser de, to hasten to

ému, deeply moved

en train de, busy -ing, engaged in -ing

enchaîner, to chain

l'encombrement (*m.*), traffic block

encore, still, yet, again; encore un, another; encore une fois, once more l'encre (*f.*). ink; à l'encre, in ink

s'endormir (*like* servir), to go to sleep

l'endroit (*m.*), place, spot

l'enfance (*f.*), childhood

l'enfant (*m. or f.*), child

enfantin, childish

enfiler des bas, to put on stockings

enfin, at last; in short

s'enfuir (*like* fuir), to flee, run away

enivrer, to intoxicate

l'ennemi (*m.*), enemy

l'ennui (*m.*), boredom, tedium

s'ennuyer, to be bored

l'enseigne (*f.*), sign (of a hotel, etc.)

l'enseignement (*m.*), teaching; Enseignement Supérieur, University Education

enseigner, to teach

ensemble, together

s'ensuivre (*like* suivre), to follow; ce qui s'ensuit, the rest of it

entendre, to hear; to understand; entendre parler de, to hear of

l'entente (*f.*), agreement

l'enthousiasme (*m.*), enthusiasm

entourer (de), to surround (by)

entraîner, to carry away, draw along

entre, between

l'entrée (*f.*), entrance, way in

entrer, to enter

entretenir (*like* tenir), to sustain; to converse with

entrevoir (*like* voir), to catch a glimpse of

entr'ouvert, half open, ajar

l'enveloppe (*f.*), envelope

envelopper, to wrap

envers, towards

l'envie (*f.*), longing, desire; avoir envie de, to wish to

environ, about, roughly, approximately

envisager, to consider, contemplate

envoyer, to send

envoyer chercher, to send for

épais épaisse, thick

épaissir (*like* finir), to thicken

épancher, to pour out

l'épaule (*f.*), shoulder

l'épée (*f.*), sword

l'épi (*m.*), ear (of corn, etc.)

l'épicier (*m.*), grocer

éplucher, to peel

l'époque (*f.*), time, period

l'épouse (*f.*), wife

épouser, to marry

épousseter (*like* jeter), to dust

épouvantable, appalling

l'époux (*m.*), husband; les époux, man and wife

éprouver, to experience, to feel

l'équipe (*f.*), team

équitable, fair, equitable

l'erreur (*f.*), mistake, error

escalader, to climb, to scale

l'escalier (*m.*), staircase, stairs

les escarpins (*m.*), dancing shoes, pumps

l'esclave (*m.*), slave

l'Espagne (*f.*), Spain

l'espèce (*f.*), sort, kind

l'espérance (*f.*), hope

espérer (*irregular*), to hope

l'espoir (*m.*), hope

l'esprit (m.), mind, spirit, wit

l'essai (m.). trial, attempt, essay

essayer, to try

l'essence (f.), petrol

essentiel essentielle, essentiel

l'essuie-mains (m.), towel

essuyer, to wipe

est, east

l'étable (f.), cow-shed

établir (like finir), to establish

l'étage (m.), floor, storey

l'étal (m.), stall

étaler, to display

l'état (m.), state, condition

l'été (m.), summer

éteindre (like craindre), to extinguish, put out (a light, fire, etc.)

étendre, to stretch; étendu, stretched out, lying down

étinceler (like appeler), to sparkle

l'étincelle (f.), spark

l'étiquette (f.), label; correct behaviour

l'étoile (f.), star

étonner, to astonish

s'étonner, to be astonished

étouffer, to stifle, choke

l'étourdi (m.), scatter-brain; careless, thoughtless, person

étrange, strange

étranger, foreign; l'étranger l'étrangère, foreigner, stranger; à l'étranger, abroad, to or in a foreign country

l'être (m.), being, creature

étroit, narrow

l'étude (f.), study

l'étudiant (m.), student

étudier, to study

l'Europe (f.), Europe

européen européenne, European

s'évader, to escape

éveillé, awake

s'éveiller, to awake

l'événement (m.), event

l'évêque (m.), bishop

éviter, to avoid

évoquer, to evoke, to recall

exagérer (like espérer), to exaggerate

l'examen (m.), examination

examiner, to examine

excepté, except

s'excuser, to apologize

exécuter, to execute. carry out

l'exemple (m.), example; par exemple, for instance

exiger, to exact, demand

l'exil (m.), exile (abstract noun)

l'existence (f.), existence

l'expérience (f.), experience; experiment

l'explication (f.), explanation

expliqure, to explain

exploiter, to exploit

l'exposé (m.), exposition

exposer, to expose, explain

l'express (m.), fast train

exprimer, to express

l'extase (f.), ecstasy, intense enjoyment

extérieur, exterior, outside

extraordinaire, extraordinary

l'extrémité (f.), end

la fabrication, manufacture

fabriquer, to manufacture

la façade, façade. front of a building

la face, face; en face de, facing

fâché, angry, cross, annoyed

se fâcher, to get angry

facile, easy

la facilité, ease, facility

la façon, way, fashion, manner; de cette façon, in this way

faillir (*defective verb*), to weaken, falter

la faim, hunger; avoir faim, to be hungry

faire (*irregular*) to make, to do; faire bâtir une maison, to have a house built; se faire, to happen; Comment se fait-il que . . . ? How is it that . . . ?

le fait, fact

la falaise, cliff

falloir (*irregular*), to be necessary; ce qu'il fallait, what was needed

fameux fameuse, famous

familier familière, familiar

la famille, family

la fantaisie, fancy, imagination

la fantasmagorie, phantasmagoria, weird spectacle

le fantôme, ghost

le farceur, practical joker

le fardeau, burden

la farine, flour

farouche, wild, fierce

il faut (*from* falloir), it is necessary, must

la faute, mistake; faute de, for lack of

le fauteuil, arm-chair

faux fausse, false, wrong

favori favorite, favourite

la fée, fairy

féliciter, to congratulate

féminin, feminine

la femme, woman; wife

la fenêtre, window

la ferme, farm

ferme, firm

fermer, to close, to shut

le fermier, farmer; la fermière, farmer's wife

féroce, fierce

le festin, feast

la fête, festival; le jour de fête, feast day, holiday

le feu, fire; prendre feu, to catch fire

le feuillage, foliage

la feuille, leaf, sheet

la feuillée, leaves

février (*m.*), February

ficeler (*like* appeler), to tie up

la ficelle, string

fidèle, faithful

la fidélité, fidelity, faithfulness

fier fière, proud

la fierté, pride

la fièvre, fever, feverishness, high temperature

le fifre, fife

la figure, face

le fil, thread, wire

la file, column, file

le filet, net

la fille, girl (as distinct from boy); daughter; jeune fille, girl, young lady

la fillette, young girl (about 10–15 years)

le fils, son

la fin, end

finir, to finish

fixer, to fix
la fixité, fixity
flairer, to sniff
le flanc, flank, side
flâner, to dawdle, to idle
la flaque d'eau, puddle
la flèche, steeple ; arrow
la fleur, flower
le fleuve, river
le flocon, flake
les flots (m.), sea, waters, waves
flotter, to float
la foi, faith
le foin, hay
la fois, time, occasion ; encore une fois, once again ; la première fois, the first time
la folie, madness, stupidity, folly, prank
le fond, bottom (of the sea), back (of a room), depths (of a forest) ; au fond, in the background
fondre, to melt ; fondre en larmes, to burst into tears
le football association, football, 'soccer'
la force, strength, force
la forêt, forest
forger, to forge
la forme, shape, form
former, to form
fort, strong, loud ; very
le fossé, ditch
fou fol folle fous folles, mad, foolish
la fougère, fern, bracken
la foule, crowd
fouler, to walk on
la fourche, large fork (garden, etc.)

la fourchette, small fork (table, etc.)
le fourneau, stove
fournir (like finir), to supply
le foyer, hearth, fireplace, home ; focus
le fracas, din
fragile, slender, fragile
la fraîcheur, freshness, coolness
frais fraîche, fresh, cool
la fraise, strawberry ; ruff
la framboise, raspberry
franc franche, frank, open
français, French
la France, France
la franchise, openness, frankness
frappant, striking
frapper, to strike, hit
fraternel fraternelle, fraternal, brotherly
se frayer un chemin, to clear a way for oneself
frémir (like finir), to shiver, shudder
fréquenté, busy
fréquenter, to frequent
le frère, brother
le fripon, rascal
les frites (f.), chips
la friture, fried fish
froid, cold
froisser, to offend
frôler, to touch lightly
le fromage, cheese
le front, forehead
frotter, to rub ; frotter une allumette, to strike a match
le fruit, fruit
le fruitier, fruiterer, greengrocer ; l'arbre fruitier, fruit-tree

fuir (*irregular*), to flee, run away

la fuite, flight

fumer, to smoke

furieux furieuse, furious

le fusil, rifle

le futur, future tense

futur (*adjective*), future

la gaffe, blunder

les gages (*m.*), wages

gagner, to win, gain, earn, reach

gai, gay, merry

la gaieté, la gaîté, gaiety, cheerfulness

Galles (le Pays de), Wales

gallois, Welsh

au galop, at a gallop

galoper, to gallop

le gamin, urchin, young rascal

le gant, glove

le garçon, boy, waiter, fellow

la garde, guard; en garde, on guard

garder, to keep, look after

se garder de, to be careful not to

la gare, station

le garnement, bad boy

garni de, provided with, supplied with

la garnison, garrison

le gars (*pronounced* gâ), young fellow

le gâteau, cake

gâter, to spoil

gauche, left

le gaz, gas

le gazon, turf

geler (*like* lever), to freeze

gémir (*like* finir), to groan

les gendarmes (*m.*) militia men

gêner, to inconvenience

général, general

le génie, genius

le genou, knee; se mettre à genoux, to kneel down

le genre, sort, kind; le genre humain, mankind

les gens (*m.*), people

gentil gentille, nice little; kind

la géographie, geography

le geste, gesture

le gibier, game

le gilet, waistcoat

la glace, ice; ice cream; glass

glacé, iced, cold

glaner, to glean

le glaneur, la glaneuse, gleaner

glisser, to slide, slip

se glisser, to glide

la gloire, glory

glorieux glorieuse, glorious

glousser, to cluck

la goélette, schooner

le goût, taste

le goûter, afternoon snack, tea

goûter, to taste; to enjoy

la goutte, drop

la grâce, grace, favour; grâce à, thanks to

le grade, rank

la graine, seed

le gramophone, gramophone

grand, big, large; au grand air, in the open air; il est grand jour, it is broad daylight

la grandeur, size; grandeur

grandir (*like* finir), to grow, grow up

la grand'mère, grandmother

le grand-père, grandfather

les grands-parents, grandparents

la grange, barn

gras grasse, fat, greasy

gratter, to scratch

grave, grave, serious

gravir (*like* finir), to climb

la gravure, picture

gré : à son gré, to one's liking ; savoir gré à, to be grateful to

le grenadier, grenadier

le grenier, granary

grillé, barred (window, etc.)

grimper, to climb

gris, grey

le groin, snout

gronder, to scold ; to roar, snarl

gros grosse, large (size)

le groupe, group, party

la guérison, cure

la guerre, war

le guerrier, warrior

le guichet, ticket office

la gymnastique, gymnastics, P.T.

habiller, s'habiller, to dress ; habillé en, dressed as

l'habit (*m.*), coat, dress coat ; les habits, clothes

l'habitant (*m.*), inhabitant

habiter, to inhabit, live in

l'habitude (*f.*), habit ; avoir l'habitude de, to be in the habit of

habitué, accustomed

habituel habituelle, usual

la haie, hedge

les Halles (*aspirate* H), market

hardi, bold

le haricot, bean

harmonieux harmonieuse, harmonious

le hasard, chance ; par hasard, by chance

hâter (*aspirate* h), to hasten

haut (*aspirate* h), high

la hauteur, height

hein ?, eh ? what ?

hélas, alas

le hennissement, neighing

l'herbe (*f.*), grass

l'hérédité (*f.*), heredity

l'hermine (*f.*), ermine

héroïque, heroic

le héros, hero

hésiter, to hesitate

le hêtre, beech

l'heure (*f.*), hour, time of day ; à la bonne heure ! good ! de bonne heure, early

heureux heureuse, happy, fortunate

heurter (*aspirate* h), to strike

hier, yesterday

l'histoire (*f.*), history, story

historique, historical

l'hiver (*m.*), winter

hollandais (*aspirate* h), Dutch

la Hollande, Holland

l'homme (*m.*), man ; homme d'affaires, business man

honnête, honest

l'honneur (*m.*), honour

la horde, horde

l'horizon (*m.*), horizon

l'horloge (*f.*), outdoor clock

hors de (*aspirate* h), out of

hospitalier hospitalière, hospitable

l'hospitalité (*f.*), hospitality

l'hôte (*m.*), host

l'hôtel (*m.*), hotel ; large house

huer (*aspirate* h), to hoot, to howl down. to 'boo'

huitième, eighth

humain, human

humble, humble

l'humeur (f.), humour; la mauvaise humeur, bad temper

humide, damp

hurler (aspirate h), to yell, howl

la hutte, hut

ici, here; ici-bas, here below

idéal, ideal

l'idée (f.), idea

l'idiome (m.), language

l'ignorance (f.), ignorance

ignorer, not to know

il y a, there is, there are; qu'est-ce qu'il y a? what's the matter?; il y a quelques années, a few years ago

l'île (f.), island

illustre, famous, illustrious

illustrer, to illustrate

l'image (f.), picture, drawing (in a book)

imaginaire, imaginary

s'imaginer, to imagine

immédiatement, immediately

immense, immense

immobile, motionless, still

l'impératrice (f.), empress

impertinent, impertinent

implacable, implacable

implorer, to implore

l'impolitesse (f.), impoliteness, discourtesy

l'importance (f.), importance

important, important

n'importe qui, anybody, it doesn't matter who

il importe, it is important

importer, to import

impossible, impossible

impraticable, impassable

imprimer, to print

l'imprudence (f.), imprudence

inachevé, incomplete

inattendu, unexpected

l'incantation (f.), incantation

l'incendie (m.), fire

incertain, uncertain

l'incident (m.), incident

s'incliner, to bow

inconnaissable, unknowable

inconnu, unknown

l'inconnu, stranger

un inconvénient, disadvantage

l'indigène (m.), native

indigne, unworthy

indiquer, to indicate

indirect, indirect

infini, infinite

l'infirmière (f.), nurse

l'influence (f.), influence

l'ingénieur (m.), engineer

inhabité, uninhabited

injurier, to insult

injuste, unjust

innombrables, numberless

inquiet inquiète, anxious

l'inquiétude (f.), anxiety

l'insensé (m.), madman

s'installer, to take up residence

l'instant (m.), instant, moment

l'instinct (m.), instinct

l'instituteur (m.), schoolteacher

l'instruction (f.), instruction, teaching, education

instruire (like conduire), to instruct, teach

intelligent, intelligent

l'intention (f.), intention; avoir l'intention de, to intend to

intéressant, interesting
s'intéresser à, to be interested in
l'intérêt (*m.*), interest
intérieur, interior, inward
interne, internal
s'interposer, to intervene
l'interprète (*m.*), interpreter
interrompre, to interrupt
introduire (*like* conduire), to introduce
inutile, useless
l'invention (*f.*), invention
irlandais, Irish
l'Irlande (*f.*), Ireland
irriter, to irritate

jamais, ever; (*with* ne) never; à jamais, for ever
la jambe, leg
janvier (*m.*), January
le jardin, garden; jardin public, park
le jardinage, gardening
le jardinier, gardener
jaser, to chatter
jaune, yellow
jaunir (*like* finir), to turn yellow
Jeanne d'Arc, Joan of Arc
jeter (*irregular*), to throw
le jeu, game
jeudi (*m.*), Thursday
jeune, young
la jeunesse, youth
la joie, joy
joindre (*like* craindre), to join
joli, pretty
la joue, cheek
jouer, to play; jouer du piano, to play the piano; jouer au football, to play football

le jouet, toy
le joueur, player
le joug, yoke
jouir de (*like* finir), to enjoy
le joujou, toy
le jour, day; jour de congé, day's holiday; il est grand jour, it is broad daylight
le journal, newspaper
le journalisme, journalism
le journaliste, journalist
la journée, day
joyeux joyeuse, joyful, merry
juillet (*m.*), July
juin (*m.*), June
Jules César, Julius Cæsar
le juge, judge
juger, to judge; à en juger par, to judge by; juger bon, to think fit
les jumeaux, les jumelles, twins
la jungle, jungle
la jupe, skirt
jusqu'à, up to, as far as; jusqu'à ce que, until; jusqu'au bout, right to the end; jusqu'ici, up to now
la justice, justice
la justification, justification
justifier, to justify

le kilomètre, kilometre; à cent kilomètres de, 100 km. from

là, there; là-dessus, thereupon; là-haut, up there
le labeur, labour
laborieux laborieuse, hard-working
labourer, to plough
le laboureur, ploughman

le lac, lake
lâcher, to let go, release
là-dessus, thereupon
là-haut, up there
laid, ugly
laisser, to let, leave
le lait, milk
lamentable, pitiful
se lamenter, to lament
la lampe, lamp
lancer, to throw; to launch
le langage, language (choice of words)
la langue, tongue, language
le lapin, rabbit
large, wide, broad
le large, open sea
la larme, tear; pleurer à chaudes larmes, to weep bitterly
las lasse, weary
se lasser, to grow weary, get tired
latin, Latin
le laurier, laurel
laver, se laver, to wash
lécher (*like* espérer), to lick
la leçon, lesson
légal, legal
léger légère, light (in weight); slight
le légume, vegetable
le lendemain, the next day; le lendemain matin, the next morning
lent, slow
lentement, slowly
lequel laquelle lesquels lesquelles, which, which one(s)
la lettre, letter
le lever, rising
lever (*irregular*), to raise, lift
se lever, to get up

la lèvre, lip
la liberté, liberty, freedom
le libraire, bookseller
la librairie, bookshop
libre, free
le lien, bond
lier, to bind, tie
le lieu, place; avoir lieu, to take place; avoir lieu de, to have reason to; au lieu de, instead of
la ligne, line
le linceul, shroud
le linge, linen, cloth
le lion, la lionne, lion, lioness
lire (*irregular*), to read
le lit, bed; au lit, in bed, to bed
le livre, book
la livre, pound (money or weight)
livrer, to deliver, give up
la locomotive, locomotive, railway engine
la locution, expression
le logement, lodging
le logis, dwelling, home
loin, far
lointain, distant
le loisir, leisure
le Londonien, Londoner
Londres, London
long longue, long; le long de, along
longtemps, for a long time
à la longue, in course of time
longuement, lengthily, at length, for a long time
la longueur, length
lorsque, when
louer, to praise; to rent, hire, let
lourd, heavy; il fait lourd, it is close (weather)

lui seul, he alone, him alone
luire (*irregular*), to gleam
la lumière, light
lundi (*m.*), Monday
la lune, moon
la lunette, glass, telescope : les
    lunettes, glasses
la lutte, struggle, wrestling
lutter, to struggle
le lycée, grammar school

la machine à écrire, typewriter
le maçon, builder
le madrigal, madrigal, short
    poem
le magasin, shop
magnifique, magnificent
mai (*m.*), May
la maille, mesh
la main, hand
maintenant, now
maintenir (*like* tenir), to
    maintain
la maison, house ; à la maison,
    home, at home
le maître, master
la maîtresse, mistress
la majesté, majesty
mal, badly
le mal, trouble, evil ; le mal de
    mer, sea-sickness ; avoir
    mal aux dents, à la tête,
    to have toothache, head-
    ache ; faire du mal à, to
    injure ; faire mal à, to
    hurt
malade, ill, sick ; le, la
    malade, patient
a maladie, illness
le malfaiteur, culprit
malgré, in spite of
la malle, travelling trunk
maman, mummy ; une ma-
    man, a mother

la Manche, English Channel
manger, to eat
la manière, manner ; de cette
    manière, in this way
le manque, lack
manquer, to miss ; man-
    quer de, to fail to, to lack
la mansarde, attic
le marchand, merchant
marchander, to bargain,
    haggle
la marchandise, merchandise,
    goods
le marché, market ; bon mar-
    ché, cheap
marcher, to walk, march ;
    to 'go' (as a clock)
mardi (*m.*), Tuesday
le maréchal, marshal
la marée, tide
le mari, husband
le mariage, marriage
marié, married
se marier, to get married
le marin, sailor
la marine, navy
la marque, mark, make
marquer, to mark ; mar-
    quer un but, to score a
    goal
mars (*m.*), March
la Marseillaise, French na-
    tional anthem
le match, match (sports)
le matelot, sailor, seaman
les mathématiques (*f.*), mathe-
    matics
la matière, matter ; subject
    (in school)
le matin, morning ; le matin,
    in the morning
matinal, early-morning
la matinée, morning ; matinée
la mâture, masts

mauvais, bad

méchant, wicked; (child) naughty; vicious

le mécontentement, dissatisfaction, displeasure

le médecin, doctor

la Méditerranée, the Mediterranean

méfiant, distrustful

par mégarde, inadvertently

meilleur, better, best (*adjective*)

mêler, to mix

le membre, member; limb

même, same; even; à même de, able to

la mémoire, memory

menacer, to threaten, menace

le ménage, household, domestic arrangements; married couple

la ménagère, housewife

mener (*like* lever), to lead

le mensonge, lie, untruth

mentir (*like* servir), to lie

le menton, chin

la mer, sea

merci, thank you; (*familiar*) no thank you

mercredi (*m.*), Wednesday

méritoire, satisfactory, meritorious

merveilleux merveilleuse, marvellous, wonderful

le messager, messenger

messieurs: *plural of* monsieur

à mesure que, as

mesurer, to measure

le métier, trade, profession, occupation; loom

le mets, dish

mettre (*irregular*), to put; to put on (clothes); mettre à la poste, to post; se mettre à, to begin to, set about

les meubles (*m.*), furniture; le meuble, article of furniture

meubler, to furnish

midi, noon, twelve o'clock

le midi, south

le miel, honey

mieux, better, best (*adverb*); se sentir mieux, to feel better; aimer mieux, to prefer; faire de son mieux, to do one's best

au milieu de, in the middle of

militaire, military; le militaire, soldier

un millier, about a thousand

mince, thin, slender, small

le ministère, ministry; Ministère de l'Instruction publique, Ministry of Education (*now called* Ministère de l'Éducation Nationale)

le ministre, minister; le Premier Ministre, Prime Minister

minuit, midnight

la minute, minute

le miroir, mirror

misérable, miserable, wretched

la misère, misery, wretchedness

la mitraille, shrapnel

mobile, mobile, quick

le modèle, model

moderne, modern

modeste, modest

les mœurs (*f.*), manners, customs

moindre, least (*adjective*)

le moineau, sparrow

moins, less, least; au moins, du moins, at least; de moins en moins, less and less

le mois, month

la moisson, harvest

le moissonneur, la moissonneuse, harvester

la moitié, half; à moitié, half (*adverb*)

le moment, moment; en ce moment, at the present time; au moment où, at the moment when

le monarque, monarch

le monde, world; tout le monde, everybody

le moniteur, monitor, prefect

la monnaie, change; la pièce de monnaie, coin

monotone, monotonous

monseigneur, my lord

le monsieur, gentleman

la montagne, mountain

montagneux, hilly

la montée, way up, ascent

monter, to go up, come up, ascend; to take up; to man

la montre, watch

montrer, to show

montueux, montueuse, hilly

se moquer de, to make fun of

le moral, morale

morbleu !, good gracious !

mordre, to bite

morne, dismal, dejected

la mort, death

le mort, dead man; la morte, dead woman

mortel mortelle, mortal

le mot, word

le moteur, motor, engine

la mouche, fly

le moucheron, gnat

le mouchoir, handkerchief

mouiller, to wet; mouillé, wet

la moulure, moulding

mourir (*irregular*), to die

la mousse, moss

les moustaches (*f.*), moustache,

le mouton, mutton; sheep

moyen moyenne, average, middle, medium

le moyen, means, way; au moyen de, by means of

muet muette, dumb

multicolore, many-coloured

le mur, wall

mûr, ripe

la muraille, wall

le murmure, murmur

murmurer, to murmur

mutter

la musique, music

le mystère, mystery

à la nage, swimming; traverser à la nage, to swim across

nager, to swim

naïf naïve, simple, ingenuous

la naissance, birth

naître (*irregular*), to be born

le naseau, nostril (of animal)

natal, native; le pays natal, native land

la natation, swimming (the sport)

la nation, nation

la natte, mat

naturel naturelle, natural; le naturel, native; le bon naturel, good nature naturellement, naturally, of course

le navire, ship

le Nazi, Nazi

né, born; je suis né, I was born

nécessaire, necessary

la nécessité, necessity

nécessiteux nécessiteuse, needy, destitute

négligent, careless, negligent

la neige, snow

neiger, to snow

le nettoyage, cleaning

nettoyer, to clean

neuf neuve, new; à neuf, anew

neuvième, ninth

le neveu, nephew

le nez, nose

ni ... ni ... (ne), neither ... nor ...

le nid, nest

la nièce, niece

n'importe, it doesn't matter; n'importe qui, anybody, it doesn't matter who

le niveau, level

nocturne, nocturnal, of the night

noir, black, dark

noircir (like finir),to blacken

le nom, name

le nombre, number

nombreux nombreuse, numerous

nommer, to name, appoint

nord, north

Notre-Dame, Cathedral of Paris

la nourrice, nurse

nourrir (like finir), to feed

nouveau nouvel nouvelle

nouveaux nouvelles, new; le nouveau, new boy; de nouveau, again

le nouveau-né, new-born child

les nouvelles (f.), news

novembre (m.), November

le noyer, walnut-tree

nu, bare, naked

le nuage, cloud

la nuit, night; il fait nuit, it is dark

nul nulle, no (adjective), none (pronoun); nulle part, nowhere

l'objet (m.), object

obligatoire, compulsory

oblong oblongue, oblong

obscur, dark, obscure

l'obscurité (f.), darkness

un observatoire, observatory

obtenir (like tenir). to obtain

l'obstacle (m.). obstacle

l'occasion (f.), opportunity, occasion; d'occasion, second-hand

occupé à, busy -ing, engaged in -ing

s'occuper de, to pay attention to

octobre (m.), October

l'odeur (f.), smell

odieux odieuse, odious

l'œil (m.), eye (pl. les yeux)

l'œuf (m.), egg; œuf à la coque, boiled egg; œuf poché, poached egg; œufs brouillés, scrambled eggs; œuf dur, hard-boiled egg

l'œuvre (f.), work; à l'œuvre, at work

l'officier (m.), officer

offrir (like ouvrir), to offer

l'oiseau (*m.*), bird
ombragé, shaded, shady
l'ombre (*f.*), shade, shadow;
à l'ombre, in the shade;
dans l'ombre, in the darkness
l'ombrelle (*f.*), sunshade
l'omnibus (*m.*), stopping train
on (*indefinite pronoun*), one
l'oncle (*m.*), uncle
l'onde (*f.*), water (poetic)
l'ongle (*m.*), nail (finger)
opaque, opaque
l'opinion (*f.*), opinion
s'opposer à, to oppose
opprimer, to oppress
l'or (*m.*), gold
or (*conjunction*), now
l'orage (*m.*), storm
l'orange (*f.*), orange
l'orateur (*m.*), orator, speaker
l'orchestre (*m.*), orchestra, band
ordinaire, ordinary; à l'ordinaire, d'ordinaire, usually
l'ordonnance (*f.*), prescription
ordonner à qn de faire q.c.,
to order someone to do
something
l'ordre (*m.*), order, command
les ordures (*f.*), rubbish, refuse
l'oreille (*f.*), ear
l'orfèvrerie (*f.*), jewellery
organiser, to organize
original, original
orner de, to decorate with
l'orphelin(e), orphan
osciller, to swing
oser, to dare
ôter, to take off (clothes, etc.)
ou, or
où, where; le jour où, the
day when

oublier de, to forget to
ouest, west
l'ours (*m.*), bear
l'outil (*m.*), tool
ouvert, open, opened
l'ouvrage (*m.*), work
l'ouvrier (*m.*), workman
ouvrir (*irregular*), to open
l'ovation (*f.*), ovation, applause

le paiement, payment
la paille, straw
le pain, bread; loaf
paisible, peaceful
la paix, peace
pâle, pale
la pâleur, paleness
le palier, landing
le panier, basket
le panneau, panel
le pantalon, trousers
la pantoufle, slipper
le papier, paper; papier à
lettres, note-paper
le papillon, butterfly
le paquet, parcel
par semaine, per week; par
où, which way; par-
dessus, over, above
la parabole, parable
le paradis, paradise
paraître (*like* connaître), to
appear, seem
le parapet, parapet
le parapluie, umbrella
le paravent, screen
le parc, park
parce que, because
le pardessus, overcoat
par-dessus, over, above
pardon ! excuse me !
pareil pareille, similar
le parent, parent; relation

la paresse, laziness
paresseux paresseuse, lazy
parfait, perfect
parfois, sometimes
parisien parisienne, Parisian
le parlement, parliament
parler, to speak, talk; entendre parler de, to hear of
parmi, among
la paroi, wall
le paroissien, parishioner
la parole, word (spoken)
le parrain, godfather
la part, share; à part, aside; nulle part (ne), nowhere; de ma part, on my behalf, for my part; de toutes parts, from all sides
le partage, sharing
partager, to share
le parti, (political) party; prendre son parti, to make up one's mind
particulier particulière, particular, private
la partie, part
partir (*like* servir, *but conj.* être), to depart, to leave
le partisan, supporter, follower
partout, everywhere; partout où, everywhere that, wherever
parvenir à (*like* venir), to manage to; to reach
pas, not
le pas, step, pace; au pas, at a walking pace
le passage, passage
le passager, passenger (in ship or aeroplane)
le passant, passer-by
le passé, past
le passeport, passport

passer, to pass, cross; to spend (time); to put on (a garment)
se passer, to happen
se passer de, to do without
la passion, passion
le pasteur, pastor, Protestant minister of religion
paternel, paternal, belonging to one's father
la patience, patience
le patinage, skating
patiner, to skate
la patrie, fatherland, native land
le patrimoine, patrimony, inheritance
le patron, employer; master (of a boat), skipper
la patte, leg (of animal or bird)
la paupière, eyelid
pauvre, poor
la pauvreté, poverty
le pavé, pavement
le pavillon, summer-house
payer, to pay, pay for
le pays, country; le Pays de Galles, Wales
le paysage, landscape, scenery
le paysan, la paysanne, peasant
la peau, skin
la pêche, peach; fishing
le péché, sin
pécher (*like* espérer), to sin
pêcher, to fish
le pêcher, peach-tree
le pêcheur, fisherman
peindre (*like* craindre), to paint
la peine, trouble, difficulty; à peine, hardly, only just
le peintre, painter
la peinture, painting; paint

pêle-mêle, in confusion
le penchant, slope; inclination
pencher, to lean (out of the vertical)
pendant, during; pendant que, while
pendre, to hang
la pendule, indoor clock
pénétrer (*like* espérer), to penetrate; pénétrer dans une maison, to enter a house
pénible, painful
péniblement, painfully, with difficulty
la péninsule, peninsula
la pensée, thought
penser (à), to think (of)
pensif pensive, thoughtful, pensive
percevoir (*like* recevoir), to perceive, catch (a sound)
le perchoir, perch
perdre, to lose; perdre connaissance, to lose consciousness
le père, father
permettre (*like* mettre), to permit, allow
la permission, permission
le perroquet, parrot
le personnage, character (in a play, story, etc.)
personne (ne), nobody; la personne, person
personnel personnelle, personal
persuader, to persuade, convince
la perte, loss; à perte de vue, as far as the eye can see
la perversité, perversity, wickedness
pesant, heavy

la peste, pestilence, plague
petit, small; le petit, child; le petit-cousin, second cousin; la petite-fille, granddaughter; le petit-fils, grandson
la petitesse, smallness
le pétrole, paraffin
peu, little, few; un peu, a little; à peu près, approximately; peu après, soon afterwards; peu à peu, little by little
le peuple, people, nation, common people
la peur, fear; avoir peur, to be afraid; de peur de, for fear of
peut-être, perhaps
le phare, lighthouse
la pharmacie, chemist's shop
le pharmacien, pharmacist, chemist
le photographe, photographer
la photographie, photography; photograph
la phrase, sentence
la physionomie, face
la physique, physics
physique, physical
la pièce, coin; room; play; piece
le pied, foot
la pierre, stone
pierreux pierreuse, stony
la pipe, pipe (for smoking)
le pique-nique, picnic
la piscine, swimming-bath
la piste, track
la pitié, pity
la place, square (in a town); seat (in a train, theatre, etc.); place; à votre place, in your place

placer, to place

le plafond, ceiling

la plage, beach

plaindre (*like* craindre), to pity ; se plaindre, to complain

la plaine, plain

plaintif plaintive, plaintive, doleful

plaire à (*irregular*), to please

plaisanter, to joke

la plaisanterie, joke

le plaisir, pleasure ; faire plaisir à qn, to please someone

le plan, plan ; au premier plan, in the foreground

la planche, plank

le plancher, floor

planer sur, to hover over, float over

le planteur, planter

plat, flat

la plate-forme, platform

plein, full ; en plein ciel, in the open sky ; en plein midi, in the blaze of noon

pleurer, to weep ; pleurer à chaudes larmes, to weep bitterly

les pleurs (*m.*), tears

il pleut, it is raining

pleuvoir (*irregular*), to rain

le pli, fold

plier, to fold, bend

le plomb, lead

plonger, to plunge, dive

la pluie, rain

la plupart des, most of

plus, more, most ; plus tôt, sooner, earlier ; de plus en plus, more and more ; plus rien, nothing more ; ni moi non plus, nor I

plusieurs, several

plût à Dieu que . . . , would to God that . . .

le pneu, tyre ; pneu crevé, punctured tyre, puncture

la poche, pocket

la poêle, frying-pan

le poêle, stove

la poésie, poetry ; poem

le poète, poet

le poids, weight

poignant, moving, poignant

poignarder, to stab

le poil, hair (animal)

le poing, fist ; le coup de poing, punch

le point, point, dot, full-stop ; sur le point de, on the point of, about to

point (ne), not, not at all

pointu, pointed

la poire, pear

le poirier, pear-tree

le poisson, fish

le poitrail, breast (animal)

la poitrine, chest

poli, polite, polished

la police, police ; agent de police, policeman

poliment, politely

politique, political

la pomme, apple ; pomme de terre, potato

le pommier, apple-tree

le pompier, fireman

la popularité, popularity

le porc, pig ; pork

le port, port, harbour

la porte, door, gate

porter, to carry ; to wear (clothes)

la portière, door (of a vehicle)

poser, to lay ; poser une question, to ask a question

la position, position
le possesseur, owner, possessor
la poste, post (mail)
le poste, post, situation, job
le potager, kitchen garden, vegetable garden
le poteau, post, pole
la poterie, pottery, pots
le pouce, thumb; inch
poudrer, to powder, to dust
poudreux poudreuse, dusty
la poule, hen
le pourpoint, doublet
pourquoi, why
la poursuite, pursuit
poursuivre (*like* suivre), to pursue
pourtant, however, nevertheless; et pourtant, and yet
pousser, to push; (plants) to grow; to utter (a cry)
la poussière, dust
poussiéreux, dusty
le poussin, chick
pouvoir (*irregular*), to be able
la prairie, prairie, grassland, meadow
pratique, practical
pratiquer, to practise, use
la précaution, precaution
précédent, previous
précis, precise; le précis, summary
précisément, precisely, exactly
la précision, precision
préférer (*like* espérer), to prefer
premier première, first; le Premier Ministre, Prime Minister

prendre (*irregular*), to take; prendre feu, to catch fire
les préparatifs (*m.*), preparations
préparer, to prepare
près de, near
le présent, present, gift
présenter, to present, introduce (a person); se présenter, to turn up
presque, nearly
pressant, urgent
pressé, in a hurry
prêt, ready
prêter, to lend
le prêtre, priest
la preuve, proof
prévoir (*like* voir, *except future* je prévoirai), to foresee
prévoyant, foreseeing, provident
prier, to pray, beg
la prière, prayer
principal, principal
le printemps, spring
la prise, capture
le prisonnier, prisoner
priver, to deprive
le prix, price; prize
le procédé, process, procedure
prochain, next
prodigue, prodigal
produire (*like* conduire), to produce; se produire, to occur, come about
le produit, product, produce
le professeur, professor, schoolmaster (grammar school)
la profession, profession
le profit, profit
profiter de, to take advantage of, profit by

profond, deep, profound
la profondeur, depth
la progéniture, offspring
les progrès (*m.*), progress
prolonger, to prolong
la promenade, walk or ride
se promener (*like* lever), to go for a walk or ride
la promesse, promise
promettre (*like* mettre), to promise
prononcer, to pronounce
le prophète, prophet
le propos, remark; à propos, by the way; à propos de, concerning
proposer, to propose
la proposition, clause
propre, (*before noun*) own; (*after noun*) clean
le propre, nature, attribute
le propriétaire, landlord, owner, proprietor
prosterné, prostrate
protéger (*like* espérer), to protect
protester, to protest
le proverbe, proverb
la province, province; en province, in the provinces
la prune, plum
le prunier, plum-tree
public publique, public
puis, then afterwards
puisque, since, seeing that
la puissance, power
puissant, powerful
punir (*like* finir), to punish
le pupitre, desk
pur, pure

le quai, quay; railway platform
la qualité, quality

quand, when; quand même, all the same
quant à, as for
le quantième sommes-nous? what is the date?
la quantité, quantity
le quart, quarter, ¼
le quartier, district, quarter
quatrième, fourth
que (ne), only
quel quelle, what, which (*adjective*)
quelque(s), some; quelque peu, somewhat
quelquefois, sometimes
quelques, some, a few
quelqu'un, someone, somebody
se quereller, to quarrel
questionner, to question
la queue, tail; faire la queue, to queue up
la quinzaine, about fifteen; a fortnight
quinzième, fifteenth
quiconque, whoever, anybody who
quitter, to leave, quit
quoi, what; on ne sait quoi, something or other; à quoi bon? what's the use?
quoique, although
quotidien quotidienne, daily

raccommoder, to mend
raconter, to tell (a tale), relate
la radio, wireless
radioactif, radioactive
la rage, rabies, rage; faire rage, to rage
raide mort, stone dead
la raie, streak
le raisin, grapes

la raison, reason; raison d'ê-
tre, reason for existence
raisonnable, reasonable
le raisonnement, reasoning
ramasser, to pick up
ramer, to row
la rançon, ransom
le rang, rank
la rangée, row
ranger, to tidy up, set in rows
le rapide, express train
rapide, rapid, fast, quick
rappeler (like appeler), to
recall, remind
se rappeler, to remember
le rapport, connection; avoir
rapport à, to refer to, be
connected with; par rap-
port à, in relation to
rapporter, to bring back
rapproché, near
la raquette, racquet
rarement, seldom
raser, to skim over
se raser, to shave
rassembler, to unite, bring
together
se rasseoir, to sit down again
rassurer, to reassure, comfort
rattacher, to bind, connect
rauque, hoarse
ravager, to ravage
ravi, delighted
le rayon du soleil, ray of sunshine, sunbeam
rayonner, to shine, radiate
réaliste, realistic
la réalité, reality
récemment, recently
récent, recent
le receveur, conductor (bus)
la réclamation, claim, com-
plaint

réclamer, to demand
la récolte, harvest
recommander, to recom-
mend; to register (a
letter, etc.)
récompenser, to reward
la réconciliation, reconcilia-
tion
reconnaître (like connaître),
to recognize
le record, record (sport)
la récréation, recreation,
'break'
recueillir (like cueillir), to
collect
reculer, to withdraw, re-
treat; to put off
redescendre, to descend
again
redoutable, fearful, to be
feared
réduire (like conduire), to
reduce
réel réelle, real
la réflexion, reflection, thought
le refrain, refrain
se réfugier, to take refuge
refuser, to refuse
le regard, look
regarder, to look, look at
la règle, rule; ruler
régler (like espérer), to rule,
regulate
le règne, reign
régner (like espérer), to
reign
le regret, regret, apology
la reine, queen
rejoindre (like craindre), to
overtake, come up with
réjouir (like finir), to cheer,
gladden; se réjouir, to
rejoice
relatif relative, relative

le relèvement, recovery

relever (*like* lever), to pick up ; se relever, to stand up again

la religieuse, nun

religieux religieuse, religious

relire (*like* lire), to read again

remarquable, remarkable

remarquer, to notice

remercier (de), to thank (for)

remettre (*like* mettre), to replace ; to hand

remonter (une rivière), to go upstream ; remonter (une pendule), to wind up (a clock)

le remplaçant, la remplaçante, substitute

remplacer, to substitute, to replace

remplir (*like* finir), to fill

remuer, to stir, to move

rencontrer, to meet

rendre, to give back ; to make (+ *adjective*) ; rendre visite à qn, to visit someone ; rendre un service à qn, to do someone a service

se rendre, to go ; se rendre compte de, to realize

renfermer, to enclose

renfler, to swell

renfoncer dans, to push into

renouveler (*like* appeler), to renew

les renseignements (*m.*), information

renseigner, to give information to

rentrer, to return home ; to bring in

renverser, to upset, overturn

renvoyer, to send back, dismiss

le repaire, den

réparer, to repair

repartir (*like* servir), to set off again

le repas, meal

repasser, to iron

se repentir (*like* servir), to repent

le repentir, repentance

répéter (*like* espérer), to repeat, to rehearse

répliquer, to retort

répondre, to answer, reply

la réponse, answer, reply

le reporter, reporter

le repos, rest, repose

se reposer, to rest

reprendre (*like* prendre), to take up again ; reprit, continued

représenter, to represent

reprocher, to reproach

repu, well-fed, satisfied

à la rescousse, to the rescue

réserver, to reserve

résister à, to resist

résolu, resolved, determined, resolute ; j'ai résolu de, I have determined to

résoudre (*irregular*), to resolve

le respect, respect

respectueux respectueuse, respectful

respirer, to breathe

ressembler à, to resemble

ressentir (*like* servir), to feel again

ressortir (*like* servir), to stand out

se ressouvenir (*like* venir), to recall, remember again

le restaurant, restaurant

rester, to stay, remain

restituer, to restore

le résultat, result

le rétablissement, recovery

en retard, late

retarder, to delay; to put back (clock)

retirer, to withdraw, pull back

se retirer, to withdraw, retire

le retour, return; de retour à Paris, back in Paris

retourner (*conj.* être), to go back, return

se retourner, to turn round

la retraite, retreat

rétribuer, to reward

la réunion, meeting, gathering, reunion

réunir (*like* finir), to gather, bring together

se réunir, to meet, gather

réussir à (*like* finir), to succeed in

rêvasser, to day-dream

le rêve, dream

(se) réveiller, to waken, wake up

révéler (*like* espérer), to reveal

le revenant, ghost

revenir (*like* venir), to come back, return

rêver, to dream

le réverbère, lamp-post

reverdir (*like* finir), to turn green again, become green again

la rêverie, reverie, dreaming

revêtir (*irregular*, *like* vêtir), to put on (clothes, etc.)

revoir (*like* voir), to see again

la revue, review

le rez-de-chaussée, ground floor

le rhumatisme, rheumatism

le rhume, cold

ricaner, to sneer

riche, rich

le rideau, curtain

rider, to wrinkle

ridicule, ridiculous

rien (ne), nothing; rien du tout, nothing at all; plus rien, nothing more; rien de plus, nothing more

la rigidité, rigidity

rimer, to rhyme

rire (*irregular*). to laugh

le rire, laugh

le rivage, shore

le rival, rival

la rive droite, right bank (of a river, etc.)

la rivière, river; rivière de diamants, diamond necklace

la robe, dress, robe, gown; robe de chambre, dressing-gown

le robinet, tap; ouvrir, fermer, le robinet, to turn the tap on, off

robuste, robust

la roche, rock

le Rochelais, man of La Rochelle

rôder, to prowl, roam

le roi, king

le rôle, rôle, part

le roman, novel, romance

rompre, to break

rond, round

ronger, to gnaw

rose, pink ; la rose, rose
le roseau, reed
la roue, wheel
la route, road, main road
roux rousse, red, russet
le royaume, kingdom
la royauté, royalty, kingship
le ruban, ribbon
rude, harsh, rough
le rugby, rugby
le rugissement, roar
le ruisseau, stream ; gutter
ruisseler (*like* appeler), to
    stream
la Russie, Russia
rustique, rustic

le sable, sand
le sabot, clog, wooden shoe
le sac, bag, sack
sage, wise ; (of children)
    good
le sage, wise man
sain, healthy
saint, holy ; le saint, saint
saisir (*like* finir), to seize
saisissable, distinguishable
la saison, season
la salade, salad
sale, dirty
salé, salty, salted
la salle, room, hall ; salle à
    manger,   dining-room ;
    salle de bain, bathroom ;
    salle de classe, class-room
le salon, drawing-room, lounge
saluer,   to salute. greet,
    bow to
le salut, greeting, bow, salute
samedi (*m.*), Saturday
le sang, blood
le sang-froid, coolness, pre-
    sence of mind
le sanglot, sob

sans, without ; sans doute,
    no doubt
satisfaisant, satisfactory
sauf, except
sauf sauve, safe
le saut, jump, leap
sauter, to jump
sauvage, wild
sauver, to save
savant, learned ; le savant,
    learned man
savoir (*irregular*), to know ;
    to know how to
le savon, soap
savonner, to soap
la scène, scene, stage
la science, science, skill
scintiller, to glitter
scolaire, of school ; la vie
    scolaire, school life
la séance, sitting
le seau, pail, bucket
sec sèche, dry
sécher (*like* espérer), to dry
second, second
la seconde, second
secret secrète, secret
le secret, secret
le (*or* la) secrétaire, secretary
le seigneur, lord
la Seine, the Seine (river)
le séjour, sojourn, abode
le sel, salt
selon, according to
la semaine, week
semblable, similar, like
sembler, to seem
semer (*like* lever), to sow
le sens commun,   common
    sense
le sentier, footpath
le sentiment, sentiment, feel-
    ing
sentir (*like* servir), to feel ;

to smell; se sentir mieux, to feel better

séparer, to separate

septième, seventh

sérieux sérieuse, serious, reliable

serrer, to clasp, grip; serrer la main à, to shake hands with; se serrer, to get close together

la servante, servant

la serviette, serviette; towel

servir (*irregular*), to serve; servir de, to serve as; servir à + *Infin.*, to serve for; à quoi sert . . . ? what is the use of . . .? se servir de, to use

le serviteur, servant

le seuil, threshold

seul, alone, only (*adjective*); lui seul, he alone

seulement, only

sévère, severe

si, if; yes (after a negative question)

le siècle, century

le siège, seat

siéger (*like* espérer), to sit, be in session

siffler, to whistle

le signe, sign; faire signe, to beckon, to motion

signifier, to signify, mean

le silence, silence

silencieux silencieuse, silent

le sillon, furrow

simple, simple; tout simplement, just, merely

sincère, sincere

singulier singulière, singular, curious

sinon, if not

la situation, situation

situer, to situate

sixième, sixth

la sœur, sister

la soie, silk

la soif, thirst; avoir soif, to be thirsty

soigner, to take care of, look after

soigneusement, carefully

le soin, care

le soir, evening; le soir, in the evening

la soirée, evening

le sol, soil, ground

le soldat, soldier

le soleil, sun; le soleil levant, rising sun; le soleil couchant, setting sun; au soleil, in the sun

solennel solennelle, solemn

solide, strong, solid

solitaire, lonely

sombre, dark, gloomy

le sommeil, sleep; avoir sommeil, to be sleepy

le sommet, top, summit

le songe, dream

songer à, to ponder over, think of

sonner, to ring

la sonnerie, ringing of a bell

la sonnette, bell (such as an electric bell)

sonore, sonorous, resonant

le sort, fate

la sortie, way out, exit

sortir (*like* servir), to go out, come out; être sorti, to be out

sot sotte, stupid, foolish; le sot, fool

le sou, 5 centimes, 'halfpenny'; elle n'a pas le sou, she is penniless le souci, anxiety

soudain, sudden (*adj.*), suddenly (*adv.*)

le souffle, breath

souffler, to blow, breathe

la souffrance, suffering

souffrir (*like* ouvrir), to suffer

souhaiter, to wish, hope

le soulèvement, rising, uprising

soulever (*like* lever), to lift, raise

les souliers (*m.*), shoes

la soupe, soup

souper, to have supper

le souper, supper

soupeser (*like* lever), to weigh, feel the weight of

le soupir, sigh

soupirer, to sigh

la souplesse, suppleness

la source, source, spring (of water)

sourd, deaf; sourd-muet, deaf and dumb

sourire, to smile

le sourire, smile

sous, under

sous-marin, undersea; le sous-marin, submarine

soutenir (*like* tenir), to hold up, support

le souvenir, memory

se souvenir de, to remember

souvent, often

soyez : see être

spécial, special

le spectacle, show, sight, spectacle

le spectateur, spectator

la spirale, spiral

spontané, spontaneous

le sport, sport

la station, station, stay

la sténo-dactylographe, shorthand-typist

la stupéfaction, stupefaction, amazement

stupide, stupid, dull

le stylo, fountain-pen

succéder à (*like* espérer), to follow, succeed (somebody)

le sucre, sugar

sucré, sugary, sweet

le sud, south

la sueur, sweat

suffire (*irregular*), to suffice

suffisant, sufficient

suggérer (*like* espérer), to suggest

la Suisse, Switzerland

la suite, continuation; par la suite, subsequently

suivant, following, next; suivant que, according as

suivi de, followed by

suivre (*irregular*), to follow

le sujet, subject; au sujet de, about, concerning; un bon sujet, a good person

superbe, superb; proud

supérieur supérieure, upper, superior

la supériorité, superiority

la supplication, supplication, entreaty

supposer, to suppose

supprimer, to suppress

suprême, supreme, last

sur, on

sûr, sure

surgir (*like* finir), to come suddenly into view

surprendre (*like* prendre), to surprise

surtout, especially

surveiller, to watch over, supervise

survenir (*like* venir), to come unexpectedly

survivre à (*like* vivre), to survive

suspendre, to hang, suspend

la sympathie, sympathy

la tabatière, snuff-box

la table, table

le tableau, picture, painting

la tablette de chocolat, bar of chocolate

le tablier, apron

la tâche, task

tâcher de, to try to

la taille, stature, height; waist

le tailleur, tailor

le taillis, thicket

se taire, to be silent

le talus, bank

le tambour, drum

la Tamise, Thames

tant, so much, so many; tant que, so long as

la tante, aunt

le tapage, din

taper, to strike, hit; (à la machine), to type

le tapis, carpet

tard, late; plus tard, later

tarder, to delay, to be long

le tas, heap

la tasse, cup

le taureau, bull

le taxi, taxi

la teinte, colour, tint, hue

le téléphone, telephone

téléphoner, to telephone

tellement, so much, to such an extent

témoigner de, to reveal, show

le témoin, witness

tempéré, temperate

la tempête, tempest, storm

le temps, time; weather; en même temps, at the same time

tendre, to stretch, hold out

tendre, tender, affectionate

tendu, tense

tenir (*irregular*), to hold; tenir à, to be keen on; tenir la droite, to keep to the right; tenir bon, to hold firm

le tennis, tennis

la tentation, temptation

la tente, tent

tenter, to try; to tempt

la terminaison, ending

terminer, to end

le terrain, ground

la terrasse, terrace, seats at a café

la terre, earth, ground; à terre, on the floor

la terreur, terror

la tête, head

le texte, text

le thé, tea

le thème, translation from native language

la théorie, theory

le ticket, ticket (bus, etc.)

tiède, warm

tiens! here you are!

le timbre, stamp; le timbre-poste, postage stamp

timide, shy, timid

tinter, to ring

tirer, to pull; to fire; tirer la langue, to put out the tongue

le tiroir, drawer

le tisserand, weaver

le titre, title

la toilette, toilet; table de toilette, dressing-table

le toit, roof

la tomate, tomato

le tombeau, tomb, grave

tomber, to fall

le ton, tone, voice

le tonnerre, thunder

le torchon, duster, dish-cloth

tôt, soon; plus tôt, sooner, earlier

touchant, touching

toucher, to touch

toujours, always, still

la tour, tower

le tour, trick; turn; jouer un tour à, to play a trick on; faire le tour de, to go round

le tourbillon, whirlwind, eddy

tourbillonner, to whirl

tourmenter, to worry

tourner, to turn

tournoyer, to whirl

tout, all, everything; quite; tout à coup, all at once, suddenly; tout de suite, at once, immediately; tout à fait, quite, entirely; tout le monde, everybody; tout d'un coup, all at once; rien du tout, nothing at all; tout simplement, merely; tout ce qui (que), everything that

la trace, trace

tracer, to trace

traduire (like conduire), to translate

trahir (like finir), to betray

la trahison, treason

le train, train; train de marchandises, goods train

en train de travailler, busy working

traîner, to drag

traire (irregular), to milk

le trait de lumière, ray of light

le traité, treaty

traiter, to treat

le traître, traitor

le trajet, trip, journey

la tranchée, trench

tranquille, quiet, calm

la tranquillité, tranquillity, calm, peace

transmettre (like mettre), to transmit, convey

transporter, to transport

le travail (pl. travaux), work

travailler, to work

travailleur travailleuse, hard-working

à travers, across, through

traverser, to cross

le trèfle, clover

trembler, to tremble

tremper, to soak, dip

le trépas, death

très, very

le tréteau, trestle

triompher, to triumph

triste, sad

la tristesse, sadness

troisième, third

la trompe, trunk (of elephant)

tromper, to deceive

se tromper, to be mistaken

la trompette, trumpet

le tronc (d'arbre), (tree-) trunk

trop, too; too much, too many; trop tard, too late

le trophée, trophy

trotter, to trot

le trottoir, pavement

le trouble, trouble

troubler, to trouble, disturb

se troubler, to become embarrassed
le troupeau, flock, herd
trouver, to find; to consider
se trouver, to be
la truelle, trowel
la T.S.F. (= télégraphie sans fil), wireless
tuer, to kill
la tuile, tile
le Turc, Turk
typique, typical

unanime, unanimous
uni, smooth, regular
uniquement, solely
unir (like finir), to unite
l'usage (m.), custom
user, to wear out; user de, to abuse
l'usine (f.), factory, mill
l'ustensile (m.), utensil
utile, useful
utiliser, to use
l'utilité (f.), use, utility, usefulness

les vacances (f.), holidays
la vache, cow
vague, vague
la vague, wave
la vaillance, bravery
vaillant, brave
vaincre (irregular), to vanquish, conquer
le vainqueur, victor
le vaisseau, vessel, ship
la vaisselle, crockery; faire la vaisselle, to wash up
le valet, servant
la valise, handbag, suitcase
valoir (irregular), to be worth; valoir mieux, to be better

vanter, to boast of
se vanter, to boast
le vase, vase
vaste, vast, enormous
vécu (Past Participle of vivre)
le véhicule, vehicle
la veille, the day before; la Veille de Noël, Christmas Eve; la veille au soir, the previous evening
le vélo, le vélocipède, bicycle
le velours, velvet
le vendeur, seller, salesman
vendredi (m.), Friday
venir (irregular), to come; venir à, to happen to; venir de, to have just
le vent, wind
la vente, sale
le ventre, belly, abdomen; à plat ventre, flat on the stomach
le verger, orchard
véritable, true, real, veritable
la vérité, truth; dire la vérité, to tell the truth
le verre, glass
le verrou, bolt, door-bolt
vers, towards
le vers, line (of verse); les vers, verse, poetry
verser, to pour, spill
la version, translation into native language
vert, green
vespéral, of evening
le vestibule, entrance hall, lobby
le veston, coat, jacket
les vêtements (m.), clothes
vêtu, dressed
le veuf, widower

la **veuve**, widow

la **viande**, meat

vibrer, to vibrate, thrill

vide, empty

vider, to empty

la **vie**, life; **gagner sa vie**, to earn one's living

le **vieillard**, old man

la **vieille**, old woman

la **vieillesse**, old age

vieillir (*like* finir), to grow old

vieux vieil vieille vieux vieilles, old

vif vive, lively, bright, keen

vigoureux vigoureuse, vigorous

la **vigueur**, vigour

vilain, ugly

le **village**, village

le **villageois**, villager

la **ville**, town, city

le **vin**, wine

violent, violent

violet violette, violet (colour)

la **violette**, violet

le **visage**, face

la **visite**, visit; **rendre visite à**, to visit

visiter, to examine, inspect, visit

le **visiteur**, visitor

vite, quickly, fast

la **vitesse**, speed; **à toute vitesse**, at full speed

la **vitre**, window-pane

la **vitrine**, shop-window

les **vivants**, the living

Vive ... ! Long live . . . !

vivre (*irregular*), to live

le **vœu**, wish

voici, here is, here are

la **voie**, way

voilà, there is, there are; **le voilà**, there he is

la **voile**, sail

voir (*irregular*), to see

voisin, neighbouring

le **voisin**, la **voisine**, neighbour

le **voisinage**, neighbourhood

la **voiture**, car, carriage

la **voix**, voice

le **vol**, flight; theft

la **volaille**, poultry

le **volant**, steering wheel (of car)

voler, to fly; to steal

le **volet**, shutter

le **voleur**, thief

la **volonté**, will

le **volume**, volume

vouloir (*irregular*), to wish, want, desire: **vouloir dire**, to mean

le **voyage**, journey; **les voyages**, travel

voyager, to travel

le **voyageur**, traveller, passenger; **voyageur de commerce**, commercial traveller

vrai, true, real

vraiment, truly, really

vraisemblable, probable, credible, likely

la **vue**, sight, view; **la vue basse**, short sight; **à vue d'œil**, visibly

y, there; **y avoir** *Infinitive* of il y a

les **yeux** (*m., pl. of* œil), eyes

le **zèle**, zeal

le **zéphyr**, zephyr, warm gentle breeze

la **zone**, zone